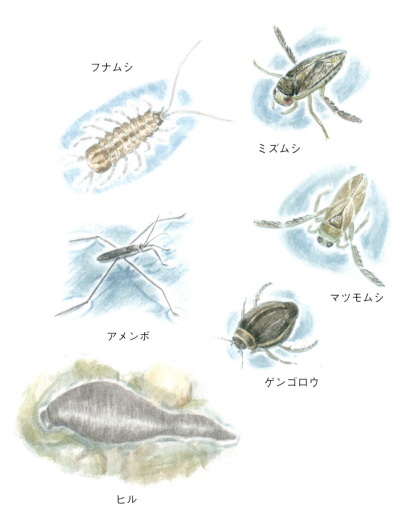

(全てp.29)

サンザシ (p.68)

ハンノキ (p.82)

ケマンソウ (p.82)

ボタン (p.82)

チャイブ (p.124)

フランスギク (p.131)

セイヨウスイカズラ (p.135)

クロウタドリ (p.123)

ノドジロムシクイ (p.136)

タイランチョウ (p.146)

パイク (p.154)

パーチ (p.154)

コククジラ (p.159)

バク

ヨーロッパバイソン

ホラアナグマ

オオウミガラス

アゴヒゲアザラシ

（全てp.159）

ヘラジカ

ノロジカ

アカシカ

(全てp.161)

北欧スウェーデン発 森の教室

生きる知恵と喜びを生み出すアウトドア教育

A.シェパンスキー・L.O.ダールグレン・S.ショーランデル 編著

西浦和樹・足立智昭 訳

UTOMHUSPEDAGOGIK SOM KUNSKAPSKÄLLA by Lars Owe
Dahlgren, Sverre Sjölander, Jan Paul Strid, Anders Szczepanski

© Författarna och Studentlitteratur 2007
www.studentlitteratur.se
Studentlitteratur AB, Lund

Japanese translation published by arrangement with Anders Szczepanski through The English Agency (Japan) Ltd.

原著はじめに

　本書『北欧スウェーデン発 森の教室─生きる知恵と喜びを生み出すアウトドア教育』は，生物学者，行動学者，ランドスケープ設計者[1]，民俗学者，小児科医，アウトドア教育者，そして言語教育者とそれぞれ背景の異なる著者によって書かれています。彼らは地域環境に関心をもったメンバーです。

　この本は，1冊の一貫した内容の本に仕上げようと考えずに，私たち人類と，その地域環境での営みについて自由に記述しました。また環境についても自然環境だけにこだわらず，人類によって造られた町や村についても取り上げます。この本の重要な発想は，人類とその地域との相互関係から生まれる豊かな環境学習の可能性を切り拓くことです。また，ランドスケープとの豊かで調和の取れた関係を保つことは身体的健康と精神的健康につながる，と私たちは考えます。アンディッシュ・シェパンスキー（第1章　アウトドア教室─充実した学習環境となる素晴らしい教室）とラーシュ・オーヴェ・ダールグレン（第2章　本から学ぶ知識と感覚経験）は，感覚経験と本から学んだ知識との学習の相互作用について論じ，アウトドアでの活動を増やすことで，プレスクール[2]のみならず，小中学校，高校，大学全ての段階において学習効果を高めることができる，と主張します。アウトドアでは，言語，運動技能，芸術，感情，生物学，そして文化，それぞれの分野における学習が相互に関係します。学校における全ての教科とテーマは，アウトドアでの授業がある程度可能です。彼らの語る教授法は，どこで，何について，どうやって，なぜ，そのことについて学ぶのか，それらの問いに答えようとしています。ニーナ・ネルソン（第4章　成長過程

---

[1]　ランドスケープとは，景観，眺望，風景などの視覚的環境を指す言葉で，田園風景などを見渡せる景色や眺望，日本庭園のような風景そのものをいう。緑や水辺など自然環境の保護・保全，歴史的環境の保全や町並みの保全，公園・緑地や道路など公共空間の整備，建築物のデザインについての規制・誘導を狙いとする都市景観行政を中心に，その方法が開発されている。

[2]　プレスクールとは，未就学園児の通う幼稚園や保育園をいう。スウェーデンでは1歳から5歳の子どもが通う就学前学校のこと。

i

にある個人—子どもの健康）は，環境，学習，そして健康の３つの関係を扱います。このテーマはパトリック・グラン（第３章　子どもと自然）の章でも重要な位置を占めています。ニーナは，学習環境によって私たち人，特に就学前と学校に通う子どもたちのストレスレベルが低下することを示します。パトリックの章では，自然を保護しつつも目的に合わせてデザインされたプレスクールの園庭がどのように就学前の子どもたちの健康と運動技能の発達に効果的に働くのかを扱います。この本におけるもう１つのテーマは，空間的所属意識と環境意識との関係で，これらについては，特にステファン・エドマン（第５章　子どもに不思議を感じさせる技術とは）とスヴェッレ・ショーランデル（第６章　自然と人間の関係—過去から現在）の章において扱われます。ステファンは未来への希望を残しつつも，特にエネルギーの消費については生活スタイルを考え直す時期が来ているとの警鐘を鳴らします。スヴェッレは，私たちの住環境が長期にわたり，様々な利益の対立にさらされたことによって発生したジレンマについて指摘します。

　1962年にスウェーデンで小中学校制が導入された際，基本的な民主主義的価値観を確立するためには教育内容だけではなく，実際の教育活動に重点を置くべきであって，民主主義がどのように機能するのかを体験的に教える必要があることが初めて強調されました。ランドスケープとつながることは，生態系に見合った行動を意識的に行うための基礎となりますが，これはその地域をよりよく知り，その地域に実際に身を置くことによってのみ深まるものだといえるでしょう。

　この本は，あなた自身のランドスケープに対する考え方をより確かなものにするために，アウトドア活動に興味をもつ全ての教師，教師を目指す学生，児童，生徒，全ての人々が，アウトドア環境で実際に活動してみることを推奨します。従来の教科書に比べるとやや難解なものかもしれませんが，非常に刺激的なものです。本書を最後まで読んでいただければ，ご自身の地域環境に存在している様々な知恵に触れて，きっとご満足いただけると信じています。

日本語版の刊行にあたって

　近年，北欧のアウトドア教育への関心は，プレスクールと小学校の低学年での教師の間でかなり高まっています。

　この本は，アウトドア環境での教授と学習を補う方法を与えてくれます。私たちは見たり聞いたりして学習しますが，触ったり感じたりにおいを嗅いだり五感を使って学習します。この教授法の最大の特色は，体を動かして，インドア環境と相互作用するドアの外，すなわちアウトドア環境で活動するという考え方です。つまり，アウトドア環境は，脳と手が協応する場所としての教育上の利点があり，理論と実践とのつながりも考慮されているのです。私たちには生物多様性が必要なように，教育多様性も必要なのです。私たちは様々な方法を用いて学習しますが，最も自然な方法の1つが見逃されていたのです。

　都市化が進む中で，自然とランドスケープ，その学習している対象，そしてその学習プロセスとの距離が遠く離れてきています。同じように，言語表現の衰えも目立つようになっています。そのことがアウトドアで学ぶことを取り戻す理由の1つです。水と緑の空間に存在する素材を用いて，自然が強調された多様性のある学習環境を構成することはストレスを減らし，集中力を高めることが示されています。そのことは，学習に直接的な影響を及ぼし，学習を効率的にもするのです。プレスクールでは，子どもたちに遊びと学習の関係を理解させるために，変化に富んだ遊びの環境は好ましい影響があります。アウトドア教育が健康に及ぼす影響として，肥満，糖尿病，骨粗しょう症，風邪を予防する効果があります。

　アウトドア学習の機会はすべてのプレスクール，それから学校の教科やテーマでも利用できます。学習の印象が直接的に刻み込まれ，信憑性をもたせ，そうしたことが全体的な特徴や多くの感覚経験，それから物理的環境の中にいるという一体感（「場の感覚」，すなわち位置と感情の関係を含めた感覚）といった状況を学習することにつながるのです。つまり，あらゆるものが教育現場で

利用可能なのです。

場所から考えられること：その概要

　人にとってリアリティの高い物理的な場所での経験を強調することは，知識を深めることでもあるのです。身体感覚的な相互作用はアウトドアでの教育と学習を理解するための重要な礎となります。経験を重視した学習と，アウトドアとインドアの教育が互いを補完し合うことが詳しく論じられます。教育と学習が起こる文脈とその関係を理解するために，その場所が，教科書としての場所，状況を理解するための学習メディアとしての場所と相互作用することが重要なのです。

　場所を重視した立場は，環境に積極的に関与することで「環境保護リテラシー」を高めることにもなりますし，環境への関与は高い環境意識，持続可能な社会，それからグローバル化の知識への理解を深めることにもつながります。本書では，アウトドア教育と地域環境との関係を扱うにあたって，教師の知識不足が一因であることも記しています。これは，概念や現象，そのプロセスについて抽象的な言葉で，かけ離れた説明がなされることが多いからです。つまり，教育学的な立場から，場所に関する問いかけが遠い存在になっているからこそ，アウトドアを活用した教育が当然，実践されるべきなのです。

　本書では，健康と身体活動，学習の場所と方法，そのプロセスといったものが，アウトドアの学習環境でどのようにして自然や文化の理解につなげられるのかを示します。何事も体全体を使って教えます。私たちは，持続可能な社会と持続可能な学習において，思考と活動のつながりを優先させる教育原理で，国際的な科学的議論に基づいた教育原理として論じます。

　　　スウェーデン王立リンショーピング大学教授，アウトドア教育センター所長
　　　　　　アンディッシュ・シェパンスキー（Anders Szczepanski）

巻頭言 1

 アウトドア教育への期待

東海大学名誉教授，ストックホルム在住
川崎　一彦

　私は1980年代から北欧の教育システムをヒントにして，学生の到達目標を，①創造性，②自己効力感の2点に集約し，日本における実践研究を行ってきました。その研究成果を踏まえて，日本と北欧諸国を比較すると，次のような観点に要約できます。

・北欧諸国は福祉先進国として有名ですが，同時に経済と持続可能性の点でも世界のお手本となるパフォーマンスを示しています。つまり経済，福祉，持続可能性のすべてを並立させているのです。
・経済（生産），福祉（分配）と持続可能性（総和）を同時に到達する基本的要因の1つとして，今日の知業（知識産業）時代に必要な教育システムがあります。
・バブル崩壊以降の日本経済が「失われてきた」理由としては，教育も含めた社会システムが，「工業」から「知業」経済への歴史的移行への対応に立ち遅れた，と総括することも可能です。

　知業経済では，付加価値を生み出す経済活動の中心が，ものづくりの工業から，知的財産などを生み出す知業に移行します。教育システムも知業時代への対応が必要で，私はそのヒントを北欧に見出してきました。北欧の学校ではグルントヴィ以来の「自分で考え，自分で判断し，自分で行動する」という思想が浸透しています。

バーサモデル

　1980年代からまず注目したのは，フィンランド西部バルト海岸の小都市バーサで始まった〈起業家精神教育〉です。フィンランドの〈起業家精神教育〉は狭義の起業家教育ではなく，知業時代に対応する広範な教育の意識改革です。

基本的な考え方は，「教える教育から学ぶ教育へ」「内容よりも方法を重視する」「起業家精神教育という特定の科目を作るのではなく，全ての科目にわたって"起業家精神教育"的考え方を導入する」などのコンセプトからなります。

そして，次の3点を主眼とした教育を行ってきました。

・自分で考え判断する態度の育成
・学ぶ動機の維持
・実社会との壁を取り払うこと

フィンランドでは，1980年代から起業家精神は内的と外的に分けられるようになりました。外的起業家精神は，独自のビジネスをスタートさせ，経営することであり，一般的に起業家精神と言われているものです。一方，内的起業家精神（yritteliäisyys）は，起業家的特徴または外的起業家精神の前提条件で，具体的には，創造性，自己効力感（self-efficacy），柔軟性，活動，勇気，イニシアチブとリスク管理，方向性，協調性とネットワーク能力，物事を達成するモチベーション，常に学び続ける態度，空想性，豊かな発想，我慢強さなどを意味します。

内的起業家精神の豊かな児童は，創造的で，勇気があり，目的意識が明確で，オープンであり，協調的で，積極的で，責任感に富み，根気強く，自信をもち，他の子どもともうまくやっていける子どもです。

フィンランド教育省は起業家精神を「アイデアを行動に翻訳する個人の能力」と定義しています。就学前から起業家精神教育を導入する必要性を，「21世紀の産業社会では職業生活でも常に変化を受け入れざるを得ない。その対応の準備は不可欠である。今後の新たな雇用機会は大企業や公共部門から中小企業にシフトする」と説いています。このような状況では，内的起業家精神は，起業するしないにかかわらず，21世紀の社会ではたとえ大企業に勤めても公務員になっても，全国民に必要な資質と位置づけられてきました。

「就職から創職」の時代へ（Tony Wagner）と言われますが，その原点がフィンランドの起業家精神教育にみられます。GEM（Global Entrepreneurship Monitor）という起業活動について世界でも最も大規模な調査があります。こ

の調査によれば、フィンランド人やスウェーデン人の起業マインドが先進国中で高く、逆に日本が低迷している結果が明らかになっています。

アウトドア教育

そして出会ったのが本書のテーマであるスウェーデン王立リンショーピング大学のアウトドア教育です。リンショーピング大学では、アウトドア教育を環境教育と健康の結合による持続的な学びと位置づけ、環境教育、アウトドア活動、自尊心とチームプレイ（個人の成長、社会性の発達）、健康（人類の健康とウェルビーイング）、持続可能性（持続可能な生活）、の5つの分野を扱う包括的なコンセプトを掲げています。

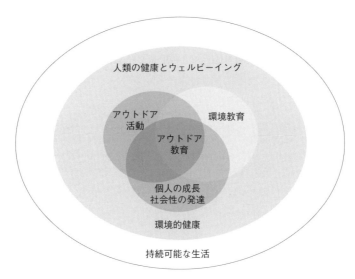

図　リンショーピング大学のアウトドア教育の概念図（資料：アンディッシュ・シェパンスキー教授）

ヘルシンキ事象

2015年3月末にフィンランドのヘルシンキ市教育局が公表した〈ヘルシンキ事象〉という報告書では、これからの初等中等教育の方向性について以下のようなガイドラインが提示されています。これは、アウトドア教育の重要性も強

調している，とも解釈できるでしょう．

- 学びの場は教室の外に拡大され，教室の外で得られたスキルが活用されます．学校の外での学びをもっと選択することが可能になります．
- これまでの伝統的な〈科目〉の学びに加え，〈現象／事象〉をベースとする学びを前面に出します．
- 現実の問題や現実の現象／事象を地域志向で長期的に学ぶことになります．
- これからの教育は，複数の科目のスキル，目的および内容を統合し，地域社会，職業生活との結びつきを大切にします．地域の意識と共に成長することが特に強調されます．
- 人として成長し，学び，働き，市民として生活するためには，幅広い分野の知識やスキルを統合する必要があります．ヘルシンキはこれらの総合的な未来のスキルを重視します．具体的には考えるスキル，働くスキル，コミュニケーションスキル，専門的スキル，日常的スキル，参加および影響力のスキル，持続可能な未来を築くことです．

アウトドア教育への期待

「学力」について，学校教育法では，「基礎的な知識および技能」「これらを活用して課題を解決するために必要な思考力・判断力・表現力等の能力」「主体的に学習に取り組む態度」という3要素で構成するとしています．

「3要素のうち最も大切なのは，主体性です．主体性とは自分自身で目標を見つけ，その達成に向けて実践を重ねていくことです」（中央教育審議会前会長　安西祐一郎氏）．

現行のセンター試験を廃止し，代わって思考力・判断力・表現力などを中心に評価するテストの導入が議論されています．アクティブ・ラーニングへの期待も高まっています．

創造性とイノベーション，自己効力感，批判的思考，コミュニケーション，チームワーク，市民意識などの21世紀型スキルをいかに育成するかは大きな課題です．

■ 巻頭言1　アウトドア教育への期待

　アウトドア教育は，確かな学力，豊かな人間性，そして健康と体力からなる生きる力を養う基本的かつ包括的な考え方と手法を提供してくれると考え，日本におけるその普及に大きな期待を寄せています。

　本書を幅広い教育関係者にお薦めします。

■参考資料

Amorós,J. E., & Bosma, N. (2014). *Global Entrepreneurship Monitor 2013 Global Report - Fifteen years of Assessing Entrepreneurship Across The Globe*. GERA.

ダールグレン・シェパンスキ(2011). アウトドア教育入門　東海大学教養学部

一般財団法人　前田一歩園財団・森の学校プロジェクト
　http://www.ippoen.or.jp/nature/forest_school.html（2015年11月24日閲覧）

川崎一彦 (2005). 福祉と経済を両立させる知業時代の教育システム－幼児期から自己効力感を育てる内的起業家精神教育　庄井良信・中嶋　博（編著）フィンランドに学ぶ教育と学力　明石書店　pp.172-200.

川崎一彦 (2007). フィンランドの教育に学びフィンランドを超えよう　Hoppoken 2007春号

川崎一彦(2008). 1990年代以降のイノベーション立国　百瀬　宏・石野裕子（編著）フィンランドを知るための44章　明石書店　pp.59-71.

川崎一彦 他 (2008). 出る杭を伸ばせ！―明日を変える創造性教育　知的財産教育東海大学モデル　発明協会

川崎一彦・工藤優樹(2010). 東海大学知的財産教育の実践事例―フィンランドに学ぶ実践　東海大学高等教育研究：北海道キャンパス　vol.2.

川崎一彦(2015). 起業活動を高めるために何が必要か？―GEM（Global Entrepreneurship Monitor）の調査結果から得られるヒント　北海道スウェーデン協会機関誌〈白夜〉

The Finnish Ministry of Education. (2009). *Guidelines for entrepreneurship education*.

The schools of the future research and study phenomena
　http://www.hel.fi/www/uutiset/en/opetusvirasto/the_schools_of_the_future_research_and_study_phenomena（2015年11月24日閲覧）

Wagner, T (2012). *Creating innovators: The making of young people who will change the world*. Scribener.

巻頭言2

森の幼稚園のはじまりとその社会背景

東海大学名誉教授
難波　克彰

　現在，日本においても，森を活用した保育に関心が高まっており，様々な保育実践が試みられています。本章では，スウェーデンの「アウトドア教育」の原点の1つと考えられる，デンマークの森の幼稚園が誕生した社会教育的背景について紹介し，日本とは異なるデンマークの保育・教育の基本的理念について学んでもらうことを目的としています。ここまで紹介した北欧での「アウトドア教育」とは異なる視点から，なぜ森で保育をするのかを考察する資料となることを期待しています。

　1952年デンマークのコペンハーゲン近郊の町グラドサクセ（Gladsaxe）で1人の母親フラッタ（Ella Flatau）が，自分の子どもを森に連れて行って過ごしていましたが，それに加わる母親たちが増えて，やがてSkovbørnehave（森の幼稚園）と呼ばれるようになり，各地に拡がっていきました。スウェーデンでも1956年野外生活推進協議会（NGO）が「森のムッレ教室（Skogsmulle）」として始まりました。

　「森の幼稚園」は，従来の幼稚園に対抗する教育機関として，また教育学や心理学的に綿密に計画されて誕生したのではなく，1人の母親の人生観，育児観で始まりました。なぜデンマークでそのようなことが起こったのでしょうか，また可能となったのでしょうか，その理由は19世紀まで遡らなければならないのです。

　デンマークでは19世紀初頭から中頃にかけて，世界的に有名な童話作家アンデルセン（Hans Christian Andersen 1805-1875）や哲学者キルケゴール（Søren Kierkegaard 1813-1855）などが活躍しました。しかし世界的にはほとんど知られていませんが，彼ら以上に現代のデンマークの政治，教育，文化のあらゆる分野に功績を残したのが牧師，詩人，歴史家，政治家として活躍したグルントヴィ（Nicolaj Frederik Severin Grundtvig 1783-1872）でした。

　当時のデンマークはたび重なる敗戦で社会は疲弊して，人々は未来への展望

xi

がなく生きる意欲を失っていて，自分さえ良ければいいという自己中心的な態度が横行していました。グルントヴィは，その原因が教育にあると考え，当時の学校を「死の学校」と呼びました。「テキストを機械的に暗記させ，エリートの子どもたちに親の特権的な社会的地位を引き継がす準備をする学校」「虫けら（教師）が，生を犠牲にして贅沢に暮らす，分解と死の職場である」（Finn,, 1983）と，試験や体罰で強制的に学ばせる教育を批判し，自己中心的な民衆を変えるためには「生の啓蒙」のための学校が必要だと考えました。グルントヴィは，教科書主義ではなく「生きたことば」によって教育をする「生のための学校」，フォルケ・ホイスコーレ（folkehøjskole）を提唱しました。ホイスコーレは試験がなく，卒業資格も与えない全寮制の学校として始まりました。そこでは，幅広く色々なことを学ぶのですが，それは「自分とは何か」「どう生きるべきか」を考えるためであって，また，他者との相互作用による自己認識を目的とし，アイデンティティの確立や人生観の形成のための学校として今日に至っているのです。

　教育の目的が，このように「生の啓蒙」にあるとする考えは，デンマークのすべての教育に影響を与えました。結果，一人ひとりの考えや，生き方を重視する社会を形成しましたが，それではデンマークは個人主義社会になったのかというとそうではないのです。

　自己中心的な人々に真の自由を体現させ理解に導くため，グルントヴィは教師と生徒の自由な対話教育を重視しました。ホイスコーレにおいて，教師と生徒の自由で対等な関係を経験することによって「自由とは何か」を知ることができると考えたのです。

　彼の自由の概念は，彼の著書『人間の記憶』に「自由であろうとする者は，その隣人に対してもそうしなければならない」（Grundtvig, 1877, p.32）とあります。タニング（Thaning, K.）はグルントヴィの自由観について「人間は生のために，ある程度秩序を保たなければならない。一方，同時に選択が可能なように確保する。しかし自由はこのように，私たちは第一に自身の自由のために理解すべきではない。私たちは自身の自由より前に，自由を他人のために要求しなければならない」（Thaning, 1972, p.119）と述べています。

　この概念が，今日のデンマークの民主主義の基礎となり，教育や福祉の基本

理念となりました。そして，北欧諸国にも拡がっていったのです。

グルントヴィの教育思想の実践者，コル（Christen Kold 1816-1870）によると「子どもたちの学校は過ちを犯してきた。学校はもっぱら理解力を相手に話し，感情には部分的にしか語りかけなかった。その間に，想像力の源となるファンタジーはほとんど忘れられてしまった」（Kold, 1981, p.2）と述べています。子どもに何かを教え込む教育では，子どもにとって大事な感性が育たないとの指摘でしょう。また，コルは「学校での生活は，刑務所あるいは矯正施設のようである。小さな子どもたちが共に学校の椅子に詰め込まれ，彼らの年齢にしては異常なまでにまじめに静かにしているのは，明らかにそうしないと不安感情による恐怖心からで奴隷的支配によるためである」（Kold, 2003, p.74）と批判をし，グルントヴィの思想を子どもの教育にも拡げ「自由学校」，フリースコーレ（Friskole）を作りました。「それは公立学校の暗記力への固執に抵抗して，生徒が自由で，生き生きとした教育が目指されるべきだ」（Thaning, 1972, pp.87-88）とし，彼独自の「物語を語る」教育で成果をあげました。コルの学校では子どもの心を傷つけないように試験もしなかったのですが，十分な教育成果をあげたので高い評価を得ました。つまり，強制しなくても精神と肉体の自由が保証されれば，子どもは成長していくことを証明したのです。

現在，デンマークには運動や芸術に重きをおいた学校やキリスト教主義の学校など様々なフリースコーレが存在していますが，グルントヴィ・コル主義を掲げる学校も少なくありません。そのような学校では，試験がなく授業形態も子どもの自由を最大限認める教育を実践していますが，十分な教育成果をあげています。

アナセン（Andersen, K. B）によると「グルントヴィは学校における自由を非常に強く主張し，それは，当時も現在もデンマークの小学校，青少年のための学校に決定的な影響を与えている。他の多くの国々に比べ，デンマークでは地域や親が学校に大きな影響を及ぼすことが可能になっている」（Andersen, 1983, p.90）と言います。

義務教育期間は0学年から9学年の10年ですが，任意で1年間，教育を継続することができます。義務教育では，ほとんどの学校が7年生までは試験がなく，日本のような成績表がありません。年に2～3回出される成績表は，子ど

もの発達記録のようなもので，これもコルの教育思想に基づいたものと言えます。

さらに，義務教育といっても日本のように親が学校に通わせる義務（skolepligt）はなく，親は子どもを教育する義務（undervisningspligt）がありますが，自分の子どもにどのような教育を受けさせるかは親が決めることができます。

また，親たちが自分たちの考える学校を開こうとした場合も，30名程度の生徒を集め教育省の基準を満たせば可能で，しかも国から70%ほどの補助を受けられ，その教育内容には基本的に公的な規制はありません。

現代のデンマークの個人の自立と共生意識が，グルントヴィの自由思想につながっていることは明白です。「森の幼稚園」のアイデアは，1人の母親の育児の信念によって生じ，賛同する仲間によって具現化しましたが，それを可能にしたのは，デンマークにおいて教育に対する決定権が親にあったからです。

それでは「森の幼稚園」ではどのような教育が行われているかと聞かれれば，森で過ごす幼稚園としか答えられません。なぜなら，それぞれの園は，その園を支える親たちの考え方によって異なっているからで，教育内容に対する決定権が親などによって構成される理事会にあるからです。

そして一番重要なことは，子どもたちが自然環境の中で自由に過ごすことで，感性を育て，知的好奇心，身体能力，集中力を養い，相互扶助の心を育むことに大きな成果をあげているという事実です。したがって一般的な保育園でも森に子どもを連れて行き，自然の中で過ごさせることが増えています。

■文献

Andersen, K. B. (1983). Grundtvig, grundtvigianisme og lønarbejdere. In H. S. Nissen (Ed.), *Efter Grundtvig: Hans betydning i dag*. Gyldendal. p.90.

Finn, S. et al. (1983). *Grundtvigs Oplysningstanker og Vor Tid*. Nordisk folkehøjskoleråd.

Grundtvig, N. F. S. (1877). *Mands Minde: Foredrag over det sidste halve Aahundredes Historie, holdte 1838*. Karl Schønbergs Forlag. p.32.

Kold, C. (1981). En undervisning afpasset efter børnenes evner og trang. In L. Skriver (Ed.),. p.2.

Kold C. (2003). *Freedom in Thought and Action: Kold's ideas on Twaching Children*. Forlaget Vartov. p.74.

Thaning, K. (1972). *N. F. S. Grundtvig*. Det Danske Selskab. pp.87-88, 119.

目次

原著はじめに　i

日本語版の刊行にあたって　iii

巻頭言1　アウトドア教育への期待（川崎一彦）　v

巻頭言2　森の幼稚園のはじまりとその社会背景（難波克彰）　xi

第1章　アウトドア教室——充実した学習環境となる素晴らしい教室　1

ランドスケープ—忘れ去られた知恵の源　3

学習と健康，身体活動　4

体験と環境を重視した学習　6

アウトドア教育—着眼点とルーツ　10

研究分野としてのアウトドア教育　17

環境と運動の視点からみたアウトドア教育　19

神経学的視点　22

教授法—どこで，なにを，いつ，どのように，なぜ　23

おわりに　25

付録　問題に「どのように」対処するか，についての具体例　27

第2章　本から学ぶ知識と感覚経験　35

学習と活動を統合すること，分離すること　35

学習課題に当事者意識をもつことによる動機づけ　38

状況を理解すること　38

知識の活用による持続可能性　39

反省を経ての成長　40

学習の対象についての知識　40

再び，学習と活動を統合すること—アウトドア教育の学習への貢献　44

第3章　子どもと自然 …………………………………………… 51
　　　　遊びの中に日常生活の自然を取り入れることの大切さ――時間と欲求と自我
　　　　　を理解するための学習　51
　　　　初期：幼少期　55
　　　　第二の時代：大人と老人　74
　　　　自然の中で生きることの意義　83

第4章　成長過程にある個人――子どもの健康 …………………… 107
　　　　良いストレスと悪いストレス　109
　　　　どのようにしてストレスから病気になるのか　111
　　　　健康要因としての学校　115
　　　　健康サービスとしてのアウトドア教育　116

第5章　子どもに不思議を感じさせるトリックとは …………… 119
　　　　成功を収める教育の全てはここから始まります！　119
　　　　不思議1　太陽―輝かしき無政府主義者　123
　　　　不思議2　クロウタドリのさえずり―美しさの不思議　127
　　　　不思議3　あらゆるものを提供する草地や牧草地　129
　　　　不思議4　地中で働くお百姓さん　138
　　　　不思議5　地球上の私たちの生活に潤いを与える樹木　141
　　　　不思議6　あなたの中のベネチア―「聖なる水よ！」　144
　　　　不思議7　雪と幻想的な静寂　146
　　　　不思議8　スウェーデン西暦2030年―温暖化，湿潤化，強風化による気
　　　　　　　　　候変動とは　149

第6章　自然と人間の関係――過去から現在 …………………… 157

補　章　解説　北欧スウェーデンのアウトドア教育の効果
　　　　　　――教育心理学の視点から（西浦和樹）…………… 171
　　　　アウトドアで教育・保育すること，学ぶことの大切さ　171

■目次

第1章解説　アウトドア教室―充実した学習環境となる素晴らしい教室　173
第2章解説　本から学ぶ知識と感覚経験　176
第3章解説　子どもと自然　182
第4章解説　成長過程にある個人―子どもの健康　188
第5章解説　子どもに不思議を感じさせるトリックとは　189
第6章解説　自然と人間の関係　192

文献　197
訳者あとがき　207
原著者紹介　210
訳者紹介　211

本文イラスト／栗城みちの

第1章

アウトドア教室
――充実した学習環境となる素晴らしい教室

アンディッシュ・シェパンスキー

　ここでは，アウトドア教育が，現在の停滞した教育システムを変革しうる教授法としての可能性を秘めた存在であると仮定し，この教授法がより創造性に満ちた学校の発展にいかに貢献できるのかを述べたいと思います。私の挑戦は，子どもと若者らがそれぞれのスキルと才能を発揮することのできる環境，即ち革新的で創造性に満ちた学習環境を創り上げることです。アウトドア教育は，まだ研究の余地が残されていて，これからさらに発展する研究分野です。この分野には，過去の経験から学び，自然と調和したエコシステム[※1]に見合った生活環境を創造しなければ，私たち人間の健康は多くの脅威にさらされ続けるであろうという環境問題の捉え方があります。アウトドア教育に基づいた教育システムには将来を見据えた使命があります。生きる知恵はインドア環境とアウトドア環境を学習の場としてうまく使い分けることによってのみ得られると私は考えます。

　アウトドア教育は，生きる知恵を必要としていて，この意味で教育者，健康開発指導者（hälsoutvecklare）[※2]と建築家によって開発される刺激的な学際的研究分野です。私は歴史的観点だけでなく，健康，学習，物理的環境を重視した最新の研究に関連づけて，ランドスケープで学ぶ際の学習方法を取り上げます。この章の終わりでは，何を教えるのかという問いに対して，緑と青の生活環境，つまり土地と水のエコシステムを題材にしたテーマ学習を取り上げます。

[※1] エコシステムとは，食物連鎖や物質循環といった生物群の循環系という生態系を指す科学用語であったが，本来の意味に加えて，経済的な依存関係や協調関係といった産業体系を構成する企業間の連携関係を指す産業体系を表す経済用語としても用いられる。

[※2] 健康開発指導者は，自治体，学校，その他の場所で健康増進のための仕事に従事する人で，スポーツと健康の課題を中心に取り組む。スウェーデンや北欧でも新しい概念。

それ以外にも私は，どこで，どのように，いつ，そして**なぜ**それを学習するのか，についても説明します。テーマ学習の目的は，私たちがどのように自然循環に関与しているのかに加えて，自然循環の中で特に興味深い科学的現象への理解を深めることにもあります。教師はランドスケープの意味を読み取ること，そのためには次の分野の知識が必要になるのです。

・様々な植物や動物のシステムとそれらのライフサイクル
・季節の変化
・先人の残した文化的史跡

また，上述の知識に加えて必要とされる能力は次の2点です。

・ランドスケープにおいて育まれてきた知恵を理解し，それについて語ることができること。
・どんな天候でも，グループを引率できること。

　アウトドア教育の本質とは，アウトドアにおける体験型で，場所を重視した学習によって得られた生の経験を，教科書中心の教育実践（本，パソコンによる情報検索など）と組み合わせるところにあります。
　教師と生徒はできる限り普段の教育の場である校舎を離れ，生きた学習環境であるランドスケープに身を置き，生きた経験を得ることが重要です。そうすることによって，創造的な学習のプロセスへの道を拓くことができるのです。プレスクールや学校で学んだ知識をより深めるために，この自然と文化の中で起こる現象を直接的に経験することはより大きな意味があります。言語的概念は，体験を伴う直接経験によって，さらに深めることができます。健康と学習，遊びの間には，注目すべき科学的な関係があります。この科学的関係の重要性を理解し，学校には，**教育的視点**に関連づけられた場所，つまり子どもたちの全ての感覚を呼び覚まし，全身を使って学べるようなリアリティの高いランドスケープが必要なのです。

第1章 ■ アウトドア教室――充実した学習環境となる素晴らしい教室

 ## ランドスケープ―忘れ去られた知恵の源

　四方を壁に囲まれた場所での学びは，人類の起源と発展の歴史をみても，ごく最近の事柄です。「学校」が出現する以前は，学びの内容とその知識が実際に使われる場所との間に緊密で自然な関係がありました。伝統的な手工芸，栽培，放牧，狩猟，魚釣り，料理などの知恵は，世代を超えて実際にその仕事に参加することで伝えられました。学校は，そこにあった学びと実際に手を使って働くということの間，即ち理論と実践の間にあった強いつながりを奪ってしまったのです。この学校での学びは特別な建物の中で行われ，主に文章によって人工的に構築され，教えるという行為を訓練された教師によって，人生の限られた期間に実施されるのです。学校での学びは特殊な活動に様変わりしたのです。文章を用いることは学びに欠かせない方法となり，また最重要視される表現方法になりました。多くの教師にとって理想的な教育とは，本に書かれた内容を生徒に伝えることになったのです。学びが現実社会と切り離された結果，学習者自身は自らの学ぶ内容がどのように現実社会と関係するのかを考えざるを得なくなりました。生徒は自分が学んだことについて実践する場をほとんど与えられませんでした。このようにして，理論と実践はそれらが互いに独立したものと捉えられるようになったのです（Dahlgren & Szczepanski, 1997, 2004）。私たちのコミュニケーションのうち約85％は言葉ではなく，におい，味，感覚，ジェスチャーなどを介して行われます。そのようなコミュニケーションを円滑に行うためには，教室や教材となるランドスケープの中に身を置き，異なるコミュニケーション環境，異なる学習方法によって心を開くことが重要です。教室の外に存在する市街地，工業地帯，農耕地，森林地帯などのランドスケープを学習環境として，そこで育まれた知恵を理解し，伝えることを学ぶのです。現代の学校は生物多様性と文化多様性についてどのように伝えているのでしょうか。文章中心の伝統的な授業から学んだ知識は，形骸化したレベルで終わってしまうでしょう。

　自然と文化の中で起こる現象から得られる生の経験を重視した教育は，有意義かつ創造性に富んだ学びのプロセスを考える上で，特に重要なモチベーションの要因となります（Dahlgren & Szczepanski, 1997）。学びのプロセ

スにおいて，嗅覚，味覚，視覚，聴覚を介しての大量の感覚刺激を受けることによって，私たちの記憶能力も向上します。スウェーデン王立リンショーピング大学のアウトドア環境教育センター（CMU: Centrum för Miljö-och Utomhuspedagogik）の研究グループはアウトドア教育を次のように定義づけました。

　アウトドア教育は，実際の状況で具体的な経験に基づいた，体験とその体験の振り返りによる学びに注目した1つのアプローチです。さらにアウトドア教育は，学際的な研究，学問の分野でもあって，その意味するところは以下のとおりです。
・学習の場はインドアだけではなく，社会的，自然的，文化的ランドスケープも対象とする。
・感覚経験と本から学んだ知識を組み合わせることが重要である。
・学びの場となるその土地のもつ意義に注目する。
（Linköpings universitet, Centrum för Miljö-och Utomhuspedagogik, 2004）

学習と健康，身体活動

　私たち人類はその生存期間の大部分において，体験と口頭伝承によって様々な事柄を学んできました。相手の受けたイメージが，常に物理的環境と口頭伝承の中で模倣されてきたのです。しかし，急速な技術の発達と都市化によって，これらの伝統との直接的なつながりが失われてしまいました。心の中で形成される精神世界のランドスケープ（マインドスケープ）について考えると，現代の都市化したランドスケープで育った世代は，本来のランドスケープが持ち合わせている感覚や印象がほとんど失われています。
　今すぐにでもランドスケープとの関係を復活させなければ，私たちの健康は脅威にさらされたままなのです。**身体的**に健康であるかどうかは，食事と運動に関して，関節や筋肉の動きに加えて，私たちがどれだけ健康的に生活しているか，さらに**精神的**に健康であるかどうかは，明瞭かつ一貫した考え方ができるか，それから**感情的**に健康であるかどうかは，ストレスや自分の感情を

うまく扱い，表現することができるか，ということにかかっています（Uvnäs Moberg, 2003）。**社会的に健康**であるかどうかは，他人と良好な関係を構築できるかという，職場での精神的健康にも関係しています。**スピリチュアル的（精神・霊的，宗教的）に健康**であるかどうかは，私たちの人生哲学にかかっており，じっくり物事について考えるための時間を必要とします。つまり，**社会生活を営む場合に健康**であるかどうかは，地域に住む人々の感情的，身体的な欲求を満たし，地域が教育力を備えているかどうかにかかっているのです。このように，健康の概念は非常に多岐にわたるものです。世界保健機関（WHO）による健康の定義は以下のとおりです。

> 健康とは身体的・精神的・スピリチュアル的・社会的に完全に満たされた状態であり，単に病気でないということではない。
>
> （www.luth.se/org/stil/friskvard/vadarhalsa.htm）

現代における不健康な人の割合の高さは，私たち人本来の欲求を満たすための場というものが奪われてしまったことと密接に関係しているのでしょう。この観点から考えると，健康と持続可能な開発[3]について学ぶことは，非常に重要です。アウトドア教育の概念には，より運動を重視した学びを勧めるという意味が暗黙のうちに含まれます。北欧，ヨーロッパの学校研究において，学習－健康－身体活動の3つの関係をより深く探り，そこから得られた知識を学校行事やプロジェクトを活用して広めることは大きな課題です。この分野における研究は，次世代に向けて非常に大きな意味をもつと私は考えます。

それぞれの学校が，全ての児童に対して定期的な身体的活動を提供する責務を明確に負うこと，さらに健康とライフスタイルの課題に注意を払うことは，1994年のスウェーデンの学習指導要領（Lpo 94）の付録において強調されています。

---

[3] 持続可能な開発とは，将来の世代の経済発展の基盤を損なわない形で行われる経済開発のこと。1987年に国連環境と開発に関する世界委員会が「持続可能な開発」の概念を打ち出し，環境保全と開発の調和を最重要課題と位置づけた。

創造的な作業と遊びは，能動的な学習において重要な位置を占める。学校は全ての児童に対して，日常的に身体的活動に取り組めるよう努めなければならない。…授業においては知的，実践的，感覚的，美的，それぞれの側面に注目することが重要となり，また健康と生活習慣に関する問題にも注目する必要がある。

　毎日どれだけの時間を児童の身体的活動に割り当てるのかということと，その身体的活動がどのような内容であるべきかについては学習指導要領付録には記されていませんが，最低でも1日30分というのが当時の政府の見解です。身体的活動に特徴づけられた環境は，安心できる学校風土や良い人間関係を作るのです。また，そのような環境であれば，子どもや若者がお互いの日常生活や学習に影響を及ぼすだけでなく，彼らが日常生活と学習に自己責任を負うのです（Lpfö 98, Lpo 94, Lpf 94）。学習指導要領付録が改訂された背景には憂慮すべき報告が増加しているからです（Miljöhälsorapport, 2005）。多くの子どもや若者は間違った食生活や運動不足のために肥満傾向となっています。こうした傾向は彼らの将来に深刻な影響を及ぼす可能性があります（Myndigheten för Skolutveckling, läroplanstillägg, 2003）。この問題をどのように解決すべきなのかという問いに対する簡潔で明瞭な答えは，アウトドア教育の主張の中に垣間見ることができます。

・身体が思考を動かす。
・身体的活動は健康を増進する。
・健康と学びは一体である。

体験と環境を重視した学習

　理論と実践との出会いを促すためには，ランドスケープの中に身を置き，そこでの知識を得ることが重要であることは先にも記しました。アウトドアでの授業においては，文章化，図形化されるような知識だけでなく，筋肉の緊張，

リンゴの香り，体の感じるリズム，体性感覚※4への刺激，文法や辞書に縛られることなく表現される言葉の豊かさ，そのようなはっきりした形や言葉にすることの難しい知識も獲得されます。これらの知識もまた，私たちの文化において重要な役割を果たしているのです。総合的な体験，テーマと科目の統合，教員と児童，さらに学習の対象との間に生まれる学習のための直接的な経験こそが**体験と環境を重視した学習法**（situated learning, Lave & Wenger, 1991）といえるのです。この学習法における学習環境は，構造化されていない場合がほとんどです。このようなアウトドアでの予期せぬ出来事との出会いが，インドア教室のように高いレベルで構造化されたとき，形式化された世界とは全く異なる総合的な体験による学習の機会を生み出すのです。

アウトドア教育は，実用主義に基づいた統合的で補完的な教授法です。また，この拡張された教室という考え方を取り入れることによって，学校の周辺環境が学習の場となり，さらに，児童と教師に対して生きた場面での知識のつながりを感じる機会を提供します。そうすることによって，伝統的な教育を改革するのです。つまり，私たちは，身体活動と運動によって学習を支援し，文章をベースとしたもの（本から学んだ知識）と文章化されていない実践（私たちの感覚による経験）を融合する機会を創造しなければならない，というのが私の主張です。体は頭を支えるスタンドであってはならないのです。

学習における「どこで」の意味

アウトドア教育は，教育学の立場から学習における「どこで」を例示します。私たちはどこで学習が行われるのかについて，残念ながら，議論することはほとんどありません。このために，アウトドア教育がインドア教育の対極に位置するもの，即ちそのアイデンティティを極端に単純化して捉えてしまいがちです（Dahlgren & Szczepanski, 1997）。様々な活動，子どもたち自身による遊びの計画，創造的な遊び，それらがインドアやアウトドアで行われる学習は，プレスクール教育要領（Lpfö98）の任務の項目で取り上げられています。学

※4　体性感覚とは，皮膚感覚，深部感覚，内臓感覚を指す生理学・医学用語で，五感とは異なり，感覚器が外からは見えず，皮膚・筋肉・腱・関節・内臓の壁そのものに含まれる。視床で処理され大脳半球に送られるほか，深部感覚は小脳でも処理される。

習指導要領の次の改訂では、プレスクールに限らず全ての教育レベルにおいて、これらの知識の観点を考慮する必要があるのです。

　アウトドア教育を実践すると、感情、行動、思考が統合されます。学校周辺のランドスケープが活動領域となり、物理的な現実世界そのものが学習環境になるのです。教師と児童は、学習のための道具、そして場所としてのアウトドア教室を体系的に利用します。アウトドア教室は**学ぶための手段**であると同時に、**学習項目**、**学習プロセス**の一部です。つまり、学習プロセスの部分や全体において、常にインドアとアウトドアの両環境を考慮する必要があります。現代社会は、遊びと学習に適した緑地を犠牲にして学校環境を作り上げてきました（Danielsson et al., 2001; Mårtensson, 2004; Sandberg, 2002）。学校の周りを囲う柵が増えるにつれて、その中の人も外部から隔離されてしまいます。多様な運動を重視した学習の機会は、私たちの居住地において得られにくくなってきています。アウトドア環境とインドア環境との間にある壁を取り去る必要があります。学習と物理的な環境との関係は、振り返りと考察を超えたテーマとして、より多くの場で取り上げられなければならないのです。そのためには、部分と全体が存在する学習環境を使い分け、振り返りと知識の獲得のための授業の方略を見極めることが重要です。学習情報は、常に文章で与えられるとは限りません。岩面彫刻、ルーン石碑[5]、遺跡、墓地、農場、村、発電所、工場、ショッピングセンター、リサイクルセンター、作業場といったランドスケープの中にある人類の活動の痕跡から学習情報が読み取れることもあれば、氷河地形、迷子石[6]、エスカー[7]、山稜、甌穴（おうけつ）[8]、砂丘のような自然の地形などにも見つけることができるのです。

---

[5] ルーン碑石とは、ゲルマン語の表記に用いられたルーン文字が刻まれた碑石。700年から1100年のバイキング時代に多く作られた。

[6] 迷子石とは、氷河によって削り取られた岩石が、長い年月をかけて氷河に流され、別の場所に運ばれ、氷河が解けた後に取り残されてしまった岩石のことをいう。

[7] エスカーとは、氷河の下を流れる川の堆積物が作る筋状の地形で、氷河が後退した後に現れたもの。水流によって、丸い岩石となっているのが特徴。

[8] 甌穴とは、河底や河岸の表面が硬い場合、表面に割れ目などの弱い部分があると、その場所から水流による浸食が進み、くぼみとなる。砂よりも大きな礫（れき）がくぼみに入り、水流により丸みを帯びた円形の穴に拡大する。その後、河底が下がり、甌穴のできた場所が水面より高くなり、地表に現れる。

第1章 ■ アウトドア教室——充実した学習環境となる素晴らしい教室

　現代の社会を考えると，都市環境の中に**アウトドア教育の空間**を作り上げることも直ちに取り組むべき課題です。都市に隣接する緑地や森を保存し，住宅地の近くにある公園をより生物学的，生態的多様性に満ちたものにしていく必要があります（Björklid, 2005; Dahlgren & Szczepanski, 1997; Lindholm, 1995; Åkerblom, 2004, 2005）。生活環境の過密化は都市近郊の緑地を一掃し，ショッピングセンター，住宅地，道路や駐車場へと変えていく傾向に拍車をかけています。このような「発展」は，私たちが先ほど論じた健康要因を増進するのではなく，**その緑の生活環境**の中での社会的なつながり，人との出会い，日常的な運動の機会を奪っているのです。現在，子どもと若者の主な行動は，家，ショッピングセンター，そして学校の三者をつなぐ三角形になっていることが多く，**健康増進の観点**から見れば，学校がどのようにしてこの行動パターンを変化させ，そのための手助けができるのかを考えることが重要です。ランドスケープを学校に組み込み，学校がランドスケープを取り戻すことがその際に必要になってくるのです。

　サイクリング，スケート，スキー，水泳，カヤックやハイキングといったアウトドア活動は，その地域における学校の健康指標に大きく関係します。学校にいる時間を通して，生物，技術，算数または数学，地理，歴史，語学，文学，そして芸術科目と関連した様々な活動の中で，子どもたちの基本的な能力を発達させる機会を提供することは必要不可欠です。健康増進と創造的教育システムの将来に関係する土地の開発計画には，政治家，都市建築家，ランドスケープ設計者，健康開発指導者そして教育者が協働する必要があります（Lenninger & Olsson, 2006）。

　アウトドアでの学習においては，特に子どもと若者が環境問題に深く関わっていくことで，彼らのモチベーションが高まり，身近な環境への理解が促進されます。十分に計画されたテーマ学習は，自分たちの身近な地域の歴史と生態系の成り立ちへの理解を深め，その環境内で起こる変化を敏感に捉え，さらに明瞭にします（Dahlgren & Szczepanski, 2004）。生物学的，文化的多様性を次の世代に伝達することによって，持続可能な開発は成り立ちます。しかし，私たち都市人（ホモ・アルバナス：homo urbanus）は自然の豊かさ，近代的に表現すると，生物多様性に対して驚異の念を抱く能力を失ってしまった，つ

まり，人間は自分自身を自然の外側に，母なる大地の端へと押しやってしまったのです。

アウトドア教育―着眼点とルーツ

アウトドア教育の着眼点とルーツは，古代ギリシア，アリストテレス（384-322f.Kr.）までさかのぼります。彼の哲学は私たちの精神と現実世界における実体験の両方に基づいていました。他の著名人としては，ジャン・アモス・コメニウス（1592-1670）が挙げられます。彼は1657年発行の自書『大教授学（*Didactica Magna*）』の中で，次のような文を残しています（Kroksmark, 1989, s.200）。

> 次のことは大原則です。全てのものを可能な限り全ての感覚で受け止めなさい。目に見えるものは視覚で，聞こえるものは聴覚で。そして，もし何かがいくつもの感覚を通して感じ取れるのならば，それら全ての感覚を使ってそれを理解するのです。

ジャン・ジャック・ルソー[9]（1712-1784）はコメニウスの実物教授[10]の原理と感覚トレーニングの方法を発展させました。この活動を重視した教育方法は，子どもの発達段階のできるだけ早い時期に行われるべきなのです。ルソーは，子どもの現実世界との出会いを重視した重要な人物です。感覚経験による洞察に関して，教育の重要性は『エミール』の中で以下のように記されています。

> 人間の知的意識に入り込んでくる全てのものは，その人の感覚器官を通じて入ってくるのであり，そうであるからには人間の最初の理解というものは感覚

---

[9] ジャン・ジャック・ルソー（Jean-Jacques Rousseau, 1712年6月28日～1778年7月2日）は，フランスで活躍した哲学者，政治哲学者，作家，作曲家である。
[10] 実物教授とは，実際の事物を直接観察させたり，触れさせたりすることによって学習させる教授法のことをいう。直観教授とも呼ばれる。

的な性質を理解することとなる。私たちの一番の哲学の師は自身の足，手，目である。これらを本で代用することは感覚経験による洞察を教えたことにはならない。それは他人の感覚に頼ることを学ぶことであり，いくら学んで知識を得たとしても本当のところは何もわからないという状態に陥るだけである。

ジョン・デューイ[11]（1859-1952），マリア・モンテッソーリ[12]（1870-1952），セレスタン・フレネ[13]（1896-1966），そしてエレン・ケイ[14]（1849-1926）も現実への接触に重点を置いた教育者たちです。ここに挙げた教育者は皆，感覚，創造的想像力，実践的知識を強調しています。モンテッソーリとフレネにとって自然と文化に触れることは，知識獲得の起源だったのです。

「**学校における精神的殺人**（*Själamorden i skolorna*）」というタイトルのディベート記事で，エレン・ケイはほぼ100年前の学校について批判しています(Stafseng, 1996, s. 191-192)。

　知識を活用して，自然と人間，現代と古代，様々な民族，様々な思想，それらの相互の関係を理解した者こそ「教育」を失うことはない。（…）精神的豊かさを保ちながら，はっきりとものを見て，より生々しく感じ，人生の豊かさを認識した者こそ「教育」を本当に受けることができる。この「教育」というものは最も決まりのゆるい方法でのみ勝ち取れるもの。たぶん夕暮れ時の暖炉の前で，牧草地で，海岸で，森の中で。それは古い膨大な資料の中にあるかもしれないが，自然の中にもあるかもしれない。それは巨大な隙間と大きな偏りをもっているかもしれない。しかし，その「教育」がどれだけ生気に満ち，個

---

[11]　ジョン・デューイ（John Dewey, 1859年10月20日～1952年6月1日）は，アメリカ合衆国の哲学者，教育哲学者，社会思想家である。プラグマティズムを代表する思想家である。

[12]　マリア・モンテッソーリ（Maria Montessori, 1870年8月31日～1952年5月6日）は，イタリアの医学博士，幼児教育者，科学者，フェミニストであり，モンテッソーリ教育法の開発者である。

[13]　セレスタン・フレネ（Celestin Freinet, 1896年10月16日～1966年10月8日）は，フランスの教育者である。教師の権威主義的な教育方法に異議を唱え，学校教育に子どもたちの手による校内新聞や学校間での通信などの印刷物を取り込み，自発的なグループ活動を通して子どもたちの人間性を養うことを目的とした「積極方式」というスタイルを生み出した。彼の学校はフレネ学校として知られている。

[14]　エレン・ケイ（Ellen Karolina Sofia Key, 1849年12月11日～1926年4月25日）は，スウェーデンの社会思想家，教育学者，女性運動家，フェミニストである。

性的で,豊かなものであっても,他人の畑から収穫したものを15歳の若者たちの意思に反して彼らの口に押し込むことはできない。

つまり,エレン・ケイの教育改革において,アウトドアは知識形成のための重要な環境でした。現代の学校は,デューイやケイが19世紀当初,既に述べていた考え方から多くのことを学ばなければなりません。要するに,私たちが今まで繰り返し指摘してきたように,学習の場において,現象を実体験することが未だによく忘れ去られてしまうのです。何かについて知るということは,自動的にそれを**理解する**ことではないのです。私たちは自然とのつながりの中で学び,その影響を受ける必要があるのです。私たちは,ある概念を**理解する**ために,**実際にものに触れる**必要があるのです。プラグマティストでもあり,教育改革者でもあったジョン・デューイは,子どもの自発的な経験と行動への欲求について『明日の学校(*Schools of tomorrow*)』というエッセイ(Dewey & Evelyn, 1917, s. 18-19)で次のように述べています。

> 狭苦しい机,過密なカリキュラム,複雑な事実を沈黙のうちに吸収すること。自然であればそのように若者を強制し続けることはない。たとえ学校が若者に窮屈なポジションを長々と強制し,若者が自分の話を聞き,本から学んでいると教師が信じているとしても,若者の生命と成長は運動することに関係している。子どもは知的かつ身体的な活動に熱心である。…子どもの身体的な活動と知的な目覚めは相互依存の関係にある。

近代的な技術と移動手段が人間の自然な運動を排除してしまった社会において,教育システムに求められる非常に重要な課題は,運動する場としてのランドスケープを再び創り上げることです。スウェーデンには自然享受権[15]があることで,他のヨーロッパ諸国と比べると大きな資源が十分に存在しています(Ahlström, 1999)。自然享受権のおかげでほとんどの人がランドスケープにア

---

[15] 自然享受権(英語:right of public access to the wilderness, スウェーデン語:allemansrätten(アッレマンスレット))とは,土地の所有者に損害を与えない限りにおいて,全ての人に対して他人の土地への立ち入りや自然環境の享受を認める権利のことをいう。

クセスすることができますが，自然に近い，素朴なアウトドア活動は全ての人が楽しめるものではありません。**アウトドア活動**は次第に専門技術化され，社会経済論理の中で資源として扱われ，それと同時に森での狩りや魚釣り，もしくはちょっとした「**遠足**」といった本来の自然体験から外れてしまったのです (Sandell & Sörlin, 1999)。このような状況で学校システムに求められることは，火をおこすこと，料理，テント生活，桟橋での魚釣り，ベリー摘みにキノコ狩りといった生活に密接したアウトドアで必要な知識を，全ての年齢において再び取り戻すことなのです。アウトドア活動はその意味で，アウトドア教育に必要不可欠な事柄となります。大空が屋根で覆われ，地面がエネルギー源としての焚き火に置き換わった水道とエアコンのある教室で，教師と生徒は出会うことになるのです。この点については『アウトドア活動の教育（*Friluftslivets pedagogik*）』(Brügge, Glantz & Sandell, 2004) という本でさらに詳しく述べられています。アウトドア活動という概念はスウェーデンの百科事典において「アウトドアでの活動。通常長時間にわたり，ワイルドな自然の中で行われる」と定義されています。ビョルン・トルドソン（Björn Tordsson）はノルウェーのアウトドア活動の研究者です。彼はアウトドア活動について，「偉大なアウトドアと密接に触れ合い，その中での生活と移動の際の実体験が主目的である」と記しています (Tordsson, 1993, s.31)。アウトドア活動の歴史は非常に大まかに分けると，三度にわたる「緑の波」として説明されます。

1. 1780年から1840年にかけて，最初の自然ロマン主義の時代に入浴治療センターが発展し，これらの入浴施設はサラス・パー・アクア[16]（Salus per aqua）や水による健康を掲げた現代の温泉場の前身でした。1700年代後半には，上流階級は羊飼いに仮装して楽しみました。自然の美しさを感じるという感覚が生まれたのです。自然を経験するという感覚がハイキングや登山を通して生まれ，山の頂上からの眺めはランドスケープをモチーフにした絵画のように鑑賞されました。スポーツと体操はアウトドアに活動の場を移したのです。

---

[16] サラス・パー・アクアとは，温泉の前身となる施設で，ラテン語で水による癒しのことをいう。

2．第二の緑の波は1890年と1920年の間にやってきました。アウトドアライフは再びライフスタイルとして見直され，都市型ライフスタイルへの批判の声が挙がるようになりました。サイクリング，球技，そしてスキーが普及しました。
3．1970年代の身体文化を特徴とした第三の波の時代には，アドベンチャースポーツといったより特殊な活動が発展し，そこでは専門的なスキルが注目されました。アウトドア活動においては自然保護と生態学との強いつながりが作られました。

わずか数世代前に，魚釣り，狩猟や農作業は一般人の生活の一部から消えてしまい，これらの活動はアウトドア活動の概念として集約されました。1900年代から2000年代への新世紀にかけては，海岸で釣りをする，森でベリーやキノコを集める，小鳥のさえずりを聴く，またはゆったりとしたテンポで市街地の緑地を散策するといった，より穏やかな自然体験活動に関心が向けられました。それらもアウトドア活動の1つで，ほとんどの人が手軽に楽しめます。幼少期に自由と新鮮な空気への欲求を身に付けることができれば，私たちは大人になっても，その欲求を保ち続けることができるのではないでしょうか。

『アウトドアでの知恵（*Wisdom In The Open Air*）』という本の中でリードとローゼンバング（Reed & Rothenberg）はノルウェーのアウトドア活動の着想の起源を，現代の科学技術とそのライフスタイルに対立する世界観として取り上げています。1900年代のはじめに，フリテョール・ナンセン（Fritjof Nansen）は「アウトドア活動」を，コントロールされていない自然との緊密な関係にあって，昔のライフスタイルに回帰することであると考えました。アウトドア活動という概念がはじめて文献に使われたのは1854年で，ヘンリック・イプセン（Henrik Ibsen）の『大草原（*På vidderna*）』という詩の中にその言葉が出現します（Faarlund, 1990参照）。

不毛の山の農家の小屋で
私は全ての私の戦利品を収集する
1脚のスツール，暖炉

第1章 ■ アウトドア教室──充実した学習環境となる素晴らしい教室

アウトドア活動は私の思考のために

ビョルン・トルドソン（Björn Tordsson）は，論文「アウトドア活動のための教育的視点（Perspektiv på friluftslivets pedagogik）」（1993）の中でアウトドア活動を教育に活かす方法について触れています。自然体験によって自然を深く理解できるようになり，この深い理解こそが，アウトドア教育の一部に関係していて，学校がアウトドア学習を実施する際に，自然豊かなランドスケープを強調することにつながるのです。彼のアウトドア活動の教育的信念を以下に抜粋します。

　　アウトドア活動を取り入れたライフスタイルの特徴は，身体と感情，そして思考が高度に統合されて機能することである。このおかげで，私たちは充実した人生を経験することができる。さらに起こった出来事を様々なレベルで経験し，学習することが同時にできるのである。つまり，感覚経験を取り入れた生活は感情と認知を統合するのである。

サンデル（Sandell）とソルリン（Sörlin）の著した『アウトドア活動の歴史－エコツーリズム🐾[17]と環境教育学からアウトドア活動を見直そう（*Friluftslivshistoria-Från Härdande friluftsliv till Ekoturism och Miljöpedagogik*』（1999）には，アウトドア活動のために再構築されたランドスケープは，昔の人にとって川や湖を渡り，山野を移動するために必要不可欠であった技能を私たち現代人が再び取り戻す場所となりうるのか，それをどのようにして可能にするのかについて書かれています。しかし，日常におけるアウトドア活動が，ストレスにさらされたビジネスマンたちに休養と娯楽をもたらすならば，リラックスできるランドスケープは都市近郊の緑地にも設けられるべきなのです。そのような場を設ける際には，都市計画と教育システムが一緒に論じられるべきです。全ての若者が必ず経験する教育システムへの旅は，偏りなく，多くの

🐾17　ツーリズムとは，観光旅行。観光事業。観光案内業のことをいう。また，エコツーリズムは，地域の環境や生活文化に影響を与えないような仕方で自然や文化に触れ，それらを学ぶことを目的とする旅行をいう。

15

感覚を刺激するように行われるべきである，とルソーは自著『エミール』の中で述べます（Rousseau, *Emile* del I, s.191）。

　様々な国について，表面的に学んだとしても，そのことでもって，それらの国を十分に理解したということにはならない。実際にその国を旅してみることが十分な理解には必要である。物事を観察するというのは，自分の目で実物を注視することで，そのことによってはじめて理解につながる。

1800年代の終わり，1987の学校旅行委員会[18]によって新しい教育的アプローチがスウェーデンに取り入れられました。この動きは多くの子どもとその教師にスウェーデンの自然と接する機会を与えました。ペトラ・ランタタロ（Petra Rantatalo, 2002）は歴史を振り返った論文を著し，学校の企画旅行の背景にある目的について，そのモットー「自分自身を，自分の国を，自分のランドスケープを理解せよ」を取り上げ，議論しています。ランタタロは実物教授の主導者たちが，ハイキング，サイクリングや学校の企画旅行の際にアウトドアをどのように利用したのかも説明しました。彼女は，アウトドアでの授業は1900年代の少年院においてよく用いられたと指摘しました。子どもたちをよりよく理解するため，また現実社会で起こるリアリティの高い教材に近づけるため，この教授法は正しい方法であると説明しました。

　本当に知識というものを提供したいのであれば，本やポスターは十分なものではない。本物の知識を得るためには生きた社会に出て行く必要がある（s.47）。

学校の企画旅行を推進しようとしたジョン・バウアー（Johan Bager-Sjögren）は，1900年代当初，理論哲学の講師としてルンド大学に勤務していました。ランタタロは『アウトドアへ―新しい学校（*Ut i det fria-det nya släktets skola*）』という章でバウアーを引用することによって彼の情熱について語って

---

[18] 学校旅行委員会は，1900年代初めにスウェーデン議会で組織された委員会の1つ。スウェーデン国内の自然と文化を学ぶために学校教育の一環として，学校の企画旅行やアウトドア教育を支援した。

います (2002, s. 87)。

　あらゆる面で進歩が見られるにもかかわらず，言葉と書籍，もしくは古典的な言語主義的教授法は学校でまだ重宝されており，それらに勝るものはないとされている。しかし，実物教授の原理に従うならば，私たちは現実性の乏しいものを教科書として若者に与えるべきではないのである。

研究分野としてのアウトドア教育

　アウトドア教育の研究は海外では長い歴史があるものの，スウェーデンではまだ新しい分野です。ここでは異なる視点から，いくつかの最新の研究について簡単なプレゼンテーションをします。

実践活動から得た知識と言う視点

　信頼性の高い教育研究とは，人が行動（実践）と振り返り（理論）によって知識を学習できるかどうかです（Molander, 1993）。初めての経験によって新しい概念を獲得するためには，その新しい概念が言語化されなければなりません。自分の経験を言葉で表すことによって，その新しい概念は私たちの意識の中で現実とつながります。ランドスケープに身を置くことによって，膨大な感覚刺激が得られ，覚醒水準が高くなります。脳内には，人間の進化の歴史の一部を内包する海馬と扁桃体があって，それらを通して，大脳皮質で発生するインパルスの数が増大します。大脳辺縁系[19]（爬虫類の脳）では，大脳皮質[20]に向けて，より多くのインパルスが送られます。このようにして，学習において重要な条件である覚醒水準は，さらに高くなります。

　私たちの心の中で形成される精神世界のランドスケープ（脳）が現実世界の自然と文化のランドスケープに出会うとき，子ども時代にこれらの環境におい

---

[19] 大脳辺縁系とは，大脳の内側で，間脳・脳梁を囲む部分と視床下部・扁桃体などを含めた領域。本能・情動（快，不快，恐れ，怒り）を司る。
[20] 大脳皮質とは，大脳の表面に広がる神経細胞の白質の薄い層（灰白質）。思考や言語など高次の機能を司る。

てどのような経験をしてきたかによって，その出会いは様々な様相を呈します。社会文化的な視点から学習するということは，自分自身が所属する文化の中の意味ある状況で学ぶことだ，とセリヨ（Säljö）は述べています（2000, 2005）。私たちの精神世界では，自分自身の集合記憶[21]と生活圏の文化によって，様々なものが描かれるのです。

　実践的な知識は，**実践知**（実践的な知恵や思慮）という概念に関連づけられると同時に，実物教授の原理と教育改革を述べたプラグマティズムの伝統的な考え方にも深く関わります（Gustavsson, 2000, 2002, 2003）。ウメオ大学の研究者たち（Hartig, T.et al., 2003）は，眼球運動が手の動きとどのように結びついているかについて示しています。この結び付きが確立されると，その手の動きを増幅するように頭の中で思い浮かべるだけで学習が成立します。神経回路の結合が自動化され，その動きが脊髄に到達するのです。ジョン・デューイの「為すことによって学ぶ（learning by doing）」という有名なフレーズは，この説明を仮定しています（TIG 8/2003）。学習は社会的行動の一部とみなすべきであるとデューイ（Dewey 1859-1952）とミード（G.H.Mead 1863-1931）は主張しました。デューイにとって学習とは連続的な経験の積み重ねであり，その学習プロセスにおいて創造的な要素は体系化されていないものに触れ，予測不可能なものと出会うことでもあったのです。この予測不可能なものは，教室の中よりもアウトドアを重視した学習の際に頻繁に出現することになります。またデューイは教育改革運動において，狭い範囲でしか学習活動を行わない方法，つまり振り返りのない学習を批判しています。「知ることによって為すことを学び，為すことによって知ることを学ぶ（Learn to do by knowing and to know by doing.）」ということがデューイの本来のフレーズです。この一文は『応用心理学（*Applied Psychology*）』という，1889年に彼がマックレッラ（J.A. McLellan）と出版した著書における主なメッセージでした。しかし，「為すことによって学ぶ（learning by doing）」または「深く学ぶ（learning under the skin）」という表現は，学習プロセス全体を包括するものではないとも，デューイは述べています。重要なことは，知識と行動の関係です。このことは彼の

✿21　集合記憶とは，民族や社会集団といった共通の背景をもつ人々によって共有されている過去の出来事などについての記憶。フランスの社会学者モーリス・アルブヴァクスによって提唱された。

後の著作において「為すことによって学ぶということは，もちろん，教科書による学習がマニュアル仕事や手仕事に置き換わることを意味するわけではない（Dewey, 1915/1979, s.255）」と明確に述べています。マリア・ローセンクヴィスト（Maria Rosenqvist, 2004）は『教育とデモクラシー（*Utbildning och Demokrati*）』という雑誌の中で，全ての教育システムにおける実践的知識，即ちデューイに基づく行動理論の視点を導入すべきだと主張しています。

環境と運動の視点からみたアウトドア教育

パトリック・グラン（Patrik Grahn, 1988）は，人間とその周りの物理的環境との相互作用について研究しました。彼によると中学校における生物の授業研究について，65％の教師がアウトドア活動の実施に困難を感じるとの結果を示し，プレスクールから小学校6年生までの教師においては20～25％でした。その最大の障壁として，アウトドア活動に適した環境の欠如が挙げられました。

カプラン夫妻（Kaplan & Kaplan, 1994）による研究は，公園などの緑地があり，文化的なエリアに短時間でも身を置けば，結果として，勤務時間と余暇の時間に関係なく人々に満足感を与え，回復効果をもたらすことを示しました。自然はストレスを軽減し，集中力と自発的な注意力を高めます。私たちは自然に回帰することにより，より機敏で穏やかになり，悩みも少なくなり，明らかに健康的になるのです。私たちが進化の名残として持ち合わせている，いわゆるバイオフィリア仮説[※22]は，こういった身体的反応が起こる原因の1つと考えられるのです（Kellert & Wilson, 1993）。

他の研究者（Hartig et al., 2002）は，ある調査において，自然保護区内で40分間のハイキングを行った場合，被験者の血圧が低下することを発見しました。それは，車や人通りの多い都心での40分間，散歩した場合には見られませんでした。私たちがポジティブな感情を刺激する環境に身を置くと，より良い気分になるというのは自明なことですが，動植物や自然との接触が，人と環境との調和をもたらし，他の何よりも私たちの健康を増進することをここでは強

[※22] バイオフィリア仮説とは，人は本能として生物あるいは生命のシステムに対する愛情をもつとするエーリッヒ・フロムによって最初に提案された仮説をいう。

調したいと思います（Andersson & Rydberg, 2005）。直線や終わりのない廊下，対称的なファサード[23]で作られる無機質な環境に親近感を抱くのは難しいのです。そのような環境は私たちの健康に悪い影響を与えます。変化に富んだ有機的な形状は，人間の作り上げた直線的な形状より望ましいのです。このことはスウェーデンの王立工科大学，カロリンスカ研究所，ハーバード大学，国際デザインと健康学会（International Academy for Design and Health），そしてモントリオール大学が共同で行った注目すべき調査によっても示されています。調査結果は，「公衆衛生の展望（Utblick Folkhälsa）」（1/2003）というジャーナルで言及されています。

これまでに何度も指摘してきたように，運動と身体活動は健康要因であり，**緑と多様性**に満ちたアウトドア環境にアクセスできる子どもは，人工的，無機質なアウトドア環境で遊ばざるを得ない子どもと比較して，より健康的で，バリエーションに富んだ遊びを展開し，集中力を高めることができるのは明らかです。自然を模した広い園庭はアウトドアでの活動時間を増加させ，遊びの質を高めることも証明されています。砂場，自分だけの遊び場，ゆったりと過ごせる場，挑戦できる場，刺激や魅力に満ちた緑の環境のどれもが，小さな子どもにとって学習にふさわしい環境なのです（Grahn, 1997）。プレスクールから大学にわたる教育資源として，この生物多様性を高める可能性を，私たちは追求し続ける必要があります。だからこそ，そのような緑の環境を取り崩し，アスファルトで覆い尽くしてはならないのです（Heurlin-Norinder, 2005）。

アウトドアで活動することが，健康，運動機能の発達，集中力，学習にプラスの効果をもつこと，さらにそのアウトドアで活動することの重要性は，多くの調査によって裏付けられています（Nilsson, 2003; Ericsson, 2003; Fjørtoft, 2000）。インイェイェルド・エリックソン（Ingegerd Ericsson）は，2003年の博士論文の中で，運動能力，集中力，スウェーデン語におけるプレゼンテーション力（記述力），そして数的能力が，毎日1時間の運動と身体活動の導入によってどのように向上したのか，介入研究として報告しました。調査対象は小学校1年生から3年生までの251人の児童でした。

---

[23] ファサードとは，街路や広場などに面する建物の正面部分のことをいう。

第1章 ■■■ アウトドア教室──充実した学習環境となる素晴らしい教室

　環境心理学者のフレドリーカ・モーテンソン（Fredrika Mårtensson）は，自身の修士論文「**遊びの中のランドスケープ**（Landskapet i leken）」において，自然環境がどのように遊びを発展させるのかについて述べています。**ランドスケープが子どもたちと遊ぶのだ**，と彼女は語ります。アウトドア環境は，子どもとその周りの物理的な環境との間に，より強烈な相互作用をもたらします。教師は，子どもたちがより自由に動き回れるアウトドア環境を与え，その環境を子ども自身に探索させるのです。アウトドアでの遊びは，非常に特別で，変化に富んでいます。子どもたちは言葉よりも体を使ってコミュニケーションしています。与えられた環境をどのような遊びに利用するかについて自分たちが決定できることは，自然のもつ曖昧さのおかげなのです。走り回ることのできる場所は空間感覚を伝え，運動への誘因になります（Mårtensson, 2004）。

　スウェーデンのリンショーピング市のある学校において2002年から2004年にかけて行われた調査では，生徒と教師のストレスの度合いが，アウトドアにおける授業を導入することによって軽減できる可能性があることを取り上げました。このアウトドア活動による能力の向上を目的として，1年のうちに15日の研究日が設けられました。この調査には2つの学校が参加し，1つの学校は実験群として，もう1つの学校は統制群として選ばれました。プレスクールから小学校6年生までの341人の園児・児童と，30人の教師が最終的に調査の対象となりました。実験群の学校は，統制群の学校と比較して，児童たちの唾液コルチゾール[24]（ストレスホルモン）濃度の有意な低下が確認されました。特に，アウトドアで授業を受けた男児全般に対して，顕著なストレスの減少，コルチゾールの低下が認められました。この調査は，健康状態に関する心理尺度を指標として測定されました。

　言い換えれば，このアウトドア教育のトレーニングは，子どもの精神的な健康において非常に好ましい効果を上げたのです。BMIを調べることと，個別のインタビューもこの調査には含まれていました。インタビューの結果，アウトドア教育の研修を受けた教員は，このバリエーションに富んだ学習法に前向きな考えをもっていることがわかりました。この調査の結果は，質と量，両方の

---

[24]　コルチゾールとは，ストレスホルモンの一種で，ストレスが増すと唾液中のコルチゾールが増す。

分析において，より多くのアウトドアでの授業実施の必要性を裏付けるものです。1つの結論として，健康とアウトドア教育との関係は，学校の学習環境においての予防衛生※25と健康増進の要因になるのではないかということでした（Nelson, Szczepanski & Gustavsson, 2005. プロジェクト「健康とアウトドア教育」内の未出版原稿）。高濃度のコルチゾールは，記憶能力を低下させ，さらにストレスの影響により，脳の電気信号を充填・拡散させる部分（海馬）から大脳皮質にかけて解剖学的変化が観察されることがわかっています。

ストレスが都市に住む人々の健康に悪影響を及ぼしていることを示す多くの研究があります。現代において，慢性的なストレスが公衆衛生における大きな問題になっていることに疑いの余地はありません。

 神経学的視点

神経学の教授アントニオ・ダマシオ（Antonio Damasio）は，自身の研究の中で，私たちは脳によってのみ考えるのではない，ということを示します。**体と頭**は，所属する活動グループの中で機能する，つまり，体というものは脳と外界との接点であって，体が使えない状態では脳は機能できないことを指摘しています。ルネ・デカルト（Rene Descartes 1596-1650）が感情と経験による知識を省みることなく，体を意識から切り離してしまったことは彼の犯した最大の誤りであると，認知科学と神経学の両分野を研究したダマシオは述べています（Damasio, 2000）。私たちが，感情知能※26や感情知識，そして実用的な合理性について語るとき，思考が人間の体と関連づけられた状態にあるのです。うれしいとき，悲しいとき，それは体全体で感じられます。刺激的で，変化に富んだ環境では，神経細胞間にシナプスの数（結合）が増えるのです。

※25 予防衛生とは，特定の感染や疾病を想定してそれに対応した衛生処置を行うことをいう。
※26 感情知能とは，自己や他者の感情を知覚し，また自分の感情をコントロールする知能を指す。心の知能（Emotional Intelligence: EI）は知能指数とは異なり，心の知能指数（Emotional Quotient: EQ）によって測定される比較的新しい概念である。

第1章 ■ アウトドア教室——充実した学習環境となる素晴らしい教室

教授法——どこで，なにを，いつ，どのように，なぜ

　教授法（didactics）という言葉は古代ギリシア語を語源とし，他の人に教える技術を意味します。授業には理論と実践，科学的と日常的，それぞれの分野の知識が必要とされます。トーマス・クロックスマルク（Tomas Kroksmark）は『**教授法の散歩（*Didaktiska strövtåg*）**』（Kroksmark, 1998a）という自著において，科学的根拠を用いて実績を残してきた体験を教える技術として記しています。

　教授理論の目的は，授業に関する体系化された知識に基づいた方法を提案することです。教授理論とは，ある種の体系に関する概念をもたらす構造と定義されます。理論的な教授法の知識とは，実践と**距離を置く**ことを意味します。授業実践は，**理論との隔たり**が発生します。実施された授業に対して距離を置く，つまり自分の周りに「ブラケット🐾27」を置くことで，教師は自分の授業についての知識を深めることができるのです。全体を大きく眺めることによって，文章化された実践と文章化されていない実践，両者が言わんとする実践の流れが意識化され，知識となるのです。つまり，教授法は実践に基づいた知識の集まりなのです（Kroksmark, 1989, 1989）。教師が，どこで，なにを，いつ，どのように，なぜ，という教授法における基本的な問いを考えれば，インドアやアウトドアにおける様々な教育環境の選択が可能になります。プロフェッショナルな教師は，学習内容が，実際に行われる内容とどのように関連しているのかを知っているのです。さらに，なぜ，いつ，そのテーマを扱い，その話題に切り替えるのか，どこで学習が行われるのかという問いに答えることも，プロフェッショナルな教師には求められます。これらの教授法の問いについて，これから順に見ていきます。

🐾27　ブラケットとは，自分との距離を取り，客観視することを指す。本来の意味は，接近する敵機に対して，僚機と離れて平行または交差する編成を取り，片方の機に敵機の注意を引き付ける飛行戦略のことである。

教授法の知識形態—アウトドア活動の実践を重視した研究と教育活動のための前提条件

次の5つの問いは，あらゆるアウトドア教育活動の中核を成します。

1. どこで学習が行われるのか，その場所で学習が行われる意義とはなにか。カリキュラムに記された達成目標に到達するために必要な周辺の環境をリスト化し，どのような環境が学習に適しているかを考えよ。
2. インドアで行っていることのうち，**どのようなことがアウトドアできる**のか。実践的な環境学習，ライフサイクル思考[28]，持続可能な開発の問題，身体と健康，美的感覚など，アウトドア教育が研究の起点となる分野は多い。しかし，言語や数学の授業例に対して，アウトドア教育はどのような効果をもたらすかを考えよ。
3. 話題やテーマをアウトドアという拡張された教室に**どのように当てはめる**のか。四季の存在をどのようにテーマ学習に生かせるか。カリキュラムにおいて重視される，事実，スキル，熟知，理解という4点をどのように満たすことができるのかを考えよ。
4. **いつ**アウトドアで授業を行うのが適当か。インドアにとどまるほうが適切なのはいつかを考えよ。
5. **なぜ**アウトドア教育なのかを考えよ。学習と遊びを考えるときに，物理的環境と人との関係についての最新の研究は，私たちにどのような成果をもたらすのか。もし，私たちが学習環境としてのアウトドアの可能性を考える場合，未来の学習と教育（アウトドア教育）システムの中で，柔軟性，反省，変化への意欲，スキルの開発を順番に考えよ。

学習モデル

アウトドアでの学習は，常に学習環境（**環境教育**），**学習活動**（アウトドア活動），大小のグループ内での社会的相互作用，個人の成長と社会性の発達，

---

[28] ライフサイクル思考とは，製品や技術がもつ原料から廃棄に至る全ての段階における機会とリスクを明らかにする考え方をいう。

第1章 ■ アウトドア教室——充実した学習環境となる素晴らしい教室

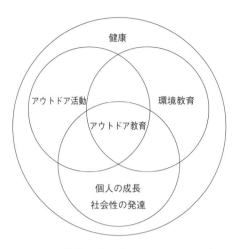

図1.1　学習モデル（Szczepanski, 2005）

そして学習環境の中で私たちがどのように感じるかといった様々な要素が複雑に絡み合って起こります。図1.1の学習モデルでそのことを示します。健康は全てを包括し，私たちの幸福と潜在的な学習への意欲を大きく左右します。心身が健康であることは，個人の学習，記憶，動機づけに大きく影響を与えます。その結果として学習への意欲が高まります。健康的なランドスケープは，その中にいる人をも新鮮な気持ちにさせます。新しい学習指導要領（Lpo 94, Lpf 94）の付録では，このモデルに示されるように，学習の総合的な視点をアピールしています。

 おわりに

教室で学ぶ要約知識や講義環境が，教室以外の環境で学ぶ経験的知識よりも重要である，という偏った考え方が教育現場において優勢なのはなぜでしょうか。実践から得られた知識を新しい分野に活用することは，現実世界では当然のことです。学校での学習は，場所を重視し，リアリティが高く，学際的で，経験を重視すべきである，と私は考えます。未来の学校では，文章化された実践と，文章化されていない実践との間に密接な相互作用を築くことが重要視さ

れるべきです。大切なのは，**学習者**（hand）や**教師**（head），**好奇心**（heart）が知識獲得の過程で一体となって働くことです。私たちは社会に依存する生き物で，文化遺産から強い影響を受けます。様々なランドスケープの中で経験し，洞察から得られた知識，即ち人間と自然が関連づけられた知恵は，世代間や異文化間に存在する疎外感を軽減することに役立つのではないでしょうか。結局，私たちは同じ星の下にいるのです。

　授業に影響を与える最も重要な要因は，学習者が既に何を学んできたかである。このことを理解し，それに応じて教育しなさい。　　　（Ausubel, 1968）

問題に「どのように」対処するか，についての具体例

　緑と青の環境に身を置いて，全体的思考，新しい問題とその解決策を学習することを目的とした，いくつかの授業例を紹介します。

　知識は，情報そのものと情報を処理することで表現されます。情報は文字化されたものであったり，感覚的なものであったりします。しかし，学習過程でその情報を処理しなかったり，あるいは振り返りを行わなかった場合，その情報は新しい知識にはつながりません。アウトドア教育のトレーニングで重要なことは，そのような情報処理が行われるように，常にグループで活動させて（協働学習），各参加者の考えを集めることです。アウトドア教育の理論と実践は問題解決や協働学習の前提条件です。様々な挑戦に挑み，壁を乗り越えるには，私たち自身のあらゆる知性と感覚とが活性化されていることです。また，私が今まで述べてきたように，身体的健康と精神的健康のバランスの取れた体が必要とされるのです。

■青い環境でのトレーニング―水の生態系
　生命の発見，経験，理解，洞察

テーマ「水」
　永遠の循環と一時的な貸付－以下のことについてよく考えてみよう。
　そこにある水は飲んでも大丈夫ですか。この水はどこから来て，どこへ行くのですか。雨が降っているときに，地面の水が流れていく道筋を観察します。このトレーニングの目的は，社会における「水に対する無知からくる偏見」を改善することです。水は常に様々な化学的成分と混ざります。水が様々な鉱物と一緒に蒸発したり，地面に染み込んだりと，その成分は周りの環境の酸性度によって変化します。地面に染み込んだ水の一部は地球の内側の上層部に留まります。つまり，水循環[29]には異なる周期があるのです。

---

[29]　水循環とは，太陽エネルギーを主因として引き起こされる，地球における継続的な水の循環のことをいう。水は状態を変化させながら，地球上を絶えず循環している。

◆新しい社会，もしくは小さなランドスケープを築こう
　　対象学年：中学生（7～9年生）
　　季節：春
　　場所：(できれば小川が自然に流れている) 傾斜地
　　必要なもの：石，砂，木の枝などの自然素材とバケツ
　　広さ：トレーニングを行える広さで，フットボール場ほどの広さ

　人の居住地，工業団地，空港，道路，耕作地，アウトドア活動のための場所など，それらをどのように配置するかをよく考えましょう。ランドスケープの地形図は，海に流れ込む河川を表現しなければなりません。このトレーニングの目的は，このランドスケープの中で，人が自然に手を加え，作り変える力をもつという変化を起こす力となることへの意識を高めることにあります。極海における氷の面積の減少，海水面の上昇，富栄養化[30]，排出ガス，さらには土地の再開発，交通，自然享受権をめぐる闘争など，様々な未来に考えが及ぶことになります。バケツを使って，それぞれのグループの造ったミニランドスケープの様々な場所から実際に水を流してみて，居住地にどのような影響を及ぼすのかを観察することでトレーニングを締めくくりましょう。

◆雨の感覚をトレーニングしよう
　　学年：プレスクールから小学校3年生まで
　　季節：秋
　　場所：園庭・校庭

　全員で大きな円を作ります。肩が触れるぐらいに近づいて目を閉じます。掌をゆっくりと擦り合わせて，雨の降り始めに似た音を出します。タイミングを見計らって，リーダーは頬を膨らませ，その頬をゆっくりと両手で太鼓のように叩きます。リーダーは自分の右肩を右側に立っている人の肩に触れさせることによって，自分と同じように頬を叩くよう**静かに指示**します。指示を受け取った人はそれをまた右側にいる人に伝え，雨の音はその強さを増して行きます。1周して指示が自分に戻ってきたら，リーダーは手で自分の太ももを叩いて大雨の音を模します。しばら

---

[30] 富栄養化とは，海・湖沼・河川などの水域が，貧栄養状態から富栄養状態へと移行する現象をいう。富栄養化は生態系における生物の構成を変化させ，一般には生物の多様性を減少させる方向に作用する。極端な場合では赤潮や青潮などの現象を二次的に引き起こすなど，公害や環境問題として広く認識されている。

くして，リーダーは自分の左側の人の肩に触れることにより，頬を叩く動作を止めるよう指示します。雨は次第に小降りになり，そのうち降り止みます。こうして全員が聴覚と触覚によって「雨」を体験できるのです。

◆食物連鎖を自然にあるものを実際に用いて表わしてみよう
　学年：プレスクールから小学校6年生まで
　季節：晩春から秋の初め
　場所：集水場，池，小川，川辺など
　必要なもの：水網，白いバケツ，プラスチックなどの容器（分類するため），拡大鏡もしくは虫眼鏡

　自分の水槽に様々な水生動物を集めます。できるだけ多くの異なる種類の水生動物を集めたら，それらを色，形や大きさによって分類します。
　発見した水生の昆虫やカエルなどを図鑑で調べます。デジタルカメラを使ったり，スケッチすることによって，子どもたちに，捕らえた動物を用いて食物連鎖を表現

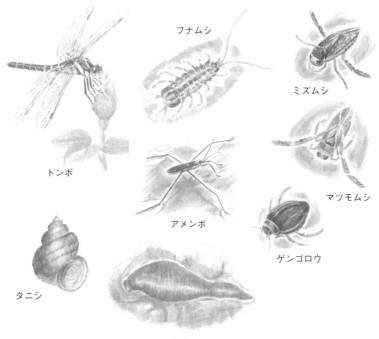

させます。子どもたちには，自分の体を使わせたり，声を出させたりして，動物の形態や動きを演出させます。その後で，子どもたちに生産者（調査対象の水生生物の体内の植物）から第一次消費者と第二次消費者（捕食者）につながる食物連鎖を，現地で見つけた動植物を用いて表現させます。

一般的な水生生物としてよく採集されるのは，フナムシ，マツモムシ，ミズムシ，ゲンゴロウ，アメンボ，トンボ，タニシ，ヒルなどです。

◆進化についてのトレーニング

学年：中学生（7～9年生）

季節：一年中

場所：校庭

必要なもの：自分の体

このトレーニングのベースはじゃんけん（グー，チョキ，パー）です。

チョキはパーに勝ち，パーはグーに勝ち，チョキはグーに負けます。このトレーニングの目的は進化の異なる段階を表現し，その後で人間の生態系における役割について議論することです。

1. 最初に参加者全員でいくつの進化の段階（動物）を扱うかを話し合います（例：アメーバ，魚，両生類，爬虫類，猿，人間の6段階）。このトレーニングはいくつの進化の段階を考えるかによって難易度を上げたり下げたりすることが可能です。

　　リーダーはパントマイムと，必要であれば声を出して，一緒に選んだ生物をどのように表現することが可能かの例を初めに示します。

2. 参加者全員がアメーバを演じることから始めます。体を使って，アメーバの動きを表現します。しばらくして，参加者は二人組になり，じゃんけんをします。じゃんけんで勝った人は進化の段階を一段階進み，上の動物に例えると魚になります。参加者は移動しながら新しいじゃんけんの相手を探します。この場合同じ進化の段階にある相手を探す必要があります。魚と魚がじゃんけんをした場合，勝った人は，両生類，爬虫類，鳥などといった次の進化段階に進みます。もしじゃんけんに負けた場合は，その人は同じ段階にとどまり，しかも同じ進化段階の人とじゃんけんをして勝つまで次の段階に進めません。人間という進化の最終段階に達した段階で，参加者はこの進化の遊びから抜けることができます。ほぼ全

員がアメーバの段階を抜け出したところでトレーニングを終了します。

テーマ「雪と氷」
◆時間，距離，平均速度といった数学的概念を中心に置いたリュージュ（ウィンタースポーツのそり）のコース
学年：中学生（7～9年生）
季節：冬
場所：校庭（雪の収集場所）
必要なもの：クロノグラフ，スコップ，ペットボトル，メジャー

　雪の斜面に同じ高さから始まるミニリュージュコースをいくつか作ります。ペットボトルいっぱいまでお湯（できれば食品着色料で色を付けましょう）を入れます。そのコースのスタートからゴールまでの距離を測ります。ペットボトルをリュージュに見立ててスタートからゴールまでかかった時間を計測します。その後メートルあたりの平均速度（m/sec）を計算し，それからキロメートルあたりの平均速度（km/h）も求めます。この活動では協力，建築技術，雪によるデザインなどが訓練できます。アウトドアにおける数学的なトレーニングに興味のある人は次の書籍からインスピレーションを得ることができます。モルク（Mörck, 2005）の『外に出て森の中で数えてみよう：森に拡がる実践的算数（*Gå ut och räkna med skogen-praktisk matematik med skoglig anknytning*）』，モランダー（Molander, 2005）の『外で算数を学ぶ（*Att lära in Matematik Ute*）』です。

■緑の環境でのトレーニング—土地の生態系
　生命の発見，経験，理解，洞察

テーマ「土地」
　私たちの足元にある地面は植物相，動物相，地理，歴史，文化といった新しい発見の素材を与えます。次に，近隣の環境の生物多様性や文化多様性について，それらの素材を用いてどのような活動ができるのかを2例紹介します。

◆発見レポート：次々とつながっていく自然歩道
学年：小学校4年生から6年生まで
季節：春と秋

場所：公園，森，牧草地といった緑の地域

　このトレーニングの目的は，ランドスケープに出かけて生物多様性を発見し，自然の中で問題の立て方を学ぶことです。

　参加者に一列に並んでもらい，列の先頭から6つのグループに分けます。約5名のグループを，列の最初に立っている者から順番に，緑の中の小道を事前に決めておいた方向に5分間隔で出発させます。最初のグループはスタートから200から300メートルほど歩いたところで，自分たちの存在する場所についてレポートを作成し，そこで見つけた動物や植物に関連した問題（なにを，どこで，どうやって，いつ，なぜ）を作り上げます。その場所で作られた問題は，次にやって来たグループが解答することになります。問題に答えたグループは，次にやって来るグループのために，その場所に関連した問題を考えます。問題が解けたグループは，また100メートルほど移動して，新しい問題を考えます。このように，ゴールに到着するまで同じことを繰り返すのです（訳注：最後のグループは一番最後を歩いてきたリーダーに問題を出すことで全員が参加できます）。

　この種のトレーニングはグループのメンバー同士で共通して発見したことに注目し，それを土地と結び付けます。例えば，どうしてヤマモモの木がここに生えているのか，この植物は何に利用されるのか，花はいつ咲くのか，この植物は冬にはどのようになるのか，どのようなにおいがするのか，どんな味がするのか，など様々な問題が考えられます。

　終わりに全てのグループを集めて，どのような問題を考えたのかを確認してください。

◆木についての発見レポート

　学年：プレスクールから中学生（9年生）まで
　季節：春，夏，秋，冬
　場所：白樺のある場所
　注：このトレーニングは身近にある他の木々を使って行うこともできます。

　白樺の木を囲むようにグループを集めます。その木（ここでは白樺）に関係のあるものを手渡しで1周させます。子どもたちはそれを手にしたときに思いついたことを簡潔に述べます。2周目3周目と続いて，ほとんどの子どもが話すことがなくなった時点で，このトレーニングは終了です。目的は白樺の文化的歴史について，グループの中で共有できる発見があることを明らかにすることです。それは音楽や

■■■付　録

民間伝承，手工芸や生物学的な発見であったりもします。

　ここで挙げた全てのトレーニングは，対象となるグループや季節，場所に合わせて単純にしたり複雑にしたりすることが可能です。

第2章

本から学ぶ知識と感覚経験

ラーシュ・オーヴェ・ダールグレン

 学習と活動を統合すること，分離すること

　1842年，スウェーデン国会は義務教育の導入を決議しました。それ以前には，全ての国民に向けた学校は存在していなかったのです。この義務教育導入当時のスウェーデンでは，まだ農耕社会の最中で，国民が社会生活を営むには当然のように外での仕事や他の日常的な作業に参加することと関連した多くの知識とスキルが要求されました。学習すべきことは，こうした知識とスキルを伸ばすことでした。ウルフ・ルンドグレン（Ulf Lundgren, 1995）は，その状態を再生産と生産が統合されていた，つまり両者が同じ活動として一体となっていたと表現しています。その当時の人々にとって学習が学習目標に沿った個々の活動ではなかったことは私たちにも想像できます。少年たちは農場で大人に混ざり一緒に過ごすことで採石方法や柵の建て方などを学びました。少女たちも同じように，母親や年上の姉妹と一緒に過ごす中で，麻の準備，織物または保存食の作り方などを学んだのです。学習は文字による勉強というよりはむしろ感覚経験と社会参加が中心でした。エーギル・ヨハンソン（Egil Johansson, 1972）の聖書についての問答の研究によって，学校制度導入当時，農村であっても識字率はゼロではないものの，低いことが示されました。

　公立学校の導入は，人々の学習において，ある種の文化革命を起こしました。学習という観点について仕事や日常社会をみると，社会の状況が形式化され，学習のためだけに決められた特別な時間や場所が用意されました。このような学習の考え方が変化したことによって，若者たちは学校の勉強を日常生活

図2.1　1900年代初めの収穫（写真：Georg Renström-1916©Nordiska museet.）

に活かすことが求められるようになりました。つまり，従来とは別の方法で学習が定義されるようになったのです。学校の勉強は，古くからの伝統に基づいて，文章から大きく影響を受けるようになっています。学習環境に関して，文章は非常に強力な文明の産物であって，しかも読者に対して，物理的な実体と感覚を代理経験させる点で重要なのです。文章は文字ではないものから生まれます。つまり執筆者の意識にある文字ではない経験やイメージは，実体のあるものへと変換され，その後に文章として表現されるのです。しかしながら，思考過程において，非言語的段階がどのように構成されるのかについての合理的なメタファー[1]は行動科学研究ではまだ示されていません。簡単に表現すれば，執筆者の仕事は言葉ではないものを言葉へと変化させる作業なのです。読者は文章を出発点として，意識的なイメージを創り出そうとする可能性があります。読み書きはこの意味において，著者と読者の両者の側の，言葉の記号的な意味，意識的なイメージとの間に起こる補完的な処理過程であるといえます。文章は，その意味で，車のようなもの，つまり，経験，イメージ，振り返り，考え，価値観などが人と人との間を行き来するための移動手段といえます。さらに，文章は，学習目的に応じて時間と空間を超えることを許し，行ったこともない場

---

[1]　メタファーとは，比喩の1つで隠喩や暗喩（「ようだ」「ごとし」などを用いずに，直接その言葉を言って喩える方法）をいう。

所や，遥か昔へと私たちを導くのです。

　教育目的としての文章の使用が特殊な学習となっていることを，文章を中心にした学習についての研究が明らかにしました。このような**上辺だけ**の学習法では，読者のイメージは文章表現にとどまり，そこで扱われる現象にまで結び付かないのです（Marton m.fl., 1999）。確かに，私たち人間は教育以外の目的でも文章を読みます。短編小説や小説を丸暗記することは奇妙に感じられるでしょうし，多くの人が丸暗記で小説を読まされることになれば，小説を読もうとは思わなかったでしょう。このような点から，私たちは文章をどのように扱うべきかをほとんど直観的に理解しているように思えるのです。ダールグレンとオールソン（Dahlgren & Ohlsson, 1985）は自身の論文で，まだ自分で読むことのできない子どもでさえも，発達に伴って，ある文章がどのように機能するかを理解できるようになることを示しています。

　文章の読解力に対する**読みの深さ**を重視した学習法では，私たちの意識の中に現実のイメージや概念が形成されます。したがって，上辺だけの学習法よりも読みの深さを重視した学習法が最も適切な読解力を身に付ける方法と考えられます。

　義務教育の導入によって，大人数で行われる学習活動と日常生活との接点が切り離されたことを突き詰めて考えてみます。文章がどのような学習の目的で使用されることになったのかについて，ある種の文字文化への誤解が発生しています。この誤解は基本的な読み書きの授業に由来するといえるでしょう。私の世代の子ども時代，特にそれより以前の子ども時代は，文字列がどのような形に見えて，どのように読まれるのかを初めに習う合成法，つまり形態と音韻を結び付ける学習法を使って，読み方の大部分を学びました。その後，言葉と綴りの無意味な断片を用いた読み方のトレーニングが行われました。この学習法では，読んだ内容全てが理解できるものとは限らないという経験を子どもたちに与え，しかも子どもたちがその経験に慣れてしまう危険性があるのです。

　教育システムにおいて，上辺だけの学習法に潜む問題の核心は，学習の意図と，それによる学習への動機や動機づけとの関連が明らかです。小学校の児童，中学校や高等学校の生徒，そして大学生は，自分自身が抱いた疑問の答えを探す際に，自発的に文章を読もうとはしないでしょう。もっと正確に言えば，ほ

とんどの場合，教師などの他人から言われて与えられた問題に答えようとして，学習者は文章を読むだけになるでしょう。学習への動機づけは，主に外部の道具的な人物によるのです。試験に合格するためであったり，学位を得るためであったり，単純に失敗することを恐れるため，といったことになるのです(Fransson, 1978)。もちろん，より有効な学習の基本的方法は，その学習が自分自身の好奇心，自分の生活に直面している問題，あるいは周りの世界を扱った問題によって動機づけられているかどうかなのです。このような内発的動機づけや外発的動機づけは，上辺だけの学習に対して効果的な介入方法なのです。

今まで述べてきたことに加えて，学習を成功に導くためには人がいろいろなシチュエーションを想定できるかどうかということも大切です。

学習課題に当事者意識をもつことによる動機づけ

先に挙げたように，学習を成立させる主な条件はその課題がどのようなもので，どのように明らかにされるのかを知ること，さらに学習者がその課題に強く当事者意識をもつことです。アウトドア環境に身を置くことで，学習者の観察に関連した問題が常に生まれます。この湖はなぜここにあるのか。家の土台しか残っていないこの場所に住んでいた人たちは，どのような生活を送っていたのか。カエルは冬の間はどこに行ってしまうのか。この種の経験と観察は，周りから押し付けられた質問ではなく，全体を見通した上で，見かけの単純さから基本的条件との相互関係が導き出される質問を生み出すのです。この時の教師の役割は，学習のための質問を奪うことではなく，補足する質問を与えることによって，その学習を支援し，その質問から答えを導き出せるように促すことです。学習と教授の相互作用が存在してこそ，学習者は学習課題の意味が理解できるのです。教師やスーパーバイザーは自分自身のもつ深い知識を用いて，学習者の質問と得ることのできる知識の仲介役として働くのです。

状況を理解すること

いくつかの実証的研究によると，教育システムを評価する目安としては学習

者がどれほどの授業内容を理解しているかだとしています。しかしながら，生物（Pedersen, 1992），物理（Lybeck, 1981; Schoultz m.fl., 2001），経済（Dahlgren, 1978），そして化学（Renström, 1988）といった様々な学問領域において，授業のまさに核心部分にもかかわらず，学習者が不十分な知識しか有していない状況が詳細に記録されています。これらの原因として様々なことが考えられます。主な原因は，学問分野としての概念が広範囲にわたって状況から切り離されて扱われる，あるいは人工的な状況となっている，つまりその状況が仮想的な教育環境の中に位置づけられるからです。特に，研究による科学的知識は極端に形式化され過ぎていて，しばしば階層的です。また高度に構造化された環境になっています。多くの場合これらの環境は，専門家にとっては純粋な学術的価値を伴い，深い知識を与えてくれる経験になりうるのですが，一般人にとっては深く理解しようとしても，いつまで経っても理解できないものに感じられるのです。

　より無難で直感的に受け入れられる1つの教育的選択肢は，実際の現象，状況，出来事を重視することであって，様々な知識分野からの概念を援用してそれらを理解することです。このような方法は，学生中心の教育方法として知られており，グループ学習を特色とします。それらの中で最も有名なのは問題解決学習（Kjellgren m.fl., 1993），事例に基づく研究，もしくはプロジェクト学習です。

知識の活用による持続可能性

　私たち人間がお互いの知識を確認するには，自分たちが何を話し，どのように行動するのかを尋ねてみることです。ここで知識として見える上辺の部分は，対話のための音声言語を話していると考えられます。そして明瞭な意味を伝達する対話のことを会話といい，私たちは対話を通して会話の意味を理解し，対話を通して物質的世界と触れ合うのです。言語や身体活動を通して知識の活用が生じるのかどうかは，自分自身の行為とその行為が展開される状況とに注意を振り分ける能力，即ち**分割的注意**（split vision）がかなり必要とされます。教師は，ある生徒と会話をする際，教師自身の知識と，生徒がどのように自分

の考えを表現しているか，それらに対して同時に注意を向けなければならないのです。同様に，ろくろ師[※2]を例に考えると，彼らの意識においては，自分自身の工具を扱うスキルと木片の構造，それら両方を共存させることが要求されるのです。このような状況は知識とスキルを修正し，うまくすればそれらをさらに有効性の高い知識とスキルに発展させるのです。**最終的には**，そのスキルが完成すれば，その状況をかなり「理解」できるようになるのです。ある状況で，要求されるスキルと知識との間には複雑な相互作用が発生しますが，この相互作用が起これば，知識が追求され，活用されることで，私たちの能力はさらに持続可能な成長を遂げるのです。

アウトドア教育を特徴づける教育的理念の中でも，知識の活用は大部分を占めます。この教育理念は，水を汲むこと，虫取り網や顕微鏡の使い方，小屋の作り方，野外炊飯の仕方に留まらず，学習者自身の考えと自己決定，学習者と教師との間で行われる議論や意思決定によって実現されるのです。

反省を経ての成長

人間としての特殊な能力には，自分自身の存在と思考力への気づきが挙げられます。いわゆる**メタ認知**[※3]能力は，私たちの学習に対する姿勢を変化に富んだ活動にするために中心的な役割を果たします。メタ認知は，学習能力を発達させるための前提条件でもあるのです。学習に困難を抱えた子どもや若者は，メタ認知能力が未発達，もしくはそれを欠いていることがわかっています。研究の結果，特に低年齢の子どもにおいて，メタ認知能力をトレーニングすることが非常に大切であることを示しています（Pramling, 1988, 1994）。このように，教育の場では，児童や生徒が共に学習することを議論する価値があります。

学習の対象についての知識

歴史的にみても，人は知識の本質とその性質を追求しようとして多くの努力

※2 ろくろ師とは，回転運動する機械を用いて，木材などから盆や椀などの日用器物を作る工芸家。
※3 メタ認知とは，自分で自分の心の働きを監視（モニタリング）し，制御（コントロール）すること。

を払ってきました。しかし，ここでは非常に包括的な議論を繰り返すことは控えます。それよりも，私たちは知識の多面性についてのアイデアを整理し，それが学習法と教授法においてどのような意味を含んでいるのかを深く探ります。

簡潔に述べると，知識には**カタログ的**な特徴があります。カタログという言葉はギリシア語を起源とし，「完全なリスト」を表します。私たちの日常的な環境には，電話帳，通信販売のカタログから，植物の種のカタログといったもので，数多くのカタログの例が存在します。カタログ的知識を得る際には，一般に暗記と呼ばれる学習形態が含まれます。この暗記というものは，学習内容を完璧に定着させるために，反復を中心に行われます。このカタログ的な知識の側面は，そこで学習される内容の理解を必ずしも必要としません。言語習得においての母音，語彙などの学習は，簡単に表現すれば，カタログ的特徴をもった広範囲にわたる課題によって成り立ちます。一般的に，なぜそのものがその名前で呼ばれるようになったのかについて，私たちはよく理解していません。机がなぜ机と呼ばれるようになったのかについて知ることは，人々の言語によるコミュニケーションでは必要ないのです。大切なことは，私たちがその表現を使って同じ現実を伝えていることなのです。この種の知識が協定や契約と呼ばれるのはそのためです。カタログ的知識の学習は，時間のかかる，ある程度の忍耐力を試される課題ですが，他の全ての学習と同じく必要な側面なのです。教育システムは，歴史的視点から見ても，このカタログ的知識を重視しました。結果として，学習者をとりまく言葉は，この学習形態についての多くの表現や例え話を生み出してきました。例えば，「詰め込む」「身に付くまで唱える」「流れる水のようにスラスラできる」などです。しかし，このカタログ的知識を重視し過ぎると，この教育システムでは，学習者が知識と学習の本当に意味することを細かな区別なしにひとまとめにして扱ってしまう危険性があります。もし学習者がこのカタログ的知識の特徴と要求に沿って自分自身の学習イメージを形成した場合，他のアプローチが必要な課題に不適切な方法で対応してしまうのです。

カタログ的知識の負の側面は，この知識が長期間にわたって記憶されないことです。例えば，高等教育を対象として，この種の知識の長期的な効果を調べた研究では，その効果は低く，わずか22～30％しかないことが示されました

(Dahlgren & Pålsson, 1984)。しかしながら、知識を頻繁に活用すること、いわゆる既に獲得した知識や技能を繰り返し学習し、強固なものにする過剰学習によって、この忘却に打ち勝てることを、私たちは経験から知っています。

　さらに知識には**アナログ**的な側面があります。アナログ的とは、何かと一致することを意味します。アナログ的な知識は、私たちがある課題を解決する際に、既に知っていることに自分が読んだ内容を関連づける、または知っていることをこれまでとは違った方法で経験するという特徴があります。つまり、このアナログ的知識は、感覚、意味、重要性を探索し、構成することを意味し、今後目にするものを理解しようとする私たちの意図を表すことでもあるのです。それゆえにアナロジー（類推）はアイデンティティ（識別）とは違うのです。即ち、アナロジーによる学習とは、不明瞭な事柄を理解するために、わかりやすいストーリーや文章の言い回しを優先することを前提としています。つまり、知っている言葉を用いて深く読み込むアプローチが必要となってくるのです。

　　点火プラグは、ライターのようなものです。
　　それはシリンダーの中のガスに点火します。
　　ガスは燃えて、急速に拡がり、
　　そしてピストンを押し下げます。

　上記の引用は、『色々な仕組み（Så funkar det)』という、ヨー・カウフマン（Joe Kaufman）によって1971年に出版された本からのものです。この引用は、子どもたちが既に知っている機械装置を用いてどのように自動車の推進システムに含まれる特徴を表せるかを筆者の考え方として説明しています。書かれた部品はいずれも車には存在しませんが、それらの機能はエンジンや変速機と基本的に同じです。

　アナロジーによる学習は、明らかに人間の学習に特有のもので、この学習の方法は恐らく人間を人間たらしめるものです。私たちが経験することとして、文章やその意味を理解し、文章を構成することは、自然で直感的な方法のように思います。カタログ的学習にも、似たような特徴が見られます。多くのスウェーデンの生徒たちは、ハーランド地方に流れるいくつもの川を憶えるために、

それらの川の頭文字の音をとった語呂合わせを繰り返し言います。このような学習を助ける方法は代理構造を持つもので，上記に挙げた例はその方法の変化形で記憶術と呼ばれます。

上記の記憶術に関して，カタログ的知識はかなり頻繁に更新されなければ，私たちの記憶の中で限定的にしか残らないと考えられます。一方で，アナログ的知識における最大の懸念事項は，解決に到りにくいように思えることです。現象学の研究の中で，人がどのように自分の周りの現象を理解するかについて，現象の分析と説明が行われました。現象学によると，全ての教育システムにおける効果的な学習，即ち現象の本質を理解するためには，教科書の記述や教師の指示以外の方法を採用することを認めざるを得なかったのです。

自然科学の主題においては，多くの場合，たとえ学生にとって本質的な現象であっても，古くからある説明や解説が優位を占めます。例えば，スヴェンド・ペーデルセン（Svend Pedersen, 1985）は，生物学的進化の過程の問題についての調査で，教育の最終学年にある教育学部の学生が，既に承認された科学的見解であるにもかかわらず，英国の自然学者のチャールズ・ダーウィンが1800年代に発表したアイデアとはしばしば異なる考えをもつことを示しました。例えば，インタビューを受けた学生の大部分は，フランスの遺伝学者のラマルク（Lamarck）と同じような考え，つまり，進化は獲得形質[4]が遺伝することから起こると答えました。他の学生が話したことは，自然にはあらゆる発達のための目的があって，進化の**目的論的見解**[5]として述べられる初期の発達的アプローチでした。

現代の科学的記述と説明は，長い時間と努力によって培われたものであり，しかも多くの場合，構造と内容の両方において，より日常的で素朴な感じ方とは大きく異なります。だからこそ，現代科学を用いて学習者に意味を共有させることは，本当に難しい教育の課題に違いないのです。

知識における第三の側面は**ダイアログ**的なものです。ダイアログ[6]とは，会

---

[4] 獲得形質とは，個体が後天的に身に付けた形質のことで，子孫に遺伝し，進化の推進力になると考えられている。
[5] 目的論的見解（目的論説）とは，生物にある構造や機能が存在するのは，それが進化の過程で保存される価値があるからであるとする説。

話や対話を意味し,しかも知識は他者との会話の中でかなり広く利用されます。この場合,この章の最初に指摘したように,私たちは知識を活用するためにダイアログ的知識の役割を拡げようとします。本章の導入部分では,知識の主な特徴について触れました。これらの知識が活用されることによって,多くの持続可能な形が確立されます。そのことは証拠によって示唆されます。ここでもう一度そのことを思い出してください。

　これまでの議論を通して,知識は,カタログ的,アナログ的,そしてダイアログ的側面を融合させたものと考えられます。これらの融合が生じる学習の相乗効果,つまり学習課題と学習状況がどのように接続されるべきなのか,このような特殊な要求の中で発生する相互支持的な作用が存在します。先に参照した研究(Dahlgren & Pålsson, 1984)では,主要な現象の理解が純粋な事実の積み重ねによるものなのかが示されました。私たち自身の理解や実際の情報としての記憶がどのように保持されるのかは,私たちのほとんどが知識の活用を通して経験します。「教え方について何かを学んだことのあるのは教師だけである」という主張は,願わくは誇張された表現であって欲しいものです。しかしながら,他人を指導したことのある人であれば,他人に教えることによってその分野に非常に詳しくなり,永続的な知識が定着することを知っています。学習の様々な側面で相乗効果が発生するためには,学習課題が同時並列に処理され,十分に複雑であることが必要です。しかし,私たちが受けてきた伝統的な教育は,学習がカタログ的知識からアナログ的知識へと配列されるべきであると定めてきました。そして,ダイアログ的な知識は伝統的にかなり小さな役割しか果たしていませんでした。訓練以外の場面でも,どのように知識を利用するかは学習者自身の問題として考えられています。

再び,学習と活動を統合すること─アウトドア教育の学習への貢献

　学習が最高の状態にあるとき,経験と振り返り,観察と理論化,行動と思考の間には,学習の相互作用が起こります。ジョン・デューイ(John Dewey)は,

---

6　ダイアログとは,会話(親しい人とのおしゃべり)と対話(異なる価値観のすり合わせ)の意味を含む。

第2章 ■ 本から学ぶ知識と感覚経験

現代の学習と授業，トレーニング，そして教育について，一般的な信念をもった理論家でした。彼は，私たちの意識の中で事象同士の相互作用が生じ，その相互作用が**弁証法的**[7]で，相互修正的なものであるという考え方の大部分を構築しました。残念なことに，社会制度を学習するには，当たり前のように，前者の経験と観察，行動を犠牲にして，後者の振り返りと理論化，思考といった弁証法的要素を強調するようになりました。こうして学校では，図書を用いた学習が大部分を占め，そのような学習では経験，観察，そして行動が軽視されるようになったのです。

　上辺だけの学習法を禁止すると，実際に自然と社会の間で頻繁に対立が起こります。この対立を起こすには，アウトドア教育が最も適切なのです。義務教育導入以前のスウェーデンの農村では，農作業への参加によって展開された学習は褒め称えられることばかりではありませんでした。振り返りを取り入れなかったばかりに，経験がスキルを強調した儀式のレパートリーとなってしまったり，理由もわからず繰り返し同じ行事を行ってしまったりと，迷信にも似た考え方が存在し続けたのでしょう。全ての国民に対して学校制度を導入したことで，スウェーデンの識字率はほぼ100％になりました。この事実は，旧制小学校導入の頃とは異なる経験と振り返りとの相互作用の可能性を拓くものです。繰り返しになりますが，このような相互作用によって，学習の手段として文章を一方的に利用する危険性を最小化，あるいは排除することができるのです。

　これからアウトドア教育がどのように一般的な授業で展開されるのか，より詳細に吟味します。

　その前に導入として，学習と授業のためにアウトドア環境を設定することについて包括的な議論を行います。個人がアウトドア環境で，文脈や文章を重視しない学習を通して構築した自然豊かな環境と文化的環境に対して抱く親近感こそが，民主主義的価値観を育む基礎となると，私たちは自信をもって主張します。ここでの主張は，人と人との関係，もしくは人と自然環境の関係について，教育研修の役割に優先順位を付けようという議論ではありません。むしろ，私たちは学ぶ側に永続的で一貫性のある知識とスキル，そして価値観を創造さ

---

[7] 弁証法とは，世界や事物の変化や発展の過程を本質的に理解するための方法をいう。

せるために，授業内容と学習環境および社会的状況がお互いに調和していることが重要であることを強調したいのです。

　文化的環境や自然豊かな環境で学習や授業を行う場合の利点の1つは，知識とスキルが広く活用できる状況になれば，その知識とスキルの発達が見込めることです。この状況の活用について，希少な植物を実際に発見した喜びと共に起こるにせよ，自然に満ちたランドスケープを通り抜ける高速道路を計画するような難しい決断を迫られた際に起こるにせよ，本物の環境の中で得た自分自身の経験は非常に利用価値がある，と考えるのは妥当なことでしょう。この主張に基づいて，アウトドア教育が重視している**実際の環境**の中での学習は価値ある知識を獲得させ，その知識の質を高めることができる，と私たちは言いたいのです。本からの知識が利用価値をもつようになるには，一般的にある種の再文脈化が必要です。つまり，**再文脈化**によって，その本からの知識は，それら知識が獲得された際には部分的であった知識を実際の状況に当てはめる必要があるのです。学習が自分自身の感じた印象と経験から，さらに普遍性と状況，因果関係を考えるまでに至ったときには，その状況に固有な知識と一般的な知識との間に，隣接感と親近感のような感覚が得られるのです。森の中の小さな湖で，そこに住む生物を観察する学習者は，その湖について何かを学ぶだけでなく，生物同士の相互作用，それから生物とその周辺環境が互いに影響し合うことも理解できるのです。

　さらに，アウトドア教育は，**全体像**に目を向けた学習経験となるように多くの機会を提供します。どちらかと言えば，学校教育の現状は現実の**断片化**を生み出し，その結果として，科目の知識もしくは専門分野の知識を扱ってしまいがちです。複雑な現実の1つの側面，またはある部分だけを考えて勉強しようとすることは，一見，合理的な教育のように思えます。しかし，その中の様々な側面の知識と比べて，一部分だけを取り出した知識は，全体像を見ているようで，知識の見かけと一部の特徴，その一部の意味だけから構成されます。このようにして，学習者は学習を通して意味を獲得するのです。繰り返しになりますが，私たちは学習場面で現実的に起こる相互作用，即ち弁証法的関係を扱っているのです。このような複雑な現象を理解するには，全体と部分の間で連続的に焦点を切り替える必要があるのです。実際の自然環境では，当然のこと

として，全体像を体験する機会が多く提供されますが，それに対してインドア環境では，そのような説得力のある状況が欠けるのです。

　学習の視点から，特に魅力的なアウトドア環境を提供するために，今後取り組むべき課題があります。それは**複雑な感覚入力**の機会を提供することです。そのような多くの感覚刺激が学習のために必要であることは疑う余地のないことでしょう。感覚情報には，それぞれ特殊な性質があります。例えば，嗅覚はにおいに関する感覚で，忘却に対して非常に強い耐性があります。においの感覚は，何十年も経ってからでも，そのにおいに関連づけられた環境や出来事についてはっきりとした記憶を呼び起こすことができます。

　私たちの生きる社会は，情報伝達技術の分野においての驚異的発展と普及によって特徴づけられ，今や情報技術（IT）は全ての授業と教育において欠かせない道具となっています。この情報技術による学習が重要なリソース[8]となったことは明らかです。特に，現象やプロセスをシミュレーションし，視覚化し，もしくは他の方法で描くときこそ，ITは重要なのです。さらに，ITを利用すると，**学習は時間と場所の制約を受けないものに変わります**。したがって，アウトドア教育で述べられている時間と場所の広がりは，今以上にITが授業において幅広く使用されるであろう未来においても，必然的かつ効果的に補完することを私たちは記しておきます。

　近年，学習とそれが行われる場所について研究してきた人物の1人にテュアン（Tuan, 2002）がいます。彼によれば，学習することは，人間が「空間」を「場所」に変換することであって，しかもそのための最初の道具なのです。

> 私たちの経験において，空間と場所の意味は，しばしば融合しています。空間は場所よりも抽象的なものです。始めは"ニュートラル"な空間であったとしても，私たちがそれに精通し，評価することによって，その空間は場所になるのです。
> 　　　　　　　　　　　　　　　　　　　（Ibid.S.6　著者による訳）

　ランドスケープに精通するとは，自然のランドスケープ，そして文化的ラン

---

[8] リソースとは資源のこと。コンピュータで要求された動作の実行に必要なデータ処理システムの要素のことをいう。

ドスケープに精通することであって，次のことを意味するとテュアンは続けて述べます。

> 自分の周辺について知ることは，そこに存在する街角や特徴的な建築など，重要な意味をもつ位置が識別できることが前提となります。対象物と場所は貴重なものになります。
> （Ibid.S.17-18　著者による訳）

学習とその学習が行われる場所について更に議論を進めるには，いわゆる批判的教育学[9]を用いて，学習が行われる場所の重要性を努力して見出すことが必要です。言い換えると，あらゆる教育活動に当てはまる核心部分は，社会の関係を学習する際に気づきを生み出すことなのです。そのような「場所の批判的教育学」は，

> …「行動と振り返り」という二重の課題を，批判的で場所を重視したアプローチを取り入れて行います。批判的教育学は，全ての教育学者に対して，現在行われている教育方法と，次世代にどのような場所を残すべきなのか，即ち教育の在り方についての振り返りを与えているのです。
> （Gruenewald, 2003, s.3　著者による訳）

この場所を重視した教授法は，一般的に，学習を経験につなげる手段としてますます注目されました。

> …教科書は…子どもたち自身の経験から来る問いに答えるよりも，定義と一般的な原則に焦点を当てる傾向があります。その結果，学習は子どもたちの経験の一部ではなく，周りの世界から切り離されたものとなるのです。このようなアプローチは，恐らく一部の学習者を引き付けるでしょうが，より多くの学習者を取り残してしまう危険があるのです。
> （Smith, 2002, s.588　著者による訳）

---

[9] 批判的教育学とは，カントの批判主義の立場をとり，新カント派によって提唱された教育学で，教育学を哲学的，論理的に基礎づけようとした。

アウトドア教育は，学習の場所であると同時に，学習の内容でもあるのです。その最も重要な特色は，それが学習方法でもあることです。この方法による学習の機会は，思考と感情の間，知識の異なる側面の間，場所とアイデンティティの間，これらの間の自然な関係を再構築することです。この優れた学習方法は，本から学ぶ知識と感覚経験との間で生じる相互作用によって展開されるのです。

第3章

子どもと自然

パトリック・グラン

遊びの中に日常生活の自然を取り入れることの大切さ
―時間と欲求と自我を理解するための学習

　子どもは自然と一体であり，自然の核にあるものと子どもは近い関係にある，といった考えは，かなり古めかしいイメージを与えます。もし子どもが自然の中で過ごす時間を与えられれば，丈夫で，健康な人間，さらに周りの重要な事柄についての知識を身に付けた人間に成長します（Onsell, 1999; Eman, 1999; Mårtensson, 2004）。この考え方によって，例えばフリードリッヒ・フレーベル（Friedrich Fröbel）が1800年代に幼稚園を造るに至ったのです。フレーベルの宗教的な考え方は，神を万物に行き渡る力をもった，あらゆるものを包み込む自然の力とみなすことから始まりました。自然の中での感覚的で本物の経験をすることによって，子どもは神についての知識を得ることができ，さらに世界と自分自身についても理解を深める，とフレーベルは主張しました（Johansson, 1994）。現代においてはこのような主張を耳にすることはありません。似たような主張があるとすれば，健康に良いとして，多くの人が未だに毎日少しでも子どもを外で遊ばせようとすることでしょう。しかしながら，子どもの遊び場がどのようにあるべきかについては確かな考えはありません。それどころか，子どもはどこででも遊ぶことができる，といった考えをあまりに多くの人が抱いているように思えるのです（Grahn et al., 1997; Mårtensson, 2004）。

　一見疑わしくも思われるフレーベルの考え方は，思った以上に正しいのかもしれません。私たちはみな，心の中に多くの場所，思考の中で繰り返し訪れる

場所があります。それらの場所は、私たちの記憶に刻まれることによって、一部は永遠に記憶の奥底へと沈んでしまうのです。これらの記憶痕跡は私たちの人生の様々な時点で残されます。赤ん坊のとき、よちよち歩きを始め、転び、初めて何かを感じ、味わったこと。もう少し大きくなって、しっかり歩けるようになり、自転車をこぎ、走ったこと。子どもは常に新たな探検を繰り返します。成長するにつれて、親友と喜びや悩みを分かち合うとき、それは私たちの記憶に痕跡を残すのです。そうやって新たな場所と出来事と共に時は過ぎていきます。それらの様々な場所は、痛みや笑い、愛情、冒険、休息などを通して私たちの中に入り込み それらが存在している場所や人の痕跡となることによって、記憶として残るのです。全ての年齢で、私たちは様々な経験、記憶、場所を得ることができます。そして、そのうちのいくつかは一生私たちの中に生き続けるのです。その中には、多様な形態の庭、公園、自然エリアなどが存在します。庭は私的なものと、公園は都会的かつ公共のものと関連づけられます。それに対し自然は、人間の手によって思うように形を変えたり、コントロールしたり、そのようなことのできない何かを提供するのです。

　庭と公園、そして自然のアイデンティティ（独自性）は、そこにいる人が何歳なのか、何をしているのか、お祝い事でそこにいるのか、日常的にそこを訪れるのか、といった様々な状況から経験することができます。全ての庭、公園、自然の本質はそれぞれ異なったものとして経験され、そこに物語が生まれます。祖父の庭を訪ねる際、私は目に見える木々や花々、小道などだけを経験するのではありません。においや音、そして景色といった数え切れないほどの感覚を

スグリ

ナナカマド

第3章　子どもと自然

刺激してくれる庭を歩くだけでもないのです。私にとっての祖父の庭はそのような印象が合わさったものとして語れるものではありません。私が観賞用の木，スグリ[1]の木，ライラックの木陰やナナカマド[2]の生垣などから受ける全ての感覚は，空間的および時間的背景，その両方と関係して経験されるのです。その経験は，私と私の家族全員の家族歴と深く関わります。祖父の庭を訪れる回数はめっきり減り，今では数年に一回訪れるかどうかです。幼い頃には，私と同い年のいとこは毎日のように庭に通っていました。イチゴやスグリを栽培している場所で，5歳の私たちに向かって祖母とおばのカーリンが，やさしく，しかしきっちりとした口調で，全て食べてしまうのではなく，熟れていないものは熟れるまで残すように言ったことを私は今でも憶えています。また生垣に沿って進み，ライラックの木陰に入ると，いとこと楽しんだ様々な遊びが思い出されるのです。卒業パーティー，誕生日会，いとこの訪問，死別の後の悲しみもこの庭で見てきました。

マルセル・プルースト[3]（Marcel Proust）はこのように表現しています。

　私にとってパリにある様々な通りは，他の場所にある通りとは全く異なったものです。ルーロイヤル通りの角に差し掛かったとき，かつてフランソワーズの愛した写真を売る出店のあった場所では，私はその動きを止めることのできないほどの勢いで，過去からの力に引かれたのです。…私は他の人たちが散歩したのと同じ通りには存在しません。私は甘く切ない過去の記憶の中に移動したのです。この記憶はあまりに多くの過去から成り立っていて，私がその中で感じる憂うつの原因をはっきりさせることは難しいのです。

(Proust, 1982 band 7, s.158)

大好きな場所との出会いで明らかになることは，昔訪れたその場所自体をどれほど強く感じさせるのかということです。このような場所が私の物語を語り，

---

[1] スグリとは，スグリ科のフサスグリ（房酸塊）はヨーロッパ原産のスグリ科の植物をいう。ヨーロッパではつやのある小液果をジャムやゼリー，果実酒などに加工するため，ごく普通に栽培する。ケーキやパフェなどの飾りとしてもしばしば用いられる。
[2] ナナカマドとは，バラ科の落葉高木で，赤く染まる紅葉や果実が美しい。
[3] マルセル・プルーストは，フランスの作家。

突然，私自身が自分のアイデンティティ（個性）に意識を向けるのです。私のその場所への感情と態度は葛藤状態に陥り，ノスタルジックで感傷的でもあり，時には憂うつでさえある対話が様々に異なるレベルで同時に進行するのです。このようなことがどうして可能なのでしょうか。場所が私たちの精神と体に与える影響と，場所がどのように人間の進化に影響を与えてきたのかについては注目されてきませんでした。場所は安心と危険，そして家庭生活など，様々な概念と関連づけられます。この章の中で，私は，3つの話題を取り上げて，遊びの中のありふれた自然の意味について語るでしょう。その3つとは，「ありふれた自然において時間を示すもの，時を越えるもの」「私たちに外に出てありふれた自然を発見する気力を起こさせるもの」「日常問題，喜びや危機をめぐる，より個人的な問いへの対応法と，それがどのように私たちの自己イメージと自己に影響を与えるのか」です。

　どのような庭や公園，自然エリアがどの年齢や状況で経験されたのか，またそのような経験の意義は何かについて，私はこれから述べます。ここから書くことは文献研究に加えて，私と仕事仲間や博士課程の学生たちが一緒に行った研究結果に基づいています。私たちの研究では，血圧，脈拍の測定，集中力，運動能力の測定結果による定量的研究方法を採用しました。それに加え，質問紙によって，どれぐらいの頻度で外に出ているか，どこを訪れるのか，外にいるときに何をするのか，自然，公園，庭の何を好ましく思うのか，といった問いにも答えてもらいました。これらの質問は，全て選択肢から回答でき，必要があればコメントを加えられるように作成しました。これらの定量的方法によって得られたデータは，私たちの研究においての主要な部分で，それ以外の部分は日記，インタビュー，フォーカスグループ[4]での会話，観察といった定性的研究方法に基づいています。それに加えて，参加者には自分の理想の場所を描いてもらい，さらに写真を用いて，その理想の環境を表現する作業も行ってもらいました。私は自分自身が解釈できるように，日記に書かれた内容と，参加者の描いたイラストとの共通点を探しました。それと同時に私は，日記の中の多くのページに書かれている内容が，たった一編の詩や小説の数ページにど

🐾 4　フォーカスグループとは，マーケティングで用いられるグループ対話を自由に行ってもらう手法のことをいう。

第3章 ■ 子どもと自然

のように正確に要約されているのか、いくつかの例を探してもみました。その結果として、マルセル・プルースト（Marcel Proust），エディス・セーデルグラン🐾5（Edith Södergran），イヴァール・ロ・ヨハンソン🐾6（Ivar Lo-Johansson）らの文学者がエッセイの中で引用されるのです。

 ## 初期：幼少期

自然の中の子ども―様々なことを試し，解釈し，そして世界を理解する

　初期の日常における，四方を壁に囲われた安心なインドアとは違い，アウトドア環境に触れることは，子どもが自然本来の特性に気づくために重要になります。自然のあらゆる要素が感覚を通してどのように子ども自らに気づきをもたらすのか。そして，子どもがそれらの気づきをどのように感情的に解釈するのか。アウトドアでの経験は，見かけとにおい，そして音を捉え，風がどのように肌にあたり，体温を奪うのかといったような様々な状況の理解につながります。しかも，これらの経験どれもが，安心感や開放感，魅力といった感情を同時に引き起こします。子どもたちは，土や石，小枝，水，草，藪といった自然の中に存在するものをうまく利用するのです。

　長期にわたって病院に入院していた患者と研究関係の話をした際に，多くの人が，病院のドアを通って外に出たときに，騒々しくて戸惑ってしまったことを口にしました。空，雲，太陽，周りの音，顔と髪に感じられる風，遠くまで見渡せること。これらの状況は，回復期の患者に自分自身のバランスを失ってしまうような感覚を与えました。彼らは自分自身を弱々しく惨めに感じると同時に，高揚し，圧倒されるような，それでいて家にいるような気持ちも感じたのです。特に，家に戻ってきた感覚というのは顕著なものでした。建物の外の世界は彼らを怯えさせ，同時に歓迎したのです。このような体験は人によっては宗教的体験のようにも捉えられ，大声で泣き出した人もいたほどでした。そのような体験を踏まえると，幼い子どもがアウトドア環境の偉大さを感じるほ

🐾5　エディス・セーデルグランは，フィンランドの詩人。
🐾6　イヴァール・ロ・ヨハンソンは，スウェーデンの小説家で，ジャーナリスト。

どのことなのです。

根元で

私たちが子どもの手で感じた物事は

比べるものがないほど輝いていた

ゴマノハグサの黄色の花びら

ゆっくりすくった冷たい水

白樺の幹の白さ，芝生の鮮やかさ

夕暮れのとばり，子どもの頃のパーティー

原典の尊厳と素晴らしさは

魂のパリンプセスト🐾7から削除されてしまった！

根元で，夜の夢の中で

誰かが叫ぶのが聞こえる，グラインダーの音が聞こえる！

どこにいる，勢い良く進む時よ

流れよ。

どこにいる，あのかぐわしい香りをふりまいたものは。

ヨハンネス・エドフィルト（Johannes Edfelt, 1941)

　適切な時機と事態は，その意味，大きさ，特徴を年と共に変えていきます。エドフィルトはこのことを詩の中で魂のパリンプセストと喩えています。正しくないと気づいたものを消し去り，新しい情報を書き入れ，何度も何度も再利用される記録用紙。消し去られた情報であっても，それは羊皮紙の表面に痕跡を残し存在し続けます。つまり，子どもの頃に経験した空間を，大人になってから久しぶりに訪問してみると，それらの空間は非常に狭く，取るに足らないものに感じられるのです。

　子ども時代のランドスケープは，子どもの可能性，感情や知性，その全てに場所が与えられなくてはなりません。要するに，子どもの興味と関心をかき立てるものがそこに存在しなくてはならないのです。しかし，遊びと学習がう

🐾7　パリンプセストとは，既に書かれていた文字を消して新しく書かれた古文書。パピルスや羊皮紙に書かれた文書で，消された元の文字を読み取れることが多い。

まく機能するためには，子どもがその興味をかき立てる対象を見つけるだけでは事足りません。子どもが遊び，そしてその中で邪魔されることなく，様々なことを発見できる時間が同時に必要なのです。自分の感情を処理する時間，新しいことに挑戦するための時間，試すため，探るため，考えるため，そして振り返るための時間が必要とされるのです（Grahn et al., 1997; Havnesköld & Mothander, 1995）。子どもが退屈することが許される時間も時には必要ではないでしょうか。そう遠くもない昔には，プレスクールの子どもたちは1週間を非常に長いものだと感じていました。それより年上の12歳児でも同じように長いと感じることがあったのです。夏休みに至っては永遠に続くようなものでした。しかし，現代においては，時間の流れが速いと感じる多くの子どもたちに，私は出会います。時には子どもたちが全てをこなせないくらい，日々や1週間の活動が訪問活動や体験活動で埋め尽くされる。こうなると，時間はあっという間に過ぎ去ってしまいます。

　アウトドアに存在する世界と自分との関係，その中で振り返りの時間と空間を成熟させる経験は非常に制限されています。自然の中で，誰にも邪魔されることなく自由に隠れ家を建てたり，その周りの環境を整えたりする。それらの行為を，現代の子どもたちは，子どものいたずらと勘違いされず，いったいどこで行えるでしょうか。現代の子どもにそのような時間と空間を与えることは可能なのでしょうか。このような問いは一見してばかげたものと思われるかもしれませんが，現代の社会がどのようなものかということを考える上で，非常に重要な問いなのです。プレスクールの園庭は取るに足らないものだと思いますか。そのように考えてしまうと，プレスクールの園庭は子どもたちが大半の時間を過ごす大切な外の世界であることを，私たちは見落としているのです。10年程前には，プレスクールには今より多くの職員がいて，遠足というものは盛んに行われていました。現在，遠足のように園や学校の外に出かける機会が少なくなり，週によっては全くそのような体験活動が行われない場合もあります。子どもたちは，生活時間の大部分をプレスクールで過ごします。そのことを考えると，プレスクールの園庭は子どもたちが遊ぶことのできるほとんど唯一のアウトドアの世界ともいえるのです。だからこそ，その存在意義は見直されるべきなのです。

だからといって，多くのプレスクールの園庭の状態が悪いというわけでもありません。アルナルプ（Alnarp）という町で，プレスクールの園庭を研究したことがありますが，その園庭では子どもたちが生活の大半をアウトドアで活動して過ごしていました。私たちは358のプレスクールに，彼らのアウトドアでの活動についてアンケート調査を行いました（Grahn & Sorte, 1985; Grahn, 1988）。また，他の調査では，プレスクール，知的障害児施設，特別支援学校それぞれ3校ずつで1年にわたって日誌調査と個人インタビューを行いました（Grahn, 1991）。その後，遊びを提供するための園庭の可能性についての学際的研究（ランドスケープ設計者，児童心理学，環境心理学，理学療法の四分野）を実施するために，2つのプレスクールが選び出されました。それと同時に子どもの病欠の割合，運動能力，そして集中力についても調査したのです（Grahn et al., 1997）。ストックホルムの100のプレスクールで行ったアンケート調査では，子どもたちがどれほどの割合でアウトドアにいるか，職員の視点から見て，質的にアウトドア環境の何が興味深いのかを調べました（Söderström et al., 2004）。最近終了した学際研究（ランドスケープ設計者，小児医療，家庭医療，環境心理学，理学療法の分野）では，11のプレスクールが調査対象とされ，それらの学校における子どものアウトドアでの遊び，病欠の割合，集中力，そして運動能力について検討しました。現在行われているもう1つの学際的研究（小児医療，放射線防護，スポーツ科学，環境心理学，ランドスケープ設計者）では，11の他のプレスクールが選ばれ，先の項目に加え，日光暴露による影響についても追跡調査中です。

自然，公園，園庭という異なる環境についての研究

　私たちが観察したいくつものプレスクールでは，子どものアウトドアで遊ぶ機会に著しく差が見られました。いくつかの園庭では多種多様な遊びが観察できました。砂場や芝生の上，滑り台，もしくは花壇やテラスの家具などで飾られたプレスクールの園舎に近い領域で，様々な遊びが観察されたのです。そのような園庭というのは，手付かずの自然を思わせるような場所や，自然を思わせる場所と手入れの行き届いた場所とがほどほどに混在する空間だったのです（Grahn, 1991; Berggren-Bärring & Grahn, 1995; Grahn et al., 1997;

Mårtensson, 2004)。これらのプレスクールの園庭は多くの役割を果たし，子どもたちに働きかけ，多種多様な方法で子どもの遊びを促すのです。私たちは，今まで行ってきた多くの研究では，園庭とそれ以外の自然エリアの質の違いを確認しています。その質の違いこそが，大人と子どもの両者に対して遊びと活動に重大な影響を与えるように思います（Grahn, 1991; Berggren-Bärring & Grahn, 1995; Grahn et al., 1997; Hedfors & Grahn, 1998; Grahn & Berggren-Bärring, 1995)。それらの結果が明らかにしていることは，プレスクールの園庭における遊びのランドスケープを構成する9つの「元型」が考えられることでした。視覚や聴覚，そして運動など，多種多様な感覚を通して，これらの感覚はそれ自体の感覚を強めるのです。次に，これらの性格について簡潔に記します。

【9つの主要な性格とその説明】
1. **安らぎ**　穏やかさと静けさ。風や水の音。鳥や虫の鳴き声。攻撃的な遊び，騒音などは禁止。ゴミも落書きもない場所。安心。
2. **野生**　野生への魅惑。自生しているように見える植物。地衣類[8]やコケに覆われた石，古い小道，不思議なもの。
3. **多様性**　多くの動植物、ベリー、キノコ、蝶、鳥、花など。
4. **空間**　どこか別世界に入り込んだかのような気持ちを与えること。ブナ林，海岸といった大きな空間から，子どもが「森」だと認識できるように区切られた庭の一部の空間まで。
5. **共有**　オープンスペース。草地や中庭などでの集会，球技，凧上げ，ピクニックなどに使われる場所。
6. **隠れ家**　周りを囲まれた安全な空間。自分の居場所。そこではくつろぐことができ，自分自身が出せる。また実験や遊びも可能。感覚経験のための自分の縄張り。水や砂が自分の肌にどのように感じられるのか，挽きたての香辛料がどのように香るのか。
7. **一体感**　人々が集まって一緒に楽しみ，くつろげる場所。音楽を聴いたり，

---

[8]　地衣類とは，菌類と藻類とが共生してできた植物群。無性生殖でそのままの結合を維持している。菌類や藻類が単独では生育できないようなところでも生活ができる。

お茶を飲んだり，おいしいご飯を食べたりする。もしくはただ座って他の人たちがしていることを眺める。
8. **文化** 価値，宗教，モラル，歴史的出来事などに関連したシンボルによって位置づけられる場所。時間旅行のできる気持ちにさせ，文化的価値のあるもの。
9. **アクセスのしやすさ** アクセスしやすく，適度に離れた場所にあり，誰もがその場所を使えること。

　上記の最初の8つの主要な性格は，感覚と感情を通して訪問者と直接的につながっています。変化に富んだ公園やプレスクールの園庭は，多くの主要な性格によって表現されます。子どもたちが変化に富んだプレスクールの環境に身を置くようになると，様々な性格をもった場所と相互に影響し合う遊びが見られるようになるでしょう。例えば，「**野生**」には，敷石，流れる水，そして大きな古い木々があって，子どもたちは感覚的，身体的に努力を必要としないコミュニケーションをとることができ，その中で感情や思考が活性化されるのです。野生的な荒々しさは，童話や物語などによって呼び起こされるファンタジーのみならず，その他のファンタジーを引き出す1つの元型です。野生の領域は，人間なしで存在可能な，ただそこにあるものです。それは子どもの存在を意識はしても，それに依存するものではありません。湿った土のにおい，太陽によって温められた石から掌に伝わる暖かさ，風に揺れる木の枝。それら野生は，日常の様々な関心事や避けて通れないことを現代の子どもに考えさせると同時に，記憶させるのです（Ottosson, 2001）。「**多様性**」のある空間は，そこに存在する動植物によって訪問者を魅了します。ここには，食べられる果物，美しい花，また注意が必要なスズメバチなど，様々な生命が溢れているのです。
　「**安らぎ**」は一種の敬虔な感覚で，人が思索にふけることのできる特別な場所を与えます。教会はそのような感覚を提供する1つの場ですが，森や海も信仰心にも似た没入感で満たされる場所なのです。そのような場所は喧騒からの回復を促し，新しい発想を可能にします。これらの場所は質の高い遊びと休息をとるために極めて重要なのです。「**空間**」は別世界に入り込んだかのような高揚感を与える重要な性格です。このような感覚は巨大な森の中や，山の頂上，

またはプレスクールの園庭の生い茂った藪のある場所で得ることができます。これらの場所は，遊びに意味のある状況を与えます。「**共有**」は，草地や古い建物，スカンジナビア地域では古来から重要な集会や王位継承の王室会議のために使われてきた中庭，あるいはスポーツのための場所と関係があります。したがって，オープンスペースとなっているプレスクールの園庭は非常に重要です。できれば，球技や遊びのために芝生で覆われた広いオープンスペース，自転車をこげるようにアスファルトの敷かれた狭いオープンスペースのような様々な地表面が存在することが望ましいのです。

「**隠れ家**」は周りを取り囲まれた安全な場所で，自分自身が居られる縄張りです。それは，子どもの頃の藪の中の「小屋」から，年齢が上がると庭園のような場所に移行します。いくつかのプレスクールの園庭には，全ての子どもが「エミールの場所」「アンナの場所」のように自分の居場所と考える場所があり，子どもが1人になりたいときには，その落ち着いた気持ちになれる場所へ逃れることができたのです。「**一体感**」は，あるグループの団結を高めるために重要な文化的属性で，プレスクールの園庭では，大人と子どもが集まるフィーカ[9]の場所として非常に大切な役割を果たすのです。

「**野生**」が神話やオオカミ，エルフ，トロールを連想させるのに対し，「**文化**」は個々人の運命，価値や歴史といった人間の文化的神話を含みます。この空間は，教会や彫刻であったり，また，森の中の放棄された山小屋であったりします。この山小屋にある人間を崇拝するシンボルや，仕事や手入れの痕跡によって，私たちはその場に留まり，山小屋が時の流れにも負けずどのように残ったのか，その山小屋への探究心をあおられるのです。プレスクールの園庭では，旗用のポール，五月柱[10]，花壇，バードバス[11]，古い果樹，ライラックの木陰などが歴史と文化の重要なサインとなります。

---

[9] フィーカとは，スウェーデン特有の文化で，おやつとコーヒーなどを飲み食いしながら休憩すること。
[10] 五月柱は，夏至に春の訪れを祝って，柱に花を飾り付けて，その周囲で踊る行事に用いられる。
[11] バードバスとは，小鳥の水浴び用の水盤。

プレスクールの園庭における，アウトドアでの遊びの場所に関する研究

インドアとアウトドアの遊びの違いは何でしょうか。私たちの研究グループのフレドリーカ・モルテンソン（Fredrika Mårtensson, 2004）は，アウトドアでの遊びにおける2つの典型的特徴を見出しました。それらは感性的要素と創造的要素です。遊びが感性的であるとは，嗅覚，味覚，触覚，視覚，バランス感覚，聴覚，温度感覚といった様々な感覚によって自然に刺激される活動を指します。子どもたちは自分の感覚によってアウトドア環境を注意深く観察し，利用し，さらにその環境と相互に影響し合うことで感情的にも満たされるのです。遊びが創造的であるとは，それが子どもをより制限なく，より無秩序な性質の遊びに向かわせることを指します。そのような遊びは，走りまわったり，這い回ったり，登ったり，つかみ合ったり，追いかけあったりといったことが許される野生的な遊びから，より穏やかなファンタジーに満ちあふれた遊びに発展します。このような遊びを通して，子どもは自分自身で遊びをコントロールしている何かを解き放ち，周りの環境を受け入れ，その環境をコントロールしようとするのです。このことによって，遊びの展開が予測できないものになります。これらの感性的特徴と創造的特徴をもつ環境がアウトドアでの遊びを構成し，遊びの積極的な部分として含まれるのです。時には環境が子どもたちと遊んでいるかのような感覚に襲われることすらあるくらいなのです。

これら2つの特徴には，自発的で，動的な特徴があり，感性的な要素を含んだ創造的な遊びが，しばらくして，より純粋な感覚遊びに変わったりします。例えば，子どもたちは走り回って追いかけっこをしている最中に，においを嗅いだり触ったりすることによって，さらに詳しく探索したいものを見つけたりします。プレスクールの園庭は，遊びが純粋な空間的視点からどのように分類されるのかを考えると，次のように分類されます（Grahn, 1991; Grahn et al., 1997; Mårtensson, 2004）。

1．出入り口付近

この場所は敷地の外側と内側の境界に位置し，近くにあって，アクセスしやすい敷地になります。プレスクールの園庭がこのことを念頭において設計され

ていると，その結果はより良い園庭となります。例としては，天蓋のついたテラスを入り口に面して作ること，そのテラスの近くに砂場を設け，さらに座る場所やテーブルなどを天蓋の下と，そのすぐ傍に設けることなどが挙げられます。出入り口付近の空間を柔らかな境界領域と考えて設計した場合，子どもも職員もより気軽に外に出られることに気がつくはずです。「天気の悪い日」は外に出ることが少なくなります。雨が少し降ったとしても，屋根の下で一時的に遊べれば良いのです。他の効果としては一番小さい子どもたちに安心できる避難場所を与えられることが挙げられます。出入り口付近の空間では，小さな子どもたちがその環境を理解し，コントロールすることを学ぶ可能性を与えられるのと同時に，他の大人の存在も近くに感じられます。ここで最も重要な性格は「**アクセスのしやすさ**」で，他には「**安らぎ**」「**隠れ家**」「**一体感**」「**多様性**」が挙げられます。

2．遊びの基地

遊びの基地は，園庭における活動の中心となっていて，そこでは多くの遊びが数人の子どもたちの間で発生します。その基地で必要なものは，子どもたちの遊びの中で宇宙ステーションや海賊の住む洞穴として使われるいくつかの大きな石であったり，ジャングルや住み家などになる藪であったりと様々です。男の子女の子に関係なく人気がある場所もあれば，男の子だけ，女の子だけといった性別で好みの場所が違います。4歳から6歳にかけては，多くの遊びは男の子の遊びと女の子の遊びにはっきりと分かれます。自然環境の乏しい園庭においては，遊具が基地として機能します。あるプレスクールの園庭では，園庭にあった彫刻が遊びの基地でした。子どもは，1つあるいはいくつかの基地を選び，繰り返し遊ぶようになります。このような場所において最も重要な性格は「**空間**」で，他には「**野生**」「**文化**」そして「**共有**」が挙げられます。

3．静かなエリア

遊びの基地が活気に満ちていて，活動的なゾーンになるのとは対照的に，それとは少し離れた場所に静かなエリアがあります。このような場所はそれほど頻繁には活用されない資源となりますが，何かから逃げる必要があるとき，疲

れているとき，親友と2人だけになりたいとき，ちょっと1人で居たいとき，もしくは悲しいとき，そのような時に子どもたちはこの静かなエリアへと移動します。ここで子どもたちは体を休めたり，話しをしたり，（多くの場合感覚的な内容の）発見をしたり，または松ぼっくりや，木の枝，石などを使ってごっこ遊びをします。このような場所において重要な性格は「**空間**」「**やすらぎ**」そして「**多様性**」です。

4．ホットスポット

「ホットスポット」は遊びの基地と比べて小さめの二次的な基地です。そこは岩の割れ目であったり，植え込みであったり，人目につかないちょっと奥まった場所であったり，秘密の場所であったり，宝物を埋めたり，何か他の方法で自分の特別な場所にしたり，そのような空間となります。ここへは子どもはグループから離れて，2人で，もしくは1人きりで来ます。子どもたちはこのような場所に名前を付け，城，台所，または船などと呼んだりします。このような場所は，子どもたちが何らかの方法で木陰や植え込みを変化させた時に，より顕著になります。子どもたちによって加えられた変化とは，例えば，草をちぎりとって集め，自分の人形のベッドになるように整えたり，そこにドアがあることを示すために1本の小枝を移動させたり，といったその場所を初めて見る人にとっては目に留まらないような小さな変化なのです。いくつかの「ホットスポット」は静かなエリアにあるかもしれませんが，多くの場合は境界エリアにあります。それは，これらの「ホットスポット」から遊びの基地につながるように関係づけられるからです。この場所において重要な性格は「**隠れ家**」「**安らぎ**」そして「**多様性**」です。

5．活動的なエリア

遊びには，植え込みや芝生の丘，ブランコなどの間に存在するオープンスペースも必要です。ここでは，追いかけっこをしたり，組み合ったり，よじ登ったり，でんぐり返しをしたり，バランス感覚を失うまでクルクルと回ったりと，様々な遊びが可能です。このようなエリアは，子どもたちが特に視線，ジェスチャー，運動や身体的な接触などによって，離れた場所からコンタクトを取る

ことを可能にします。これらのエリアは多くの場合いくつかの遊びの基地をつなぐ弦のように存在し,「ホットスポット」に囲まれています。重要な性格は「空間」と「共有」です。

6. 感覚遊びのための場所

　良い例は砂場になります。砂場では子どもたちが楽しそうに暖かな砂を素足にかけたり,砂と水を混ぜて手でこねたりしている姿を見ることができます。ここには子どもが葉っぱを採ってきて,それをもみ潰して緑の香りを嗅いだりできる植え込みや,子どもたちが水を流して遊べるような敷石などがあります。このような感覚遊びに適した場所は今まで述べてきた全ての場所,出入り口付近,遊びの基地,ホットスポットや創造的な遊びのエリアの近くなどにも存在すべきですが,最も重要なことはそれが静かなエリアに存在することです。これらの感覚遊びのための場所は園庭の中で,子どもたちに必要な「発達のための足場」を与えます（Mårtensson, 2004）。さらにその場所は遊びが荒っぽくなり過ぎることを防ぐと同時に,興味深い遊びに発展する可能性を秘めているのです。ここで重要な性格は「安らぎ」「野生」「隠れ家」「多様性」「一体感」です。

7. 安全な場所から挑戦する場所への遊びの発達

　年長年少の様々な年齢の子どもが遊ぶ園庭では,年長の子どもたちにとっては簡単に遊ぶことができるけれども,年少の子どもにとってはまだ少し難しい課題が存在する場所があります。出入り口付近から,園庭,自然への空間移動を考えると,より上のレベルへの遊びの発達を理解することができます。自然セクションと園庭の間には,一番小さな子どもたちにとっては通り抜けることがためらわれる壁があるのです。自然セクションには木登りに適した木や,大きな石などが存在します。

　園庭は,子どもたちがいくつかの遊びの基地,そしてその周りにたくさんのホットスポットを作れる機会を提供しているものが良いでしょう。さらに,それに加えて木や植え込みといった自然が存在することは,子どもたちの遊びが感性と創造性のある内容になる可能性を高めます。遊びにおけるそのような特

図3.1　プレスクールの庭園 (1)

このプレスクールの園庭は，私たちが調査してきた中で最も優れていたものです。ここには，出入り口付近の空間，活動的なエリアと静かなエリアがはっきりと存在します。活動的エリアにはいくつかの遊びの基地と，多くのホットスポットが見られます。感覚遊びのための場所は活動的エリアの脇からそれほど離れていない場所に設けられ，そのことがどのような遊びに参加するかをそのとき感じるままに選べる可能性を与えます。ここには明確な成長勾配があり，年少の子どもたちは建物に近い場所から遊び始めます。一方，成長した子どもたちは，境界を越え，下草も刈られることもなく，小道もほとんど存在しない場所へと平気で踏み込むのです。

徴は，ある程度無秩序で，予測できない環境によって決まるのです。想像力が乏しく，自然が取り除かれた状態のプレスクールの園庭は，遊びに感性や創造性を高める可能性を与えません。そのような園庭では，有能なランドスケープ設計者などの力を借りて，自然に似た場所を構築する必要があります。私が今までに挙げてきた7つの要素全てがプレスクールの園庭に存在すれば，植え込みの間で，砂場，遊具の周り，オープンスペースなどの様々な場所で子どもたちの遊びが展開されるのを目撃することができるでしょう。遊びは，時にはある場所に静止した状態から始まり，素早く他の場所に移ったりもします。もちろんけんかなどの問題も起こりますが，それが遊びを長時間にわたって中止させることにつながるのは稀です。このような活動的なプロセスは，うまく機能していない園庭では同じような頻度で見られません。そこでの遊びは，スタッカートのように，ギザギザ，ギクシャクした中断を含みながら進行します。と

第3章　子どもと自然

図3.2　プレスクールの庭園（2）

大志を抱いて造られたプレスクールの園庭の典型的な例。この園庭を造るにあたっては，材料（小道の整備，遊具，芸術作品，パーゴラ🐾12，植物など），手入れ（芝刈り，木の手入れなど）に，恐らく先に示した園庭の4倍ほどのコストがかけられています。園庭のあちこちで，子どもたちは走り回ったり自転車に乗ったりし，遊びに何らかの文脈を見出すのは難しく，遊びは何度も中断され，けんかが頻繁に見られます。この園庭には，はっきりした出入り口エリアがなく，活動的エリア，静かなエリアといった明確な線引きが一切ありません。好意的に解釈するならば，遊びの基地が1つ（彫刻の周り）と，感覚遊びのための場所（砂場）が存在していますが，園内には小さな子どもから年上の子ども，それぞれに合わせて設けられた成長勾配の差のようなものを認めることはできません。

いうのも，遊びが始まったか始まらないかのうちに，それが乱され，中断されることが多いからです。このような混乱は往々にして，子どもが関心を寄せる限られた場所や遊具を取り合うことによって起こり，そのことが遊びを台なしにしてしまうのです。また，うまく機能しない園庭では，自転車で同じ場所をグルグル回るように，活動的プロセスに面白み，重要性の感じられない，似たような内容の遊びが延々と続けられることも観察されます。

　私たちが訪問した中で，うまく機能していた園庭に共通していることは，それら園庭には何らかの自然の土地があったこと，それから5,000㎡以上の広さがあったことです。このような園庭は，子どもの遊びを促すだけでなく，教職員の負担を大きく軽減します。子どもたちがけんかやいじめをしないように，教職員が四六時中監視する必要がないのです。そのことは，子どもたちが疲れ

🐾12　パーゴラとは，つるをはわせるつる棚。

きってしまうこともなく，また子どもらがお互いの個性をよりよく認め合うことにつながります。このようなプレスクールの園庭は，特に明確なメッセージを発しないことで，多次元の世界を広げます。そのことによって，子どもたちがファンタジーの世界に没頭する機会を与えるのです。ここで私が伝えたいことは，そのような園庭には，色，形，におい，音の表現が非常に多く含まれていることです。そこにはバランスを取ったり，よじ登ったり，隠れたり，そのようなことをするのと同時に，針葉樹や広葉樹の葉，水や泥などで遊んでみたり，といった様々な可能性が出てきます。園庭の各所は良く維持・整備され，所々は自然に近い特徴があります。このような多様性をもつ園庭は，多様な成長過程の子どもたちを満足させ，様々な感情に対処する能力を養います。その多様性のおかげで，悲しみを抱えた子どもも，満足した状態の子どもも，自分の居場所を園庭に見つけることができます。年少の子どもは園庭の一部の場所を探索し，年長の子どもはそれ以外の場所へと活動の場を広げます（Grahn, 1991; Grahn, et al., 1997; Mårtensson, 2004）。子どもたちは自分の居場所で自分らし

サンザシ

さを確立する機会を得て，心地良さや，喜び，不思議の種を発見できるのです。マルセル・プルースト（Marcel Proust）は子どもの頃，サンザシの茂みの傍に自分だけの特別な場所を作っていました。それは単なる場所というよりも恋人か何かであるように説明されます。

　この年，私の両親は，いつもの年よりも早くパリへ戻ることを決めました。パリへの旅立ちの日の朝，私は，写真撮影されるので髪を整えてもらい，ビロード[13]のジャケットを着せられ，新しい帽子を被せられました。母は，私をあちらこちらと探し回った挙句，やっと，町の小さな丘で泣いている私を見つけたのでした。私はそこでサンザシの藪に，特別な思いを込めて，さよなら

---

[13] ビロードとは，パイル織物の1つ。表面を毛羽立てた滑らかな感触の織物。

を告げたのです。まるで自身の無駄な装飾を重荷に思う悲劇のお姫様のように、私は、自分の額の辺りにいくつものカールに整えた髪をわずらわしく思い、カーラーも、新しい帽子も投げ捨て、サンザシのとげとげした枝を抱きかかえていたのです。私の母は、私の涙に心を動かされはしなかったものの、ぐちゃぐちゃになった帽子と、だめになったビロードのジャケットを見て、叫び声を抑えることはできませんでした。私はこの叫びを聞こうともせず、すすり泣きながら、「ああ、私のかわいそうな小さなサンザシの花たちよ。お前たちは絶対に私を悲しませたりしないよね。私を無理やり旅立たせたりしないよね。お前たちは私に一切危害を加えたりはしなかった。私はお前たちをずっと愛するからね」と話しかけていたのです。私は涙をぬぐいながら決心しました。私が大きくなった時には、他人の狂気に呑まれることなく、たとえ私がパリに住むことになっても、春が訪れる頃は旅行やくだらないおしゃべりに費やすのではなく、サンザシの最初の花を目にするために、この郊外を訪れよう、と自身に誓ったのです。 (Proust, 1979, band 1, s.143.)

子どもの健康、運動スキルそして集中力に及ぼす自然エリアの果たす役割に関する研究

　私たちは、変化に富んだ園庭では様々な遊びが行われることを見出しただけではなく、子どもの病欠、運動能力、そして集中力についても測定しました。1997年に行われたこの研究では、病欠の割合、運動能力、そして集中力、全ての分野において、かなりの有意差が認められました（Grahn et al., 1997）。私たちの研究した子どもたちは、面積の半分ほどが自然色の濃い、多様性のある大きな園庭のプレスクールに通うか、もしくは、全てが人工的に設計され、建築された印象の強い園庭のプレスクールに通っていました。どちらのプレスクールも評判が良く、また、子どもたちの親も職員も自分たちのプレスクールは最も評価が高いと考えていました。特にアウトドア環境については、両者共に普通のプレスクールに比べて優れていると考えていました。数年後、私たちは、より多くのプレスクールをサンプル調査の対象として、先行研究をより深めるための資金を環境庁の研究機関の一部であるフォルマス（Formas）から受け

取りました。研究チームにはマルガレータ・ブレンノ（小児科医），フレドリーカ・モルテンソン（環境心理学者），パウラ・ニルソン（理学療法士，体育教師），そしてマルガレータ・ソーデルストロム（総合診療医）などが含まれます。

　研究の初めに，全てのプレスクールがストックホルム地域に位置するように配慮しました。それに基づき，2001年にセーデルマルム（Södermalm），ファルスタ（Farsta），ナッカ（Nacka），スカルプネック（Skarpnäck），そしてハーニンゲ（Haninge）といった地域を含む，ストックホルムの南東部に存在する100のプレスクールに対してアンケート調査を行いました。この調査により，アウトドア環境において多様性をもった，いくつかのプレスクールを選択することができたのです。アンケートの後，さらにいくつかの興味深い場所が視察調査され，研究に参加する4園が最初に抽出されました。1年後，西スウェーデンの1園，さらに数年後にはストックホルム，西スウェーデン，南スウェーデンからそれぞれ2園ずつが加わりました。プレスクールの総数は最終的には11園になったのです。

　プレスクールは，自然が豊かかそうでないかによって，2つのカテゴリーに分けられました。「自然が豊か」のカテゴリーに属するのは4つのプレスクールで，ストックホルムの中心部，ストックホルム郊外，西スウェーデンと南スウェーデンの都市の郊外にそれぞれ位置し，合わせて100名の園児が参加しました。「自然が乏しい」カテゴリーには，ストックホルム市内と郊外からそれぞれ2園，西スウェーデンの市内と郊外，南スウェーデンからそれぞれ1園ずつが選ばれ，こちらもあわせて100名の園児が研究に参加しました。一般的に，「自然が乏しい」のカテゴリーに属するプレスクールは，「自然が豊か」なプレスクールに比べて，児童数，グループ数などが少なめの傾向があります。その他には，社会経済的，文化的背景を考慮するなどして，できる限り研究対象が均等になるように配慮しました。

　以下の表3.1は，いくつかの運動能力テストの値を示しています。それら指標の大部分はエウロフィット（Eurofit, 1993）から取り上げられました。例外は「膝のウォーミングアップ」というFBHテスト（Bille et al., 1992）から取り上げられたエクササイズと，「平均台バランス」という，理学療法の一般

表3.1　運動能力テストの結果

エクササイズ	自然が乏しい	自然が豊か	有意差
フラミンゴバランステスト30秒	4.5回	2.8回	$p<.001$
皿たたき	36.0秒	34.2秒	$p<.05$
座位体前屈	0.1cm	1.6cm	$p<.01$
膝たたき，30秒間で何セット膝をたたけるか	19.4回	22.8回	$p<.05$
立ち幅跳び	84.8cm	87.9cm	n.s.
握力	35.2kgw	35.6kgw	n.s.
平均台でバランス	47.7秒	36.4秒	$p<.05$
シットアップ	3.4回	4.3回	n.s.
持久懸垂	4.4秒	5.9秒	$p=.052$
往復走，5m×10セット	32.1秒	30.3秒	$p<.01$
ランニングにおける持久力，8m×20セット	90.3秒	85.3秒	$p<.001$
N	100名	100名	

的なテストです。全てのエクササイズは，年齢層やスウェーデンの条件に合うように修正されています（Nilsson, 2002）。子どもたちの年齢や性別は両方のグループにおいてほぼ等しくなっています。

2つのエクササイズは，グループ間で有意差が見られました（$p<.001$）。その2つとは「ランニングにおける持久力」と，「フラミンゴバランステスト」です。後者のテストは静止状態でのバランス感覚を試します。子どもたちは片方の足だけで立つと同時に，もう片方の足でバランスを取ります。その状態で30秒間立つというのがエクササイズの内容です。他の2つのエクササイズ，「往復走」と「座位体前屈」においてもグループ間で有意差が見られました（$p<.01$）。

後者のエクササイズでは，子どもたちはジムベンチに足を伸ばして座り，体を折り曲げ，足の裏より先に届くように指先をできるだけ伸ばします。

3つのエクササイズでは，5％水準でグループ間に有意差が見られました（$p<.05$）。この3つのエクササイズは，「膝たたき」（両膝を交互に上げて，右手で左膝を，左手で右膝を叩く）「皿たたき」（右利きの子どもは2つの青いゴム皿の間にある赤い皿に左手を置いたまま，右手で両側にある青い皿をできるだけ早く交互に50回叩く），そして「平均台バランス」（バランスを取りながらできるだけ速く平均台の上を往復する）です。「持久懸垂」は，できるだけ長い間，目と鼻が棒より上にある状態でぶら下がるエクササイズです。持久懸垂においても有意傾向となっています。

調査結果を解釈すると，自然の豊かなプレスクールに通う子どもたちは，走力の鍛錬によって俊敏性と持久力が鍛えられ，バランス能力，敏捷性[14]，巧緻性[15]なども鍛えられると考えられます。さらに子どもの集中力について，私たちは幼児版注意欠陥障害評価尺度（Early Childhood Attention Deficit Disorders Scale: Ecaddes, McCarney, 1995）を用いて評価しました。この調査は実験対象の子どもの年齢層に対応していました。プレスクールの職員の中から選ばれた2人によって子どもたちは評価され，2人の評価はそれぞれ独立して行われました。この2人の職員の評価があまりにかけ離れたものであってはならず，このため，職員は最低でも3週間以上にわたって子どもの状況を把握していることが必要とされました。

　バリマックス回転による因子分析を行ったところ，57項目の評定値から6つの安定した因子が構成され，最初の2つの因子が分散の大部分を占めました。これらの因子は，集中力，衝動性，思いやり，危険行動，基本的生活習慣の自立，他人がしていることに関心をもつ，と解釈されました。さらに，多くの変数は0.5以上の高い因子負荷量を示しました。これらの変数は，1つの因子にだけ高い因子負荷量を示し，その他の5つの因子については高い因子負荷量を示しませんでした。私たちの興味はこれらの6つの因子において，2つのグループではどのような違いを見せるのかを検討することで，その分析には，それぞれの因子において高い因子負荷量を示した変数のみを利用しました。

　「集中力の欠如」は，説明を聞いて理解することができる，注意を引くために体を触ることがある，目を覗き込まなくても教師の指示を聞くことができる，順序に従って行うべき課題にねばり強く取り組むことができる等の変数で成り立っています。「衝動性」の因子は，他の子どもたちが集まって静かに座っているにもかかわらず走り回る，皆がある課題に取り組んでいるときに必ずトラブルを引き起こす，耳障りな音を立てる，一列に並んでどこかへ移動するときに勝手にどこかに行ってしまう，等々です。「思いやりの欠如」は，他人の話

---

[14] 敏捷性とは，刺激に対して速やかに反応したり，身体の位置変換や方向転換を素早く行ったりする能力。反復横跳びや反応時間などの運動要因と，タッピングなどの神経機能から知ることができる。

[15] 巧緻性とは，刺激に対して適切に行動し，目的を果たす能力。広義には器用さとも考えられている。

表3.2　幼児版注意欠陥障害評価尺度（Ecaddes）の結果

Ecaddes	自然が乏しい	自然が豊か	有意差
集中力の欠如	96	55	$p<.005$
衝動性	53	29	$p<.05$
思いやりの欠如	81	42	$p<.005$
危険な行動	39	14	$p<.02$
食事等の重要な活動を終えることに困難を感じる	76	66	n.s.
他人がしていることよりも，自分自身がしていることに大いに関心がある	72	69	n.s.
N	100名	100名	

に割り込む，他の人から物を奪い取る，遊びに無理やり入り込み，その遊び自体を中断させてしまうといった項目になります。「危険な行動」とは，倒れそうなのに家具によじ登る，物が壊れそうなのに家具と家具の間を飛び回る，または不注意な行動のために事故に遭うといった項目となります。

　表3.2に示される通り，グループ間には大きな差があります。「集中力の欠如」の行に見られる高い数値は，自然との接触の少ないプレスクールにおいて，集中力の低下があることを示しています。100という数値はそれぞれの欠如が，毎週，グループ内の全ての子どもによって経験されていることを表します。96という非常に高い数値は，遊びの観察や運動能力テストにおける違いと共に考えられなくてはなりません。この研究の結果をまとめると，子どもには感性的要素と創造的要素が高い状況，つまり走ったり，よじ登ったり，這ったりといった様々な種類の身体活動を多く取り入れた環境で，遊びに対する生まれながらの欲求が存在するといえるでしょう。質の高い遊びや，身体活動を欠く子どもは，運動能力や集中力の低下を示します。

　2004年にはストックホルムの11のプレスクールの197人の子どもを対象にした研究が行われました。それらのプレスクールのうち5つの園庭は「自然が豊か」で，6つはその逆でした。そこで行われた研究環境が日光暴露（線量計によって計測）と園庭での身体活動（万歩計によって計測）にどのように影響するのかを検討することに注目したものでした。その結果，自然豊かなプレスクールの子どもは，自然の乏しいプレスクールの子どもと比べて20％以上も多く運動すると同時に，有害な日光暴露は40％近くも少ないことが示されました。子どもの遊びを行動観察したことでわかったことは，自然豊かな園庭の中で，子どもたちが遊びに夢中になり，運動量も増えるということ，しかもその場所

が木陰になっていて日光から守られることによって，日光暴露が少なくなるのです（Boldemann et al., 2006）。私たちは，先行研究の結果と一致するかどうかを確かめるために，これらの子どもたちの集中力についても検討する予定です。

第二の時代：大人と老人

危機，成熟，発達と，失われた楽園への憧れ

 今日，私はメレーテと散歩をする
 これから芽吹こうとしている
 木の芽たちを見て
 私たちがどれだけ年を取ったのか
 いや，若くなったのかを感じるのだ。
 十分な日差しの中では
 人は無慈悲な変化を恐れはしない
 私の死は
 地球の重さを軽減するのではなく
 その意識が重みを増すだけで
 私たちが失ったものから言葉は生まれてくるのだ。
 このような日に，緑の草木は
 まるで空気を切り裂く金属のような音を立てて成長し
 きらりと光るジェット機に密閉された高層建築
 おさげ髪のなわとびを持った女の子
 ゴルフズボンをはいておはじきの入った袋を持った男の子
 私は息を止める
 全てが可能なのだ，同時に。
 私は10歳の子どもで，サッカー場に向かう途中
 生い茂ったライラックの香りの中
 建物の上には青い空
 少年の脚はドラムスティック

第3章　子どもと自然

砂利道は夏へと流れ落ちていく。

私たちが失ったものから言葉は生まれてくる
一つの命は列を成す損失
誰もそれを奪うことはできない，私は語る
語りを止めることは決してない
自由とは
何も失うものがないということではない
だから　私たちの社会は
春風の中の砂上の楼閣のように
震えているのだ。
メレーテは何も待っていない
私も何も待っていない
世界はただただ良くなっていくばかりだ。

(Jacques Werup, 1974)

　空気，木の芽，風，そして時間。私たちは年を取ってしまったのか，それとも若返っているのか。全ての可能性があります。退職者協会，老人福祉施設，そして病院で書かれた日記の中に，私は多くの老人が外に出ることに非常に強い欲求を抱いていることを見出しました。この欲求が満たされると，彼らはより機敏になります。「彼らが外に出たとき，その変化はまるで掌を返したかのようです。ですが，部屋に戻るとまた以前と同じ状態に戻ります。彼らが外にいるときには，彼らが若い頃に経験した多くのことが甦るのです。それはポジティブなことです。問題を抱えた患者さんも，よだれかけが必要な人も，コーヒーカップを落として割ってしまうほど手の震えがある患者さんも，皆，外に出たときには全く普通の人のようになるのです。彼らは自分で注文し，何が欲しいかをはっきりと伝えます。自分で砂糖を取り，いくつ必要なのかを決めます。そのようなことは，いつもなら職員の人たちに手伝ってもらうのが普通なのです」　このように長期療養病院に勤めるあるセラピストは語ります(Grahn, 1989, 1991)。

公園内にある何かが，老人たちに活力を与えるのです。周りから見てふさわしい施設環境に老人たちが身を置いた場合であっても，時には，完全に正気を失って，普通に振舞えず，頭の中が混沌としているように見えることがあります。たとえそのような状態でも認知症ではないのです。むしろ，老人が施設の中に閉じ込められ，ドアの外に出ることさえも難しい状況に追い込まれたとき，老人が患ってしまうある種の老人性うつ病について述べているのです。一体どのような環境が彼らにとってふさわしいのでしょうか。日誌を読むと，彼らには見覚えがあって，自分自身で育てたか，もしくは彼らの両親が庭で育てていた植物のある庭，あるいは自然エリアや公園が間違いなく望ましい環境として挙げられます。このような環境こそが時代を超えたもの，もしくは老人たちが現役だった時代を反映するものなのです（Grahn, 1989）。

　子どもと老人の間には長く，興味深い旅路があります。その間では一体何が起こるのでしょうか。どのような庭や自然エリアが若者や大人のために必要なのでしょうか。ある若者の更正施設に勤めるセラピストは次のように語ります。「安心できる場所であること。彼らが見覚えのある場所であること。何とか対処できて，そのうち自分でそこから歩き出せる場所であること。彼らはそのことを一番に望んでいるのです。例えば，もし彼らが少しだけ広めの環境に身をおいて，そこから歩き出せるとすれば，しかも彼らが十分な時間をそこで過ごせるとすれば，彼らも，私たちも，色々な居場所を自分自身で見つけることができるはずです」

　しかし，彼らが慣れ親しんだというだけでは十分ではないのです。セラピストは続けます。

　「もう1つには，彼らはグループの中で居場所を見つけようとして，非常に脅威を感じてしまいます。彼らは身を守るために何でもします。お互いに攻撃し合い，常に競争が行われます」

　しかし，彼らが自立するには十分ではありません。

　「私たちは，彼らの集中力を鍛え，彼らの自立を促すのです。そうすれば，彼らは全く争う必要がなくなるのです。そのためには広い場所が必要です。そうすれば彼らは争う必要はなくなります。それは，十分に広く，オープンで拘束されない場所なのです。例えば，近くの森に野球のできる広場を計画しま

第3章　子どもと自然

す。そのためには，やや広いエリアがなければならないのです。あまり厳しく縛り過ぎないほうがよく，縛り過ぎると若者が活動しなくなります。彼らが縛られることなく好きなように活動できると感じられるように，自由に活動できる環境が必要なのです」

私はプレスクールの園庭を考えずにはいられません。自然の多い園庭では，子どもたちの思いやり行動が多く見られ，危険な行動はほとんど見られません。

　青春に向かって，私は草の生い茂った森の中の小道に沿って歩く。長年にわたって私の告白の場，そして救い主であった荒野は，全国地図では点のようで，地方の地図でも手のひらほどの広さしかない。しかし，その存在意義は私にとって計り知れないのだ。私の心の内へと向かって，他の人間が与えられないもの，創造の産物をこの場所は私にくれたのだ。私が残してきたランドスケープや将来出会う場所に近かった。それは少しだけであったが，それでも私はその当時の自分にとって非常に大きく感じられたこの森と，6，7年間を共に歩んだ。そして，この森がその当時，この場所にあったことを私は一生感謝したい。…詩の記されたページをめくる音，魅力的な詩の一節がつぶやかれるのが聞こえる。私が家を飛び出してきた夜，岩の裂け目で火を焚いている間，この森は他のどの森よりも我慢強くそれらに耳を傾けてくれた。私の感じた不安や喜びを十分に表現できた訳ではないのに。森よ，お前がいてくれたおかげで，私は，ある種の二重の世界に生きることができたのだ。他の人間との親交の中では，私は貝のように口を閉じ孤独だったが，お前の中では私は別人になれた。お前の傍で，私は初めて限りのない自由を感じ，焚き火の傍で思いにふけるときも，白昼夢にふけるときも，お前だけに，私はこの身を捧げたのだ。

(Lo-Johansson, 1978)

森は，イヴァール・ロ・ヨハンソン（Ivar Lo-Johansson）にとって，感情やホルモン，行動を成人期に向けて調整していくために必要な隠れ家であり，学校でもあったのです。

20歳から65歳の大人は様々な意見をもち，異なるライフスタイルを営む巨大なグループです。遊園地を好む者もいれば，噴水や彫刻に飾られた小さな公園

に惹かれる者もおり，荒野を優先する人もいれば，牧草地や林を好む人もいることが，私たちの調査で明らかになりました。しかし，多くの人は，「安らぎ」「空間」そして「多様性」といった主要な性格を特色とした束縛されない広い自然公園で，できれば毎日身を置くことが必要と口にしました。日常的に公園や自然を体験するためには，人工的過ぎない程度に，多くの木々や草花が必要です。ゴミや騒がしさは好ましくありません。しかも，最も重要なのは，散歩ができて，新鮮な空気を吸って，陽の光を浴びて，そよ風を感じて，そして緑の草木を体験できることです（Grahn, 1991; Grahn & Larsson, 1998）。

街中に住んでいると，落ち着いた，緑のあるベランダに簡単にアクセスできたり，さらには，静かな緑のエリアが職場の窓から見えたりすることは大きなプラスです。もしそのような条件に恵まれていれば，人は日中のイライラ感も少なくなり，夜もぐっすりと眠れます。さらに，定期的に散歩のできるような変化に富んだ公園が近くにある場合には，頭痛も軽減されるのです（Grahn, 1993, 1994; Grahn & Stigsdotter, 2003; Stigsdotter, 2005）。これはどうしてでしょうか。

周りに質の高い緑のエリアがあることは，重要な健康要因の1つだと考えられます（Berggren-Bärring & Grahn, 1995; Stigsdotter, 2005）。主な性格の「安らぎ」は，鳥の鳴き声や風が木の葉を揺らす音が聞こえるかどうかを指します。また「空間」の質とは，そこで緑の草木に囲まれているか，街の様々な決まりや喧騒に煩わされることなく，身体を動かす自由を感じられるか，まさにリラックスできるかです。ここでの「文化」とは，人の手による工芸や思考の跡を見つけることができる，または誰かが公園や庭を手入れしているのがわかるといった簡単なことだったりします。「多様性」は，自分の好きな花を見つけて魅了されることや，春一番のズアオアトリの鳴き声を耳にするといったことです。このように多くの性格が公園内に存在すると，そこは高く評価され，頻繁に訪問されるのでしょう（Berggren-Bärring & Grahn, 1995）。このように生活に密接した公園は，人々の様々な感情状態に対応できなければならないのです。また，普段の生活で公園を訪れるためには，公園は徒歩6分から7分の距離にあることが大切です（Grahn, 1993, 1994）。そのような公園にアクセスできる人はより健康であることが，私たちの研究では示されました（Stigsdotter,

2005)。

　人が心身のバランスを取り戻すためには緑のエリアの存在が重要であることが，日記から推測できました。自分が何者なのか。今の人生の状況がどのような状態なのか。バランスを取り戻すためには，それらのことをまさに自分自身で考えるべきなのです。人としての成熟度が増せば，自分を知り，自分のバランスを保ち，自分が誰かを知ることができるのです（Grahn, 1991）。変化に富んだアウトドア環境は，私たちの気質や気分に対応することができるのです。私たちは，快適さや喜びといった様々な感情に見合った場所を探しています。感情に見合った場所を探す場合に，大人は，自分が昔好きだった場所にそれを求める傾向があります。それは，現在の自分が過去の自分と違うことに驚きを感じるためにも必要なのかもしれません（Grahn, 1991, 1994）。

　しかし，見覚えのある場所，たとえ好きだった場所であっても，それらが常に安心感を覚える場所になるとは限りません。

　エディス・セーデルグラン（Edith Södergran）は1908年に結核にかかり，ヌンメラ（Nummela：サナトリウムの名称）とスイスの療養所に長期にわたって転地療養しました。彼女の母親が「悲しみの住まい」と表現したこれらの場所を，エディスが好むことはありませんでした（Södergran, 1955）。そのため，彼女は，社会と隔離された場所を避け，母親によって手厚い看護を受けられる，病院のようにうつ状態に陥らない環境であるヴィオラの実家に移り療養することが多くなりました。しかし，1922年の夏，病状は悪化。死の1年前，彼女は次の詩を残しました。

私の子ども時代の木々
私の子ども時代の木々は芝生にすっくと立ち
頭を振りながら私に問いかける　一体何が起こったのかと。
柱廊のように並び立ち　私を非難する。「我々の足元を歩くに能わず」と。
あなたは子どものように元気で　何でもできるはずなのに
なのに　なぜ　あなたは病気の紐につなげられているのか。
あなたはすっかり人間に，見慣れないよそ者になってしまった。
あなたが子どもだったとき　我々と長い間，話をして

あなたの瞳は気力に満ちていた。
あなたの人生の秘密を　今　我々は教えたかった。
全ての秘密への鍵はラズベリーの丘の芝生の下にある。
我々は，あなたが眠り続けているので，この額をぶつけて
あなたを目覚めさせたい　死の近いあなたを眠りから
　　　　　　　　　Edith Södergran, 1922年6月（i Södergran, 1986）

　病気によって弱った彼女は，自分の愛すべき子ども時代の環境に触れて，突然よそ者になってしまったかのように感じたのです。その環境は彼女を責めました。彼女がその環境を昔のように体験するには，自分の状況を再評価しなくてはならないと気づきます。彼女にとって楽しい思い出があり，馴染みのある，しかし現状ではうまく扱えない環境。このような環境は訪れることが極めて難しいように思えるのでしょう。

帰省
私の子ども時代の木々は　私の周りで歓声を上げている「おぉ！」
芝生は　見知らぬ国から戻ってきた私を歓迎する。
私は頭を芝生へと休める　ああ，やっとうちに戻ってきた。
今ここで　私は背後にある全てのものに背を向け
私の友人は　森と岸と湖だけになる。
これから　私はみずみずしいもみの木から知恵を飲み
これから　私は乾燥した白樺の幹から真実を飲み
これから　私は最も小さく弱々しい草の葉から力を飲み
素晴らしい守護者が　その手をやさしく私へと差し伸べる。
　　　　　　　　　Edith Södergran, 1922年10月（i Södergran, 1986）

　エディス・セーデルグランの中で何かが起こり，彼女は周りの環境を再び受け入れ，自分の家にいるかのようにくつろぐことができるようになりました。「今現在，現実とのつながりは非常に乏しい。終わりが近づいて，彼女は全てと調和し始める。…彼女は預言者とはなり得ず，現実を見て学ぶのです」

(Donner, 1974)

　彼女に一体何が起こったのでしょうか。ハーガール・オルソン（Hagar Olsson）は『エディスの手紙（*Ediths brev*）』（Södergran, 1955）の中で，エディス自身の人生観との長い，時には激しい闘争について語ります。彼女は様々な哲学者，宗教，預言者などに眼を向け，その中に助けを見出そうとしたものの，結果としてより混乱するだけでした。1922年の10月，エディスは「私は，今本当に，過去と決別する」と書きました。詩集を完成させるための詩作のために彼女は一身を捧げたかったのです。同時に，彼女は自身の人生観についての問題も克服したように見えます。彼女は弱った状態で，外部の世界と意思の疎通を図り，新しい対処方法を見つけました。子ども時代の木々が親しいものになったのです。

11月の朝

初雪がちらつく。
河口の砂に　繰り返し寄せる波がルーン文字を刻んだところ
私たちは思うままに歩く。そして岸辺は私に語りかける
あなたが子どもの頃歩き回った　ここをごらんなさい，当時と同じところに，
私はいつもいます。
水の中に立っているハンノキ[16]も同じです。
見知らぬ国のどこをさまよい　強者の方法を学んできたのか教えてください。
そして　それから何を　勝ち取りましたか。　現状と変わらないでしょう。
汝の踏み入ったこの場所
ここが　あなたの　魔法円，ハンノキの花房から
あなたは確信を得て　封印の謎を解くのです。

　　　　　　　　　　Edith Södergran, 1922年11月（i Södergran, 1986）

　子どもの頃に自然から得た，感性を豊かにする経験は，人が病気で弱ければ弱いほどその経験の意味を強めるのかもしれません。ヨハン・オットソン（Johan

---

[16] ハンノキは，カバノキ科の落葉高木。

ハンノキ

Ottosson）と私が共同で，ルンドにあるモーテルスルンド（Mårtenslund）という老人福祉施設で調査を行った際，日中に1時間，庭で過ごした老人たちは高い集中力を示すことができました。この結果は統計的な裏付けがあります。また，その人の病気が長期にわたるほど，その結果はより強く現れました。この結果についても，統計的に有意な差を見出したのです（Ottosson & Grahn, 2005a, 2005b）。私が参加した老人に関する調査の全てで，自分が何者であるのかを確認させることができたのは，明らかに庭や公園でした。植物に覆われた古い庭のある場所に出会うと，ずっと黙って自分の殻に閉じこもった状態の老人が，自分の人生について語り始めるのです。老人が自分の住んでいた昔の家を訪問した際に，施設職員はこのような語りが行われたことに気づいていますが，ケマンソウ[17]やボタン[18]といった緑のある場所に行くだけでもこのような語りを経験することもあったそうです。自然環境が患者のアイデンティティに重要な感覚，つまり感情と喜びの感覚を与えることによって，このような現象が起こるのではないかと，私は確信していま

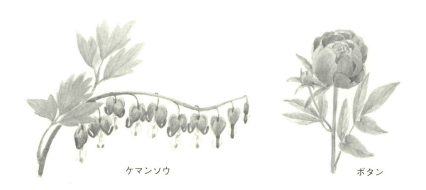

ケマンソウ　　　　　　　ボタン

[17] ケマンソウは，ケシ科コマクサ属の多年草。観賞用に古くから庭園で栽培される。
[18] ボタンは，ボタン科ボタン属の落葉低木。観賞用・薬用に古くから栽培される。

す。環境が患者自身を，ありのままの自分として受け入れるのです。このような，人と環境との間にみられる双方向の関係は，健康と発達にとって重要な意味があるのです（Grahn, 1989, 1991, 1994; Ottosson, 1997）。この関係を築くには，私たちを正しく導くことのできる，安心できる相手や安定した相手が必要です。私たちがその安心できる相手を見つけられれば，健康と発達への欲求が満たされることにつながり，さらには，健康増進や発達促進の可能性が保障されることにつながるのです（Grahn, 2005a, 2005b）。

自然の中で生きることの意義

1．不変なものとの関係

何かを不変であると理解することは，私たちにとって可能なのか

　ソクラテス以前の自然哲学者たちは，私たちを取り巻く世界は常に変化する，と既に推測していました。人間がこの世界を理解するとは，全くもって可能なことなのでしょうか。どうやってその中で生活し，それについて話し，あたかもそれが不変なものであるかのように受け取れるのでしょうか。そもそも，不変であるとはどういったことなのでしょう。ヘラクレイトス[19]は火以外に不変なものはなく，対極にあるものとの絶妙なバランスによって，この世界自体の様々な変化が保たれているのだと主張しました。ピタゴラスは，永遠でありうるものは数に関係した概念のみであるとしたのに対し，レウキッポスと彼の弟子のデモクリトスは，あるものを十分な回数分割することによって，それ以上分けることのできない，永続性をもつ物質単位，即ち原子にたどり着くと主張しました（Ahlberg, 1946; Sjöstedt, 1954）。私たちを取り巻く環境に，私たちが日常的に確かなものとして経験し解釈できるものがあるのでしょうか。

　プラトン[20]は，子どもは生まれながらにして世界における美，永遠の実在という概念を所有していると考えました。私たちの生きる現実の世界は，そ

---

[19] ヘラクレイトス（Herakleitos 前540年～前480年頃）は，古代ギリシアの哲学者。万物は根源的実体である火の変化したもので，永遠の生成消滅のうちにあるという万物流転を唱えた。
[20] プラトン（Platon 前427年～前347年）は，ギリシアの哲学者。ソクラテスの弟子。霊肉二元論をとり，霊魂の不滅を主張した。霊魂の目で捉えられるイデアが真の実在であると説いた。

のような永遠，不変のイデア[21]の似像(にすがた)[22]によって構成されています。そのため，私たち人間は生まれたとき，既に，その完璧，かつ不変のイデアの世界で成り立っている，というのが彼の主張です。しかし，彼の弟子のアリストテレス[23]はそのようなプラトンの永遠の実在，真実性というイデアの世界についての理論を受け入れられませんでした。パルメニデスやメリッソスといったソクラテス以前の哲学者と同様に，万物は流転する，ということについて彼は疑問を抱いていました。永遠なるものは存在しうるのか。アリストテレスは，もし永遠なるものが存在すれば，人が能動的に事物と接する際に，物体の形と物質の状態についての知識を得ていると強調しました（Ahlberg, 1946; Lübcke, 1988）。何が永遠であると捉えられ，私たちの世界の中でどのように生き，それについての知識をどうやって得るのかについては，プラトンの時代から多くの哲学者や研究者によって議論されてきました。ジョン・ロック（John Lock），バークリー（Berkeley），そしてフッサール（Husserl）などは，プラトンの主張とは真っ向から対立し，子どもはそのような能力が生まれながらに備わっておらず，タブラ・ラサといわれる白紙の状態で生まれてくるのだと主張しました。このような氏(うじ)か育ちか，生得論か学習論という論争は何世紀にもわたって行われ，今後も議論の対象となるでしょう（Fredriksson, 1994; Lübcke, 1988）。

私たちは生まれながらにして，自然を読み取り，理解し，それによって安心を感じる能力をもっているのか

　以上の問いは，百年以上にわたって心理学，哲学，教育学，社会学，建築，そして視覚芸術等の様々な分野において扱われてきました。多くの調査結果が発表され，そのうちのいくつかは，私たちは外界を理解するいくつかの能力，即ち不変なものを理解する能力をもって生まれてくるというプラトンの仮説を

---

[21] イデアとは，プラトン哲学の中心概念で，理性によってのみ認識されうる実在。感覚世界に存在するものの原型や本質。ギリシア語の「見る，知る」という意味の動詞の変化形ideinによる。

[22] 似姿（にすがた）とは，実物に似せて作った像や絵のことをいう。

[23] アリストテレスは，古代ギリシアの哲学者。プラトンの弟子であり，またその批判者。プラトンは事物の本質をイデアと名づけ，超越的なもの（ここでは自然の世界を超えるものとしての神）としたが，アリストテレスはそれを形相（エイドス）と名づけ，存在者に内在するものとした。

裏付けるものだとも言われています。

　心理学者のクリスチャン・フォン・エーレンフェルス（Christian von Ehrenfels）は1890年に発表した論文にて，ゲシュタルト[24]の概念を導入し，個々の音符から曲全体を理解することはできないと主張しました。個々の音符は文脈と一体になることによって理解され，演奏される曲全体は個々の音符を合計した以上のものになるというのです。しかし，ゲシュタルト心理学の学派の出発点としては，1912年のマックス・ヴェルトハイマー[25]の研究論文が挙げられます。彼は，どのように知覚が作用するのかということに関して，人間には生得的能力があるということを主張しました。近接などの要因は，人間がその周りの環境を理解する手助けをします。このようなゲシュタルトの法則は永続性があり，私たちが周りの世界に適用する際に起点となるモデルなのです（Schuster & Beisl, 1981）。

　その数十年後にCG・ユングは，いくつかのシンボルが世界中の隔離された異なる文化に共通して見られることを発見しました。また，これらのシンボルは同じ類型をした物語やおとぎ話と関連して存在します。彼は，このようなシンボルを**元型**と名づけ，これら元型が生得的な能力，または反射神経に関連することを示唆しました。これらの元型は不変であって，私たちが対処し難い状況やイメージを理解する手助けとなります（Jung, 1966）。

　ゲシュタルト心理学に強くインスピレーションを受けたコンラート・ローレンツ[26]（Konrad Lorenz）は，1963年に『**攻撃**（*Aggression*）』という自著を発表し，その中で，鳥類や哺乳類といった異なる種にわたって，大きな目，丸い形をした頭をもつ動物，即ち子どもの頭を連想させる動物に対して，攻撃性が低下することを示しました。動物には，**イメージのような生得的な記憶**があり，

---

[24] ゲシュタルトとは，部分の寄せ集めではなく，それらの総和以上の体制化された構造のこと。心を単なる要素の集合とみなす考え方を否定したゲシュタルト心理学は，ヴェルトハイマー，ケーラー，コフカからによって提唱された。

[25] ヴェルトハイマー（Max Wertheimer 1880-1943）は，ドイツの心理学者でゲシュタルト心理学の創始者の1人。『運動視に関する実験的研究』（1912）がある。

[26] コンラート・ローレンツ（Konrad Zacharias Lorenz 1903-1989）は，オーストリアの動物学者。鳥類や魚類の行動観察から，行動の生得的解発機構の仮説を提示した。彼が最初に刷り込み（生後間もない特定期間内に目にした動物や物体がヒナに固定的に認識され，それ以降機械的に反応する）を記載した。

それら記憶が小さな子ども，子犬，小鳥といったものに対して攻撃を向けることを抑制するといった反射のような**生得的解発機構**を彼らに与えるのだとローレンツは主張したのです（Lorenz, 1966）。この研究の調査結果は後にノーベル賞を受けました。しかし，ローレンツは，彼の理論とユングの理論を融合させようというユング自身からの提案を拒否しました。

　ほぼ10年後に，ジェイ・アプルトン（Jay Appleton）は『ランドスケープによる体験（*The Experience of Landscape*）』という自著で，自分が安心できる，住むのに最も適したランドスケープについて，先に述べたような生得的な記憶がある，と主張し，1900年代の終わりにはウィルソン，コス，ウルリッヒなどが似たような考えを示しました（Wilson, 1984; Kellert & Wilson, 1993; Coss, 1991; Coss & Moore, 2002; Ulrich, 1993, 2001）。例えば，生い茂った樹冠をもった大きな樹，水のある，明るく広大なランドスケープの眺望は人々に安心感を与えるのに対し，乾いた土地，薄暗い森や荒涼とした草原の眺望は安心感を与えない，と彼らは主張しているのです。

私たち人間は，自然の仕組みを読み取り，理解し，学ぶ。その結果として，安心感が得られるのか

　1900年代の研究は，学習の効果について多くの成果をもたらしました。古典的なものとしては，パブロフ（Pavlov）が1906年に行った，犬に餌を与える直前にベルを鳴らした実験があります。実験を繰り返すうちに，ベルが鳴っただけで犬の唾液量が増加すること，即ち**条件反射**を示すことがわかりました。この研究は学習の初期研究とみなされ，行動を観察し，その結果をより機械的な因果関係，いわゆる刺激－反応の理論で説明しようとしました。行動主義心理学と命名された新しい動きは，1913年にパブロフの研究に強く影響を受けたジョン・ワトソン（John Watson）によって作り出されました。行動主義心理学は，ほぼ全ての行動がどんなに複雑であろうとも，条件反射として考えることができると主張します。行動は生得的に学習されるように思えても，そうではなく，生まれて直ぐに学習されるのです。生活の中で経験している物事は，瞬時かつ迅速な刺激－反応メカニズムによるものなのです（Atkinson et al., 1996）。

　1909年以降，ジークムント・フロイト（Sigmund Freud）の理論の一部か

ら，子どもの発達についての新たな潮流が発生します。その流れはハートマン（Hartmann）に続き，エリック・エリクソン（Erik Erikson）と，ジャン・ピアジェ（Jean Piaget）へとたどり着きます。ピアジェは，幼児期の子どもの認知発達について述べています。子どもが一定の枠の中で**遺伝性の発達プロセス**をしっかりとたどるのと平行して，特に家庭内での社会様式や社会的役割，それから家族背景も，子どもの発達と行動に影響を与えます。人間の体と，働きかけようとする対象，それらを取り巻く環境は，その発達プロセスにおいて，ほんのわずかな影響力をもつのみです。発達心理学者は，幼児期の学習，それから遺伝性の要因や一定の発達様式，それら両方について言及します（Erikson, 1985; Piaget, 1982）。

現象学的心理学は，エトムント・フッサール（Edmund Husserl）によって提唱され，彼は1901年から1913年にかけて，自分自身で「論理学研究」を打ち立て，ゲッティンゲン（Göttingen）の大学で現象学についての講義を始めました。そもそもこれは，知覚的な現象について説明するための原理でしたが，その後，知覚的な現象を構成している，知覚の普遍性を説明するための原理に発展しました。その原理は，全てのものやランドスケープのもつ個々の特性を排除し，その代わりに，知覚を規定する「概念」と，それら概念の階層的関係に基づいて現象を説明します。その研究の方法論は，内観やインタビューといった観察によって成り立っています。この動きは，ハイデッガー（Heidegger），メルロー・ポンティ（Merleau-Ponty），そしてロジャース（Rogers）などによってさらに進められ，現象学では，人間の体がその人の特性の重要な部位であって，身体的特徴を通して知覚作用の多くを経験することが主張されます（Bengtsson, 1987）。この体は人間の発達と行動を説明する際に，中心部分となります。物理的な周りの環境もまた大きな役割を果たしますが，人間の知覚作用に働きかける現象そのものが重要な役割を果たすのです。知覚は受身で起こるのではなく，人の意志によって起こる活動なのです。そこでは人が現在進行していること，人が経験していることを定義する一般的な背景によって，どのような意味を現象に見出すかが決定されるでしょう。フッサール自身は，人間が生得的な能力をもつ可能性は除外しましたが，後に続く研究者たちは必ずしも絶対ではありませんでした（Grön, 1987）。

私たちが自然を知覚するのは，遺伝によるものなのか，あるいは環境によるものなのか，あるいはその両方から影響を受けているのか

　行動主義者，現象学者，もしくは乳幼児期の発達心理学者は，人がどのようにして自分の経験していることを理解し始めるのかという問いに対して，明確な回答を与えたわけではありません。何かを理解するためには，何らかの既有知識が存在しなければならないのです。フッサールによる子どもの「超越論的飛躍[*27]」という説明への挑戦は通用しませんでした。行動主義への反発として，多くの研究者はフッサールの現象学的分析と組み合わせて，ゲシュタルト心理学の法則を用いるようになりました。知覚がかなり注目されるようになり，明るさの恒常性，大きさの恒常性，色の恒常性，それぞれの**知覚の恒常性**[*28]の法則が研究されました。例えば，子どもは早くから自分の近くにある椅子と，離れた場所にある椅子の大きさが同じである，白い紙は薄暗闇の中で，たとえ青っぽく見えたとしても白のままであると理解する能力があります。これらの恒常性について，測定機器は対象の違いを検出しますが，人はそれでもその対象が一定であると理解できるのです。これらの恒常性の法則は後天的なものですが，まるで生得的に備わっていたレディネスであるかのように，人生の非常に早い段階で学習されるように思えます。ケルマン（Kellman, 1984）とグランルド（Granrud, 1986）は，4ヶ月の赤ん坊が大きさの恒常性について既に理解していることを示しました。

　それらとは全く異なった恒常性の概念が発達心理学の分野で発展しました。1964年に，エディス・ジェイコブソン（Edith Jacobson）は，父親や母親が暗い色の服を着ていようが，明るい色の服を着ていようが，怒っていようが，悲しんでいようが，喜んでいようが，それが自分の親であることを子どもは理解することから，**対象恒常性**[*29]という概念を打ち出しました。ヤコブソンの主

[*27] 超越論的飛躍（transcendental overrun）とは，経験的意識に対し，経験に制約されず，経験を構成する意識があるとすれば，その飛躍のことをいう。フッサールは経験的意識を判断停止により純化して哲学の対象とした。

[*28] 知覚の恒常性とは，対象が同じであっても，見る方向や距離，照明などが異なれば，網膜に映る像もそれに合わせて変化するが，対象は比較的一定のものとして知覚されることをいう。

[*29] 対象恒常性とは，愛情対象としての母親イメージが母親という一個の人間として統合され，永続性をもつことをいう。

第3章 ■ 子どもと自然

張によると、子どもは最初に**快楽原則**[30]の段階にあって、この段階では**快と不快**が経験されることになり、しかも自分の体と周りの環境との区別は非常にあいまいなものである、ということでした。子どもにとって、自分の体を、父親や母親といった**愛着の対象**と区別するためには、かなり長い時間がかかります。その後、子どもは**現実原則**の段階に移り、そこでは自分と周りの環境とを区別することに興味を示し、やがては自分がそれを眼にしていないときであっても、物は存在し、多少変化はしてもそこにあり続けるということを学習します。その後、マーラー（Mahler）はそれらの理論を発展させ、**自己恒常性**という概念を導入し、子どもが毎日のように変わることのない、安定したアイデンティティの感覚をもつことについて説明しました（Mahler et al., 1975）。その後、フロッシュ（Frosch, 1983）は**現実恒常性**という全ての環境にあてはまる概念を作り出しました。人間はランドスケープに、夏や春といった季節の変化、新しく家が壊されたり、建てられたり、といったいくつかの変化が起こることを許容しつつも、その変化を今でもまだ覚えているのです。いくつかの基本的特徴こそが、ある環境のアイデンティティを作り上げます。これらは人間が自分を取り巻く環境の知覚を維持し、その中で自分のアイデンティティを維持するために重要なことである、とフロッシュは考えました。人が対象恒常性を作り上げるのと同じ方法で、子どもは自分自身の現実恒常性を築くと彼は推察したのです。

2．時，自己，そして変化との関係──神による相互作用

自然の中で生きることが人間の振る舞いに安心感を引き起こすのかどうか

　　私はホームシックにかかっている。しかし、それは人間関係がわからないのではなく、私が依存している対象がわからないのである。温かな言葉や抱擁よりも、私はヴァルムランド特産のソーセージや暖炉を恋しく思うのだ。私の子ども時代の友人たちは忘却の霧に完全に覆われている。しかし、投げる前に掌に感じた石の丸みや、追いかけられて身を隠した草むらで感じた尖った葉の先、そのような自分の体で感じたことはよく覚えている。多分、そのような1人で

---

[30] 快楽原則とは、不快を避けて快を求めようとする傾向。イドはこの原則に従う。

居られる静寂や穏やかさを感じる安心感は，一時の状況によって変化する精神的な関係よりも昔から常に安定した物体の方が得やすいだろう。…家を恋しく思うとき，私たちは，自分自身のアイデンティティと存在意義を同時に探るのである。しかし，私たちがより強く恋うそのとき，自分の探し求める存在意義が人々の中ではなく，地面，石，そして野ばらの中に存在すると気づくのだ。

(Gunnar Olsson, 1978)

自然の中で生きるための感性と身体的知識

　自然において，人と環境は，身体的，知的，そして感情的に相互作用が可能でなければなりません。自然についての情報は，例えば，瞬時に脅威から身を守るための重要な決断を行うことは子どもの頃に獲得されます。感覚がどのように活性化され，統合されているかに応じて，子どもは自然からの情報を理解する，とアイレス（Ayres, 1983）は主張します。触感，温度，気圧，バランス，運動，筋肉の位置といった基礎感覚は，自分自身が空間の中に別体で存在すること，つまり人間はそれら基礎感覚の統合によって固有受容[31]を感じることから重要視されるのです。この経験は，子どもが自身を自立した個体であると認識するために，非常に重要なものであるとアイレスは述べます。固有受容はさらに，視覚，聴覚，嗅覚，味覚と本能的な感覚（体内から発せられるシグナル）と統合されるのです。しかし，様々な感覚をうまく活性化させ，統合させるためには，子どもが安心できることが必要です。その安心感によって，感覚間の統合が進み，身体イメージや人の能力が発達するのです（Ayres, 1983）。

　ギブソン（Gibson）は1979年に『生態学的視覚論：ヒトの知覚世界を探る（*An ecological approach to visual perception*）』を発表し，その中で，私たちは身体運動に注意を払うべきで，特に私たちが体を動かす際にそれをどのように感じるのかを観察する必要がある，とフッサールにも似た考えを主張しています。人間は自然の中で対象をどのように利用できるのか，つまり，**不変項**（周囲にあって，変化しない役立つ特性。例えば，石の硬さ，砂地の掘りやすさなど）を非常に素早く理解できる，と彼は述べています。自然の中にある不変項

---

[31] 固有受容とは，目を閉じていても，自分の手足の位置と，それを動かしていることがわかる感覚。

第3章　子どもと自然

は時代を超えて参照される基本原理となります。この不変項があると考えれば，人間は，他の生物たちと同じように，自然の中にある物体に**アフォーダンス**[32]を見出し，さらにそれらがどのような可能性を秘めているのか，またどのように使うことが可能かを見つけるのです。例えばそれは，人が自然の中に身を隠すことができるかどうかがわかる，もしくはある物体が座りやすいかどうかを評価するといったことです。私たちは椅子や切り株や石などに座ることができます。人は，数秒もかけずに，そのものの硬さと高さ，座り心地が良いかどうかなどを見極めているのです。人は，人生の早い時期に，身体意識として全身を使って自然の中にある物体のアフォーダンスを学ぶのです。

安全なものとは　危険なものとは
基本的感情からの情報－情動　基本的感情の性質

　トムキンス（Tomkins, 1995）によると，人間の感情は4つの水準から成り立っていることが定義されています。最初の段階は，いわゆる**驚き**の原因となる刺激，つまり不快感や快感の知覚で，それは祖先から受け継がれた情報処理システムです。次に来るのは**基礎感覚の段階**で，そこでは視床が生得的な反射や情動を働かせます。全ての基本的情動は，早い時期からはっきりとした顔の表情に現れ，これらの情動は猿や他の哺乳類にも同じように見られます。

　情動は9つ挙げられ，その内訳は，2つのポジティブ感情（「喜び」「好奇心」），1つのニュートラル感情（「驚き」），そして6つのネガティブ感情（「恐れ」「嫌悪」「不安」「怒り」「拒絶」「恥」）となります。この情動システムは，脳の古い部分，辺縁系に位置します。これらの情動は私たちの進化の過程において，食べ物と飲み水を探すため，危険から逃れる時などに，非常に重要な役割を果たしてきました。情動は神経系に非常にすばやい反応を起こし，それはさらに，自律システムとホルモンのシステムに影響を与えるのです（Bergström, 1992; Hansson, 1996）。扁桃体は情動による情報処理の中心であると考えられています（LeDoux, 1998）。

---

[32] アフォーダンスとは，環境や事物がそれに働きかけようとする人や動物に対して与える，価値のある情報。環境が動物の行為を直接引き出そうと提供している機能を指す。アメリカの心理学者ギブソン（J. Gibson 1904-1979）によって提唱された。

情動の組み合わせは，その人の記憶と共に特別な「**感情スクリプト**」を形成します（Tomkins, 1995）。これらのスクリプトは，その後に出会う現象に応じて調整されます。第四の段階では，知性による，更なる感情の処理が行われ，現象についての知的な記述がなされた感情を形成します。
　私たちが情動に出会い，苦労してその抑制の仕方を学び，感情や気分を発達させるのは幼児期なのです。これらは，私たちの論理的思考と出会うことにより，人格や感情的知能へと次第に発達していきます（Hansen, 1997; Gardner, 1993; Goleman, 1995）。これがうまく発達するためには，周りの環境に触れながら，自信と安心を醸し出す雰囲気の環境で自分を成長させることが必要です。私たちの調査で対象とした様々な年齢の人々について考えてみると，自然の中で生きることは，安定して仕事をする上で大切であるように思えたのです。そうした生活環境こそが，私たちの多くの情動や感覚入力を調和できるのです。庭もしくはそれに類似したものが，家，職場，プレスクール，学校，もしくは医療施設の近くにあることは重要であると，私たちは気づきます。そしてその庭は先に挙げた主要な性格の多くを内包すべきなのです（Grahn et al., 1997; Grahn & Bengtsson, 2005; Stigsdotter, 2005）。不安な状況では，先に上げた6つのネガティブな情動のうち，怒りと恐れが人を支配し，結果として逃げるか戦うかということになってしまいます。そのような状況はストレスの度合いを高める引き金となるのです。それに対して，周りの環境が喜びや好奇心といった情動をもたらす場合には，安心感が得られ，その結果として，人は裏切りを恐れることなく，自信がない中でもつながりを求めて挑戦します（Grahn, 2005a, 2005b）。
　エドモンド・フッサールは，知覚作用には，子どもが理解できるようになるまでに似たような出来事が連続して発生する活動が必要である，と語りました。父親が子どもと散歩しているときに，「これはリンゴの木だよ。ごらん，満開だ！」と木を指して言ったこと，この例を引き合いに，子どもが父親の歓喜を理解できるようになるまでには時間がかかることをフッサールは論じました。子どもが父親の歓喜を理解するためには，シェーダー[33]による画像処理，即ち，

---

[33] シェーダーとは，3次元コンピュータグラフィックスにおいて，シェーディング（陰影処理）を行うプログラムのこと。

同じような知覚作用と，わずかな変化が処理されなければならないと彼は主張するのです（Bengtsson, 1987）。ジョン・ボウルビィ（John Bowlby）とダニエル・ステーン（Daniel Stern）は，1900年代終わりに，彼らの愛着理論によって，このフッサールの説明に加わろうとしました。

愛着理論は，親と子どもの間にしっかりした関係が結ばれることで，それは，子どもから親への愛着（アタッチメント）と，子どもと親の間に生まれる絆（ボンディング）によって成り立ちます。1969年に児童精神科医のジョン・ボウルビィ（John Bowlby）は自著『母子関係の理論（*Attachment and loss*)』で，子どもが自分の周りの世界を克服するための出発点となる安全な基地をどのように見つけるのかを扱い，その概念を発展させました。ボウルビィは，同時期の他の発達心理学者と同じように，幼児が何も記されていない白紙のようなものであるという考えからは距離を置きました。彼は，子どもは生まれたときから既に，活性化された状態にある一連の**行動システム**を備えているとの考えに立ちました。スキンシップだけでなく，顔や声といった，他の人間からのシグナルに反応するための特別なレディネスがあるとしたのです。これはコンラッド・ローレンツ（Konrad Lorenz）が発展させたものと類似した理論です。この安心を感じられる情緒的絆は，乳児が周りの人々に対して一般的な反応を示すことから始まると彼は主張します。特に決まった人にだけ特別な反応を示すことはその際必要ありません。その後，最初の数週間のうちに，その反応はより確実に両親へと向けられていきます。乳児は，主たる人と，それに加えてさらにもう1人の人物との接触の維持を求めます。はっきりとした探索行動がみられ，さらに近い人物の探索が続きます。その探索は，乳児が自分の欲望を満たした段階で絶たれます。これらの行動が，この情緒的絆，即ち愛着を特徴づけるのだと，ボウルビィは述べています。さらに次の段階では，ワーキングモデル，もしくは**認知フォルダ**の発達が始まります（Havnesköld & Mothander, 1995）。

周りの環境が，穏やかでポジティブ，かつ安心できる気持ちを与えることの意義はダニエル・ステーン（Daniel Stern, 2003）によって指摘されています。子どもは，両親と共に悲しんだり，喜んだりする中で，前言語的コミュニケーションを発達させます。ステーンはこれらの感情を用いたコミュニケーションを共感と名づけました。恐らく，このタイプのコミュニケーションを前提とし

て，1969年にボウルビィは両親への**愛着**のプロセスを説明しました。

　私たちの研究グループは，あるタイプの行動システムが自然との接触によって活性化し，共感もまた水，石，木などといった自然の要素によって発達すると考えます。だからこそ，自然をも含むより広い概念を私たちは望むのです。そこで私たちは，医師でもあり精神療法の教授でもあるポール・ビェッレ（Poul Bjerre, 2004）を取り上げます。彼は，様々な原因によって精神的に落ち込んでいる人がポジティブな気分になり，新しい視点を受け入れられるような状態になることが重要であって，その結果，危機を乗り越え，新しい方向を定めて人として成長することができると話しています。物事を受容できる状態であるには安心感を得ることが必要で，その際には怒りや恐れといった感情に支配されないことが重要であると，ビェッレは指摘します。つまり，これは喜びや好奇心といったポジティブな情動が優勢でなくてはならないということと同じ意味なのです。ビェッレは，山の風景や，島々といった自然から受ける印象が，新しい方向づけを受容しやすくする感覚を呼び起こしてくれると述べました（Bjerre, 2004; Landquist, 2002）。この先，私たちはこのメカニズムを**感情のトーン**と呼びます。

3. 喜び，憧れと存在：どのように周囲と自分を関連づけるのか

　愛情の記憶はまず他の一般的な記憶と同じ法則に従い，その次に，習慣などといった，より普遍的な法則によって支配される。習慣が弱くなってくると，忘却が起こる（なぜなら，関心の欠如のため，その人は決してそれを思い出すことはないから）。だからこそ，最も鮮明な記憶は，自分以外のものに向けられる。湿った突風，部屋の中に閉じ込められた空気，冬の最初の焚き火のにおい，そのような場所で，人が使えないものと考え，蔑んだその場所の一部分を思い出す。涙が尽きてしまったかと思われるとき，過去の最も鮮明な記憶によって，あなたを再び号泣させる。自分以外の記憶にあるのか。むしろ，それは自分自身の記憶にあるものの，忘却の彼方に隠されてしまったというのが正しいだろう。この忘却のおかげで，時折，昔の自分こそ本来の自分なのだということを再発見し，この視点で物事を解釈しようとして，かつて愛した物事にもはや無関心である自分に苦しむことになる。

(Proust, 1979, band 2, s.206-207)

　人は何に動かされるのでしょうか。人はどのようなモチベーションで世界征服するのでしょうか。飢えや渇きを癒す，天候から身を守る，といった生得的な欲求もあれば，社会における高い地位やお金といったステータスや名声を高めたいといった後天的な欲求もあります。しかし，私たちを満たしてくれる様々な欲求は，生得的衝動や後天的衝動によって常に変化しています。1900年代には，基本的な欲求を見出そうとして，多くの理論が発表されました。例えば，ジークムント・フロイトは，私たちの基本的な欲求には性欲があると述べ，一方，アブラハム・マズロー（Abraham Maslow）は，人間の欲求をピラミッド型に表しました。そこでは，一番下の底辺に飢えや渇きなどの一次的な欲求，その上に安全な場所にいる感情があります。マズローのピラミッドの頂点には，自身の可能性を開花させる自己実現が置かれています（Maslow, 1970）。彼によると，他の全ての欲求を動機づけるのは，まさしくこの自己実現の欲求なのです。

　1900年代の後半に，何が快楽的な経験を与えるのかについて，より偏見のない議論が起こりましたがその際に，甘みや性的な刺激が快楽を与えることを人々は発見しました。しかし，それと同時にランドスケープ自体の意味を発見することが快楽の感情にたどり着くということもわかったのです。前者の欲求である甘みと性的刺激が与える快楽の感情については，生物学や進化論から簡単に説明ができるでしょうが，後者についてはどうでしょうか。子どもが乳児期の早い段階から，周りの環境についての知識や能力をどのように発達させるのかを観察する中で，コンピテンスとしての喜び（Havnesköld & Mothander, 1995; Mårtensson, 2004）という概念は次第に発展していきました。乳幼児の早い段階から一生を通じて，様々な方法を駆使して，周りの環境や対象を探索し，操作し，そして利用することは，人に楽しみをもたらします。発見することは，その現象の一部であって，その現象の別の部分を観察し理解することにつながります。「生きるのは本当に楽しい。なぜなら，生きていると，私たちは物事がどのようになるかをこの目で見ることができるから」というのは，スモーランド地方にあることわざです。「コンピテンスとしての喜び」は，マズ

ローのピラミッドの全ての部分について説明できるのです。コンピテンスは，私たちの感覚，感情，味覚，バランスなどを理解し探るために発達していますが，社会的状況や数学的文脈を理解する際にも，同じことがいえます。「コンピテンスとしての喜び」は，コンピテンスを発達させる際に得られる喜びと好奇心のことだといえます。「コンピテンスとしての喜び」と共に感情が芽生える。したがって，感情が私たちのあらゆる行動の原動力となるのです。つまり，その感情は私たちのアイデンティティと安全基地となり，好奇心や創造力を働かせてくれるのです。

　小さな子どもが世界を探索し，つながり，即ち**愛着**を探し求める際に，認知フォルダを利用している，とボウルビィは説明しています（Bowlby, 1969）。それらの認知フォルダには，両親や愛着の対象となる特定の人物に向けて発信・受信されるあらゆるシグナルが含まれています。認知フォルダは常に発達を遂げ，さらに複雑なシグナルと反応を含むようになります。このフォルダが生成する相互関係は，機械的な行動による刺激と反応の出現によるものではなく，**相互作用の関係**として説明されます。それは，時間と共に，送信者と受信者の双方の関係によって変化し，発達するのです。子どもがシグナルをどの程度うまく認識し，反応するのかを親子関係で考えてみましょう。父親や母親が非常に様々なシグナルをどのように受け取ろうとしているのか。それから子どもが先行経験のあるシグナルをどの程度受け入れ，反応しようとしているのか。親子関係はその両方に依存しているのです。親子関係がうまく行くかどうかは，父親や母親の人格，子どもの人格にも関係しますが，同時に，その時の状況も大きく関係するのです。また，社会的背景，疲労，病気なども明らかに影響します（Havnesköld & Mothander 1995）。

　ボウルビィが感覚と認知について語るのに対し，ダニエル・ステーンは感情について語り，特別な状況において特別な人物と一緒にいる状態，それをスキーマと定義します。特別な状況において，ある人物と一緒にいると感じることは，安心感を育むとステーンは主張します。食事，排泄，睡眠など同じテーマであったり，一緒に笑う，悲しむなど同じ感情を共有したりといった似たような「一緒にいるスキーマ」を何度も繰り返すことによって，一緒にいることの表象が同時に生成されるのです（Hedenbro & Wirtberg, 2000; Perris, 1996）。

繰り返し起こり，人間同士の多種多様な相互作用を含む特別な現象は**一般化された相互作用の表象**（Representationer av interaktioner som generaliserats: RIG）に組み込まれます。そのようなRIGは様々な体験に基づいて発達させられ，ある種の抽象化に向かって融合され，一般化されるのです。そのような体験とは，例えば，儀式的な朝食の行動であったり，いないいないばあのような遊びであったりします。3回5回，もしくは10回と繰り返されたいないいないばあがその遊びのRIGを形成するのです。

ボウルビィやステーンが上記に述べた相互作用理論は，子どもと環境との相互関係がいかに繊細であるかを示唆します。彼らは社会的な環境を常に考えています。子どもの発達を保障するために，子どもが発しているシグナルに対して，その環境が応答することが必要不可欠です。言い換えれば，子どもと環境の間に相互関係がなくてはならないのです。人が**重要事項を変更できる遊びの空間**と呼ばれるリソースを所有していて，外部環境と接続し，そのリソースを使って自己とコミュニケーションすると私たちは仮定しています（Grahn, 1991; Grahn, 2005a; Grahn & Bengtsson, 2005）。この場合における外部環境は，情報発信者（子ども）の自己やアイデンティティに非常にしっかりと接続されます。自己が物理的な空間に拡張されるのです。情報発信者が苦悩や悲しみを感じているとき，即ち人が「皮のない」かのような状態にあるときこそ，快適さ，喜び，新たな希望を与えられる自然環境が特に必要とされるのです（Ottosson, 1997）。

重要事項を変更できる遊びの空間では，人がそのときに保有している精神的，身体的リソースを使って，動物と人といった全ての意味を変更できると考えます。重要事項を変更できる遊びの空間は，身体的，感覚的，さらに感情のようなものだけでなく，あらゆる価値を含み，外部環境に働きかけ，外部とコミュニケーションを取って生き残ろうとします。即ち経験と知性が利用されます。そこには人と物が存在して，良いものと悪いもの，便利なものと不便なもの，価値のあるものとないもの，危険なものとそうでないもの，愉快なものとそうでないもの，と様々に定義されたものが存在します。重要事項を変更できる遊びの空間は，私たちが日常的に働きかけようとするあらゆる重要事項を心の中で描いています。

最も重要なこととして，私たちのアイデンティティは大部分が周囲と結び付き，さらに私たちを認めてくれる人々や集団にもつながります（Grahn, 1991; Hammitt et al., 2006）。重要事項を変更できる遊びの空間の核心部分は，私たちのアイデンティティの強い部分です。このことは大切です。私が自分のアイデンティティであると感じているものは，その人の周りの環境によっても確認されるに違いないのです。そうでなければ，人は自分が誰であるかということに自信がもてなくなるでしょう。人は，重要事項を変更できる遊びの空間と，ある種の対話を通した自分，それら同士を関係付けているのです（Grahn & Bengtsson, 2005）。この対話こそがコンピテンスの探求なのです。

　私たちの研究の中で発見された，この私たちの内なる自己の調和（Grahn et al., 1997; Stigsdotter, 2005; Grahn & Bengtsson, 2005; Ottosson & Grahn, 2005a, 2005b; Ottosson & Grahn, 2006）は，ある**感情のトーン**を介して重要事項を変更できる遊びの空間で起こると仮定します。遊びに適した環境は，好奇心や喜びといったポジティブな感情を伴う感情のトーンを伝えます。穏やかで安全な日常の自然は，感覚と相互作用する感情のトーンを引き起こす。結果として，感覚が感情と統合されて，遊びに適した環境が重要事項を変更できる遊びの空間を通して対話する情報を伝え始めるのです。子どもが動揺したり，疲れたりしているときは，重要事項を変更できる遊びの空間が非常に脆弱で，「皮のない」状態になります。その状態では，主に感覚入力や情動によって，重要事項を変更できる遊びの空間を通しての対話と振り返りが行われます。その場合，物理的環境が対話の相手に働きかけるのです。仮説の域を出ませんが，この感情のトーンは，自然環境に囲まれているときに，より簡単に発生します。つまり，私たちは古代から自然を処理するのに優れているのです。心の問題に取り組む際の最終段階では，自分で活動し，考え，創造的な時間を設けて，重要事項を変更できる遊びの空間における振り返りと対話が更にたくさん必要になります。この場合の重要事項を変更できる遊びの空間は，物理的環境と社会的状況により成り立ちます。感覚的で，創造的な遊びが起こること，さらに活動的なエリアと穏やかなエリアが存在すること，これらの両条件を備えた環境を保障できるプレスクールに私たちは注目しています。

　感情のトーンは，子どもの頃の自然体験といった非常に私的な過去の経験な

第3章 ■■ 子どもと自然

どからも引き起こされますが，ほとんどの場合ポジティブな要素である生得的な反射のような，より普遍的なものによっても引き起こされるのです。感情のトーンがどのように引き起こされるのかは，周りの環境からどのような脅威と要求を私たちが受け取るかによって大きく左右されます。

医学博士でもあり，心理学者でもあるハーロルド・シーレス（Harold Searles）は，子どもは，まず，石のような生命のない対象との簡単な関係を築き，徐々に，植物，動物，他の人間といったより複雑な関係を築いていく，と主張します。自然は，その明確さと安定性において，人間関係と同じ重みと深い意味があります。子どもは，自然の中で，言葉にはないものを介して，自分の能力と限界を知識として持ったり経験したりすることができます。しかも，自分を緊張から解放し，周りの人に向けられない感情を吐き出す機会を得るのです。だからこそ人は，悲しいとき，危機的状況に陥っているとき，これらのシンプルで，多くを求めない関係を再び探し求めるのです。シーレスは，自然が意識と無意識の間をつなぐ働きをすると考えます。自然こそ，不安や痛みを軽減し，現実のより良い認識，より大きな寛容と理解を与え，そして自己知覚を支えるのです（Searles, 1960; Andersson & Olsson, 1982; Ottosson, 1997）。

コミュニケーションは，石，植物，そして動物と行うほうが，人間よりも簡単に行える，とシーレスは述べます。このコミュニケーションは，異なるタイプの要求をどのように感情的に処理できるかに大きく左右されます。コミュニケーションの対象としての石は，最もシンプル，無害，そして安心できるものとして知覚され，その対極には人間が存在します。石は嘘をつくことも，人をだますことも裏切ることも，そして逃げることもありません。犬は逃げることはあっても，人を傷つけたり，皮肉をいったり，他人に罪を擦り付けたりはしません。人は，石に裏切られることもなく，怒りをぶつけたり，殴ったり，それに向かって叫んだりすることができます。石はただそこに存在し，その人が怒ったり，悲しんだり，醜かろうが太っていようが，その全てを許すのです。犬もまた同じです。一方，人，特に父親や母親，親友といった人々は，全てをより複雑なものにします。自分の感情を処理し，自己を再構築するために，様々なレベルでのコミュニケーションを容認してくれるのが自然や庭なのです（Grahn, 1991, 1994; Ottosson, 1997; Searles, 1960）。子どもが悲しんで動揺

しているとき、皆が自分を裏切っても、自然だけはそこにいてくれると感じることができます。石も海も変わることなくそこに存在するのです。多くの人が、このような心地良さを普段から感じていることこそ重要なのです（Ottosson, 1997）。

物事の進む速さについていけず，ストレスを感じるとき

　大人と同じように，子どももすべきことが多すぎて，考えられなくなり，休息を必要とすることもあります。さらに，子どもはその成長過程において，危機的状況に遭遇することもあります。その際には，子どもは強さを回復し，彼らのやる気を取り戻すための手助けを必要としています。

　私たちは，1秒間に約1,100万の神経インパルスを通じて，周りの環境についての情報を感覚として得ています（Nörretranders, 1993）。この膨大な情報は，その先の脊髄での情報を介して，脳幹に入ります。この脳の部位は非常に古いもので，生命の進化の段階において，脊椎動物の発生以降存在し続けています。そこでは，渇きや飢えなどの，私たちの本能をつかさどっています。重要なこととして，膨大な情報は脳幹網様体において分類され，削られます。脳幹の周りには大脳辺縁系があります。それは進化において，脳幹より後に発達した，いくらか「モダン」な部分です。そこには情動の中心となる扁桃体があります。これらの脳内の2つの部分は，血圧，心拍数，胃腸の機能などといった自律システムを統括しています（Atkinson et al., 1996; LeDoux, 1998）。

　なぜそれが今，重要なのでしょうか。それは，これらの古くからある中心部位は，全体的に反射によって，私たちの行動の多くを制御するからです。私たちは，環境の変化に対して，無意識に，それでいて強制的かつ迅速に反応し，そこからほんの数秒後に意識や知性の高次機能に接続されます。つまり，私たちの周りで起こる大部分の事柄が，一種の「自動操縦」によって無意識に処理されるのです。この自動操縦は「危険」「安全」といった情動を誘発するメッセージとして私たちの周りの環境を解釈します。ローゲル・ウルリック（Roger Ulrich）は手術を受けた患者が，どれだけ早く病院から退院できるかについての研究をアメリカで行いました（Ulrich, 1984）。彼は10年間さかのぼって記録を調べ，その後，明るい，水のある開放的な公園を眺められる状態にあった

患者はレンガの壁だけを眺めることができた患者よりも早く退院できたということを発見しました。レンガの壁は，危険なメッセージを取り去ることができなかったのに対し，明るく，水のある開放的な公園は情動と安心感を誘発した，と調査の結果を解釈しました。こうした素早く，かなり無意識な感情は，私たちの自律神経全体に影響を及ぼします。胃は落ち着いた状態になり，血圧や心拍数もそれに従い，さらに多くのストレスホルモン量が減少するのです。この初期の研究は，多くの追試がなされ，同様の結果が確認されています（Ulrich, 2001）。

脳についての話を進めましょう。先に挙げた1,100万の神経インパルスのうち，1秒間につき多くの情報が出現し，分類され，さらに最終的には前頭葉で認知的な処理が行われます。どれだけ多くの情報が先に進むかは，環境がどのような状態であるか，即ち攻撃的な情報で雑然としているか，そうでないかといった状況次第です。攻撃的な情報とは，例えば，泣いている人間，身内の病気，危険や罰，さらには鳴り続ける電話，請求書の山といった「最も重要な情報は私である。最初に私を選びなさい」とのサインを発する全てのものです。脳内には，指向性注意システム（Directed Attention System: DAS）という，これらの少し手のかかる情報を分類するシステムがあります（Kaplan, 1991）。このインパルスは視床および海馬を経由して前頭葉で分類されます。これらは1秒間につき最高で約15インプレッションしか扱うことができず，したがって情報は厳しく優先順位を付けられ，分類されることが必須となります。私たちがどれだけ**注意を集中**しているか，即ち目標への集中力によって，分類の結果は違ってきます（Kaplan, 1991; Kaplan & Kaplan, 1989; Stigsdotter, 2005）。

この目標への集中力は，私たちの制御された論理的な意識の一部で，限られた容量と持続性を特徴としています。このタイプの集中力は，3つの機能を実行することが可能です。その機能とは，特定情報の記憶機能，騒音，痛み，興奮，悲しみといった情報を弱める抑制機能，そして最終的な情報を処理する実行機能です。最後に挙げた実行機能は，日常の活動を計画し，それに優先順位を付けて，実行することです（Kaplan & Kaplan, 1989; LeDoux, 1998）。目標への集中力によって，取り込まれるインプレッションのうち，ほんのわずかなものだけが選択される可能性が高まり，結果的に処理されます。しかしながら，

その注意システムは比較的短時間で疲弊してしまうのです。私たちは仕事や車を運転する際などに，この目標への集中力を利用します。仕事関係，個人の経済状況，家族関係，自分や周りの人の病気など，様々な場面に当てはまる新旧の問題を処理するために，この注意システムが用いられるのです。この場合における目標への集中力の主な働きは，入ってくる様々なインプレッションを分類し，それに優先順位を付けることです。先に挙げた，危機，脅迫，いじめ，迷惑行為，紛争といった攻撃的な情報は特に骨の折れるものです。ある時期に，そのような圧力を受けながら生きていると，このシステムがバックグラウンド処理に入ってしまうことが簡単に起こりえます。目標への集中力が過負荷な状態になると，様々なことが起こります。人はイライラし，疲れ，決断を下すことが難しくなり，さらには決めたことであっても実行できなくなったり，同僚とすぐ対立したり，傷つきやすくなったり，そしてうつになってしまったりします（Kaplan, 1991）。非常に困難な情報に曝された子どもは，不安になりやすく，集中するのが難しくなるのです。

　周りの環境は他のシステムによっても記録されます。それは**自発的注意**という異なる種類のシステムです。取り込まれるインプレッションは，私たちの古い脳の部分に結び付けられていて，分類，比較，優先順位を付けられることはありません。つまり，目標への集中力のように，多くのエネルギーや力を必要としないのです。この自発的注意とは，例えば，灯台が光っている，ねずみが木の葉の間をカサカサ音を立てて動く，スイカズラが香る，といったことにに気づくことです。疲れ切って集中するのに困難を感じている人にとって有用な好奇心や魅力，興味といったものに，この注意はつながります。また，この自発的注意は先に挙げた創造的遊びにおいても重要なものです。カプラン（Kaplan）博士は，人は元々，自然の中で生活し，自分のエネルギーを倹約するように作られている，と述べます。人が都市に滞在するとき，主に目標への集中力のために負荷がかかり，その集中力は非常に多くのエネルギーを必要とします。それに対して，自然の中においては，自発的注意が主に用いられ，目標への集中力はゆっくり休んで回復することができる，と彼は主張します（Grahn, 1992; Kaplan, 1991; Ottosson, 1997）。

安心できる，わかりやすい基地，身を寄せ，そこに戻ることのできる日常の自然

　現代の多くの人々が，遺伝と環境によって，人の発達や人を取り巻く環境への好みが影響されることを理解しているにもかかわらず，未だに氏と育ちのどちらが大切か，それぞれの主張の対立がみられます。ウィルソン（Wilson），ウルリック（Ulrich），そしてコス（Coss）は，その理論において，人は何百万年もの間にわたって，似たような環境で生活してきたため，通常，牧草地，公園，または庭というものは安心できると述べています。恐らく，人には生まれつきのレディネスが存在して，明るく，緑があり，水や大きな樹冠のある環境で安心感を得ることができるのです。

　それと同時に，子どもが素早く物事を習得し，様々なシチュエーションや，環境に自分を適応させる能力をもっているのも当然のこととされています。私たちの研究の結果は，感覚経験と感情が周りの環境と対話する際の中心になること，さらに本物の認知の対話が行われること，最終的に素早く正確に決定を進めることを示唆しています（Grahn & Bengtsson, 2005）。それは，私たち皆が依存している感情のトーンを介しての対話であり，私たちの思考と決定全てに影響するものです（Grahn, 1991; Goleman, 1995; Grahn, 2005b; Ottosson & Grahn, 2006）。ギブソン（Gibson），シールス（Searles），ボウルビィ（Bowlby），そしてステーン（Stern）たちの理論と同様に，これらの理論は，感情のトーンと重要事項を変更できる遊びの空間を研究する私たちのグループによって開発しました。また，それら理論は，子どもの経験について異なったアプローチをとります。子どもがどのようにして，信用できるもの，できないもの，普遍的なもの，そうでないものを学ぶのか。子どもはどうやって，複雑な環境や社会的背景について学ぶのか。いくつかの自然エリアや庭は，子どもが自分と関係づけられる安全な遊びの環境として機能するでしょう。その場合，これらの地域が様々な可能性に満ちており，様々な感情を呼び覚ますことのできる場所として機能し，ゆとりを認めることは重要です。例えば，あるプレスクールの園庭が先に挙げた7つの主要な性格を備えていれば，上記の条件を満たせるでしょう。

4. 一息ついて立ち止まるとき，私たちは時間を無駄にしているわけではありません

　むしろそのような時にこそ，人は時間の中に今そこに存在し，自然の中に美しさを見出し，色を楽しみ，小川のせせらぎを聴き，土や植物のにおいを嗅ぎ，ベリーや水を味わい，その瞬間に影響される，つまりそのときを経験するのです。人が自分の存在を感じる，これらの感性的な瞬間は，回復と成長のときなのです。現代の子どもたちにこのような経験をする時間が存在するでしょうか。

　私たちの研究で，プレスクールの園庭は，自然豊かで，多くの主要な性格（主に，空間，安らぎ，多様性，野生，共有，隠れ家，文化，一体感）を経験できる場所であることがわかりました。さらに，この自然と主要な性格が，遊びの基地やホットスポットと共に，感覚的な遊びに適した場所もあれば，内容豊富なゆとりのある遊びに適した場所もあるといったように，プレスクールの園庭全体にうまく配置されていれば，子どもの遊びはパワフルでありながらも，多様で落ち着いたものとなります。これらの特質を欠くプレスクールの園庭との差は大きく，統計学的にも有意です。24のプレスクールの園庭と，400人以上の子どもを対象とした3つの研究プロジェクトの実施によって，私たちはそれを証明しました。

　その違いは，運動能力，身体活動，日光暴露，そして集中力に現れます。集中力の変数のうちの1つである園庭でのけんかについても扱いました。自然豊かな園庭は，社会性の点で「健康的」であると，私たちの研究結果をまとめることができます。自然豊かな園庭は，恐らく，肥満児や皮膚がんの減少，より運動能力や集中力の高い子どもの増加につながるのです。また，研究結果を要約すれば自然豊かな園庭は教育資源であるともいえます。必要な休憩が与えられ，休み時間に邪魔されることなく遊ぶことができると，子どもの集中力は高まります。自然豊かな園庭で遊ぶことができると，子どもたちはより良く知識を獲得し，統合するようになるのです。

　自然豊かな園庭は，様々なタイプの実用性をもたらします。自然，公園そして園庭は，安定に向かうだけでなく，多くのメッセージを含んでいるように思えます。その意味で，このような環境は，たゆまぬ変化が見られるにもかかわ

らず，安心感を与えるのです。そして，この安心感ゆえに，重要事項を変更できる遊びの空間を通じての相互作用的対話を発展させる条件が整います。この前提条件は，子どもに対話をもたらす感情のトーンがあることです。園庭，公園そして自然は自由度が高く，子どもを評価の対象として捉え切れないものであると同時に，本物であり続けることによって，安心感を生み出すことができるはずです。子どもがこの現実に向かい合い，その受容の仕方を学べば，恐らく，それは彼らの人生における糧となるでしょう。しかもこの学びは，乳幼児期からの身体的，感覚的な経験を通して起こるのです。

　作業療法士のイヴォンヌ・ヴェステベリィは，サバッツベリィ病院に入院している老婦人について話してくれました。この老婦人は認知症を患っており，混乱とうつの状態の中，何ヶ月も話すことがないままでした。しかし彼女は「感覚の庭」を創り上げるために，外に出て庭を訪れることには興味を示したそうです。そこで彼女は最近配置されたばかりのコケのついた石に注意深く手を置き「ロンネビィ！」と叫んだのです。それは，彼女の生まれ育った場所の名前で，そのコケのついた石は彼女にロンネビィの感覚を与え，そのことで彼女の人生の重要な部分が呼び起こされたのです。アルナルプの都市コンサルタントのヨーアン・オットソンは，自転車で通勤中に交通事故に遭って頭部外傷を負い，オールプ病院での長期にわたるリハビリを余儀なくされました。少し歩けるようになってきた頃，彼は自然に触れたいという強い要求に駆られ，病院から少し離れたところまで散歩をしたのだそうです。ある暖かい春の日，大きな平たい石まで歩き，その上に身を横たえて石からの暖かさと土のにおいを感じたときのことを，彼は口にしました。ある不思議な感覚が彼を襲い，彼はその感覚を子ども時代からのメッセージのようだったと述べました。そこではにおいと感覚を抽象化することは難しく，一瞬の陶酔，何かと一体になる感覚，幸福感などを直接感じることができたのだそうです。人が自分自身の子ども時代から導き出されたこれらの瞬間は，お金に換えられぬ，計り知れない価値があるのです。

　時々，今日まで保存されたランドスケープの一部が花で飾られたデロス島にも似て，周りの全てから隔離されているかのようなことが起こり，私の空想の

世界を漂っている。それが，どの国のどの時代から来ているのか，もしくはどの夢から取り込んだものなのか，私にははっきりとわからない。しかしその発信元が，精神世界が作られた場所，私が自分でいられる場所なのだ。私はその空想の世界を散策している間，そこに存在する物事や人間を信じた。まるで空想の世界の物事や人間が私にわかるように教えてくれたのだ。だから，それらは，私が未だに真剣に受け止め，私にある種の喜びを常に与える唯一のものだ。その作り上げられた信仰が私の中で涸れてしまったり，もしくは記憶の中にしか存在しなくなったとしても，私が今始めて目にする目の前の花は，現実の花として私の前には存在しない。ライラック，サンザシの生垣，ヤグルマギク，ポピーやリンゴの木。流れる水，オタマジャクシ，ハス，そしてキンポウゲ。それらは，私がそこに生きたいと望むランドスケープのしっかりと固まったイメージである。そのランドスケープは，まずは，川でボートがこげて，魚釣りができる場所でなくてはならない。ゴシック様式の要塞を訪れたり，穀物の畑の真ん中に，記念碑的で，素朴な，ライ麦黄色のサンタンドレ・デ・シャン教会を発見できる場所。今でも，私が旅先のランドスケープで出会う，ヤグルマギク，サンザシの生垣，そしてリンゴの木は，直ぐに私の心へとつながる。なぜならば，それらは，私の過去と同じ深さ，同じ表面上に位置しているからだ。

(Proust, 1979, band 1, s.180-181)

第4章

成長過程にある個人
―― 子どもの健康

ニーナ・ネルソン

健康は薬局の薬では買えず
外科医のメスで救えるものでもない
健康は病気にかかっていないということだけではなく
生活の豊かさのための戦いでもあるのだ

ピエット・ヘイン（Piet Hein）

　健康の価値づけと定義は，多くの場合において病気にかかっていないこととされています。現代社会において，人生の質と健康をさらに改善しようとすれば，健康に対する他の測定尺度，即ち私たちがどのようにして不健康と病気の進行のリスクを軽減するかに関連した測定尺度が必要です。

　健康増進において重要なアプローチは，危険因子に注目するだけではなく，健康因子を強化することです。この視点は，アーロン・アントノフスキー（Aaron Antonovsky）のストレス対処力（Sense of Coherence: SOC）についての理論研究などに基づいています。このSOCは，子ども時代からそれ以降の人生において，理解できるもの，扱えるもの，そして意味のあるものとして経験されます（Antonovsky, 1991, 1994）。

　子どもと若者の福祉と健康は，大人の健康と同じほどには関心を寄せられていません。スウェーデンにおいても，福祉を査定する際に，子どもを除外することが長い間続いています（Jakobsson & Köhler, 1991）。子どもは人口の20％以上を占めること，政治的な力をもたない脆弱なグループであること，将来の精神的かつ身体的健康は子ども時代に基礎が確立されること，そして，スウェーデンが国連の子どもの発達の権利と到達可能な最高水準の健康に関する条

約に批准したことからも，子どもの発達と健康に関する権利はむしろ優先されるべきなのです。

前世紀の初めにおいては，感染症と栄養失調が子どもの病気の大半を占めました。現代の西洋における最大の脅威は栄養不足ではなく，むしろその反対の肥満の増加です。糖尿病や肥満といった病気は，成長過程にある個人において増加傾向にある健康上の問題です（Dahlquist & Mustonen, 2000）。過体重および肥満は，子ども時代から大人にかけての，一連の心身の健康ストレスに関連づけられます。これらの例としては，糖尿病，循環器疾患，関節炎，そして生活の質の低下などが挙げられます（SBU, 2002）。心理社会的な問題の発生も増加しています。子どものいる家庭において子どものために使える収入と時間が増加したにもかかわらず，子どもと若者の間で，心身症，自尊感情の低下やいじめといった問題は増加しています（Köhler & Berntsson, 2002）。精神的，行動上の問題に取り組む際には，予防に力を入れるのが最も効果的な方法であることは多くの人の意見が一致するところです。そしてこの予防は，家庭，プレスクール，そして学校といった身近な環境において行われることがもっとも望ましいのです（Bremberg, 1998; Hwang & Wickberg, 2001; Lagerberg, 2002）。子どもが大人になるまでの健康的な発達は，周りの社会が子どもの自尊心，信頼感，そして生活におけるバランスをサポートすることを前提条件とします。子どもが健康な成人になれるかどうかは社会的背景に依存します。子どもの興味や価値観がどの程度，外部環境で考慮されたかが，その子どもの健康状態に影響を与えるのです。この点に関して，学校は子どもの日常的な環境を構成し，その環境は彼らの心身の健康増進や身体の発達にとって重要な要因となります。学校生活の環境は，実践的知識の学習に加えて，社会的スキルや心身のウェルビーイング[1]に関して自律性をサポートする教育に注目すべきなのです。

---

[1] ウェルビーイングとは，健康で安心なこと，満足できる生活状態や幸福な状態を指す。

第4章 ■ 成長過程にある個人──子どもの健康

良いストレスと悪いストレス

　ストレスは様々な状況で用いられる言葉で，ネガティブな響きでよく使われます。ストレスの効果は多くの様々な要因に左右され，その人の人格，ストレスの実際の原因，そして周囲の条件などはそれらの要因の一部です。どのようなときにストレスが有害で，どのようにしてその有害なストレスに対処するかを理解するためには，いくつかの基本的な定義との関係を明確にすることが有効でしょう。ラザルス（Lazarus）とフォルクマン（Folkman）によると，ストレスは個人と周りとの関係によって条件づけられます。人は，ある出来事の中で要求されるものが自分の能力を超えていて，自分のウェルビーイングが脅かされると評価した場合，それはストレスを生むものとなります。この潜在的なストレスを生み出す状況の評価は，「コーピング（coping）」というプロセスを稼動させます。コーピングのプロセスは，ストレスの対処を目的とし，個人と周りとの間の乱れたバランスを修復するためのものです（Lazarus, 1984; Folkman, 1984）。ストレスは，生理学的または心理学的な，個人のプライバシーに対して実際に知覚された脅威とも定義することが可能で，その脅威によ

図4.1　エドヴァルド・ムンク「叫び」1893年

って生理学的そして／もしくは行動的反応がもたらされるのです（McEwen, 2002）。生休臨床医学の分野でのストレスは，しばしば，体内のストレスホルモンを分泌し，増加させるような状況を扱います（McEwen, 2001）。私たちの祖先にとっては，このようなストレスホルモンを分泌する能力は生存のために欠かすことの出来ないものでした。この能力のおかげで，人は野生動物などの危険から身を守り，家族が食べていくための獲物を獲ることができたのです。

それでは，現代人のストレスの引き金になり，いわゆるストレッサーとみなされる作用因もしくは状況はどのようなものでしょうか。西洋において，私たちはもはや，野生動物による脅威や生活の糧を取り合う衝動脅迫などにさらされる可能性はありません。それよりも，私たちはバスや地下鉄に乗り遅れないように走ったり，スピーチをしなければならなかったり，伝染病にかかったり，テロにあったり，家のローンの心配をしたりする可能性の方が高いのです（Sapolsky, 2003; Smyth, 1998）。現実の脅威と恐れの両者，あるいは脅威を想像することはストレッサーを生み出します。ストレッサーのいくつかの例としては，怪我，苦痛，激しい運動，または恐れといったものが挙げられます。また，人生の中で大切なものの喪失[2]もストレスを引き起こすことになります。何事かがストレスであると感じるかどうかは，ストレス状況において，個人のストレッサーに対する知覚と，その個人がどれだけうまくストレス状況のバランスを取れるかによるのです（Lazarus, 1984）。

では，ストレスが有害になるのはどのようなときでしょうか。一般的に，ストレス反応の引き金になったものが消えると，私たちのストレスホルモンも普段の水準に戻ります。しかし，そうならずにストレスの引き金となるものが消えずに残り，私たちの生理的反応やホルモン反応が長く続く場合，そこにはストレスに関連した問題が起こります（McEwen, 2003; Sapolsky, 2003）。ストレスは多種多様な病気の進行に大きく関わっています。いわゆるストレス・コーピングのメカニズムが働いても日常のストレスに対処できない場合，胃潰瘍，高血圧，または糖尿病といった病気を引き起こす可能性があります（Cooper, 2003; McEwen, 2002; Sapolsky, 2003）。

---

[2] 人生の中で大切なものの喪失は，対象喪失といわれ，愛するものの死など自己の心の拠り所であるものの喪失によってストレスが起こる。

第4章 ■ 成長過程にある個人――子どもの健康

 ## どのようにしてストレスから病気になるのか

　ストレスとして知覚されるものに対する身体的反応の目的は，現実であろうが想像上の世界であろうが，個人が脅威に感じるものに対してエネルギーを注ぐことです。私たちがバスに向かって駆け込むとき，もしくは上司と給料交渉のミーティングをする際に追加で必要とされるエネルギー供給を行うために，コルチゾールを中心とした様々なストレスホルモンによる一連の生理学的プロセスが始まります。そこでは何が起こっているのでしょうか。心臓はより速く脈打ち，血圧は上昇し，さらに皮膚や胃腸といった部分から，筋肉，心臓や脳へと血液は循環します。全ては私たちの反射によるものですが，少なくとも原始の人間においては生命を左右する戦いに備えるためにあったと考えられます。出血を伴う外傷を負った場合に，素早く出血を止めるために血液の凝固機能も向上することがわかっています。言い換えれば，循環器系への要求と負荷において非常に広範囲にわたる変化が起こるのです。さらにそれだけではなく，血糖値を上げることによって血液はよりエネルギッシュなものとなり，脂肪酸が利用できるようになります。短期的には，このストレス要因に対応できる能力は，身体的運動が期待される場合には極めて有効です。しかし，身体的運動が起こらず，注がれたエネルギーが使用されない場合には，私たちの体内バランスに負担をかけることになるのです。さらにこのようなことが頻繁に，そして／もしくは非常に長期に渡って起こると，私たちの代謝は慢性的にバランスを崩し，やがては肥満や糖尿病の進行につながります。このような状況は重大なリスクを伴うことになるのです（McEwen, 2001, 2002; Ekman & Arnertz, 2002）。

　さらに長期に渡るストレスは，私たちの精神的な健康と新しいことを学ぶ際のモチベーションや能力にも影響を与えます。コルチゾールのレベルが長期に渡って上昇したままの状態にあると，それは脳の特定の領域の破壊につながります。その特定の領域とは，記憶，学習，そして集中力に重要な意味をもつ海馬と呼ばれる部分です（McEwen, 2001; Lombroso & Sapolsky, 1998; Bremner, 1999）。睡眠と概日リズム[※3]といった機能はコルチゾールの上昇によって乱され，それが神経症やうつにつながるのです（Sapolsky, 1996, 2000,

2001; Schelin, Gado & Kraemer, 2003)。

　ストレスが免疫に与える影響について，完全に明らかにした研究はありません。しかしながら，多くの結果は，短期的で適度なストレスは免疫力を高める一方で，長期的かつ強烈なストレスは免疫システムの活動を低下させることを示しています。つまり，慢性的で頻繁に繰り返されるストレスは，種々多様な病気に対する抵抗力の低下を招くのです（Ader, Felten & Cohen, 2001; Cohen & Herbert, 1996; Sapolsky, 2003）。

成長と発達

　生まれたての子どもは完全な器官を有していますが，それらは大人がもつ器官とは異なります。つまり，子どもの全ての器官の機能はまだ完全に発達したものではありません。神経と筋肉の見かけと同じで，免疫システムは成熟するまでに何年もかかり，運動能力を反映する神経筋の仕組みも，うまくすれば子どもの頃から成人期にかけて完璧なものへと発達します。また，私たちの認知能力や思考は長い年月をかけて発達します。共感と社会的スキルも年月と共に変化しますが，残念ながら必ずしも好ましい方向に向かうとは限りません。はっきりしているのは，成長は私たちの体の器官全てに一様に起こるものではないことです。体型のバランスは変化します。粗大運動能力と微細運動能力の発達は同時に起こるものではなく，同じことは言語能力や抽象的思考能力にもいえるでしょう（Behrman, 2001）。

　年齢を重ねるにつれて，私たちは次第にスキルを失い，しかもそのようなスキルの喪失から逃れようと手一杯になります。しかしながら，新しい調査結果では，高齢者もいくつかの治癒に向かって，神経系の復元力または再構築力を有することが示されています（Widén, 1995）。脳が解剖学的かつ機能的に大規模な変更を受けるのは胎児期と幼児期で，その時期において最も顕著な脳の再生能力，可塑性が高齢者にも見られることに研究者たちは注目しているのです（Polin, Fox & Abman, 2003）。

🐾 3　概日（がいじつ）リズムとは，生体に本来備わっており，概ね1日を単位とする生命現象のリズムのことをいう。例えば，植物の葉の運動，動物の睡眠と覚醒など。サーカディアン・リズムともいわれる。

子ども時代の器官の発達を特徴づけるものは，分解と形成の同時プロセスです。体を動かすスポーツに取り組む人は誰でも，体を作るトレーニングが効果を発揮するには休養と回復が必要不可欠であることを知っています。スポーツの際に，回復期を取らないでトレーニングを重ねると，いわゆるオーバートレーニングの状態になり，筋肉の増強がなく破壊が進む状態になります（Nilsson, 1998; Carlstedt, 1995, 1997）。筋肉は破壊なしには発達しませんが，正しい回復期を取らない場合も発達しないのです。

　特に脳の発達は，適切な範囲で適切な条件の下で適切な程度の刺激を受けることが大切です。次にそれを説明します。

子どもは小さな大人ではなく，やがて大人になる存在

　加齢に伴う発達段階に関していえば，子どもの解剖学的，生理学的，そして心理学的条件は，成人の条件とは異なります。さらに，3歳児と13歳の子どもが異なっているように，全ての年齢にはそれぞれの特徴があり，子ども同士の違いは大人と子どもの違いと同程度に重要なのです。子どもに向かい合うためには，子ども一人ひとりの個性に応じた対応が求められるのに加えて，それぞれの年齢区分に応じたスキルが要求されることに配慮して子どもを扱うことが必要です（Piaget, 1982）。そして，このアプローチは大人に対しても有効です。

　現代においては，小さいなミスや過ちがネガティブで衝撃的な結果を導いたという，かなりたくさんの情報が存在します。発達にとって有害な要因はないと言い切れるほど，健全な発達を助長する要因はほとんどわかっていません。つまり，私たちは，健康要因よりも危険要因について，より多くの情報を有しているのです。

　若者は脳の発達のための刺激に敏感なだけではありません。一定の刺激がなければ脳の組織が発達しないことが，動物実験と子どもの研究の双方で示されています。このことは，例えば，脳の一部である視覚野は，その発達のためには最初の数ヶ月に視覚刺激を受ける必要があること，この刺激がなければ個体は盲目になってしまうことが明らかにされています（Magnusson, 2002; Wiesel, 1999; Hirsch & Spinelli, 1970）。子どもと親の初期における相互作用は，子どもが成長してからの自己，自信，それから社会的相互作用に重要な意味を

もっています(Mahler, Pine & Bergamon, 1975)。心理学者のハーロウ(Harlow)が1950年代の終わりに猿に対して行った研究は非常に有名です。小猿は、ミルクの入った哺乳瓶を据え付けられた鉄の人工代理母よりも、柔らかい素材で作られた哺乳瓶なしの人工代理母を好むということを彼は確認しました (Harlow & Zimmermann, 1959)。「人はミルクだけでは生きられない。愛情は哺乳瓶やスプーンで食べさせてもらう必要のない感情なのである」との彼の発言は後世に伝わりました。同じテーマで研究を続けたボウルビィ（Bowlby）とエインズワース（Ainsworth）もまた、安心感を与える乳幼児期のつながりの重要性を示しました (Bretherton, 1992; Ainsworth, 1974, 1979)。この安心感を与えるつながり、即ち愛着を受けなかった子どもは、ストレスホルモンであるコルチゾールが高い値を示し、愛着を受けた子どもに比べて、多くの行動的問題を起こしたのです (Nachmias, Gunnar, Mangelsdorf, Parritz & Buss, 1996; Erickson, Sroufe & Egeland, 1985; Shaw & Vondra, 1995; Renken, Egeland, Marvinney, Mangelsdorf & Sroufe, 1989; Munson, McMahon & Spieker, 2001)。

言い換えれば、環境状態に応じた安全、栄養、そして衛生に加えて、初期に与えられる安心できる結び付きは成長過程にある個人にとって望ましい欲求なのです。

健全な精神は健全な肉体に宿る─体と心の調和、動因としての発見の喜び

体と心はつながっていて、お互いに影響を及ぼします。多くの研究は、集中力、記憶容量、学習と行動において重要な役割を果たしている脳の組織を慢性的なストレスが変化させてしまうことを指摘しています。人の成長過程において、例えば、社会的剥奪や虐待は、ストレスホルモンであるコルチゾールの日々の分泌を永続的に変えてしまうことになりかねません (Anisman, Zaharia, Meaney & Merali, 1998; Carlson & Earls, 1997; Bugental, Martorell & Barraza, 2003; Kaufman, Plotsky, Nemeroff & Charney, 2000)。慢性的なストレスは、睡眠と覚醒の関係において有害で、記憶と集中力を低下させ、社会の中での人間関係に影響を与えます。最悪の場合、これらの変化は永続的になり、治したり、改善したりすることが非常に難しくなります。

では、人の成長過程において、そのような破壊的変化が起こるのを防ぐため

に，私たちには何ができるのでしょうか。ストレスが私たちの感情，思考，行動に影響を与えるように，私たちの感情，思考，行動はストレス状況への対処の仕方に影響を及ぼす可能性があります。つまり，心理的な要因はストレス反応に影響を及ぼすといえるでしょう（Cicchetti & Walker, 2001）。

　私たちは，感情，思考，そして行動を正しく用いることによって，日常的なストレスや緊張を感じる状況や要因に対処することができます。しかし，欲求不満と無力感は私たちのストレス耐性を弱め，結果として私たちは敗北感を抱くことになります。一方で，人が自分の世界の勝利者となった場合，状況をコントロールできていると感じるのです（Houston, 1972; Folkow, 1988; Mörelius, Lund & Nelson, 2002）。統制感があると，ストレスホルモンのコルチゾールが低い値になるという研究結果も出ています（Lundberg & Frankenhaeuser, 1978; Hyyppa, 1987; Mörelius, Theodorsson & Nelson, 2005）。慢性的なストレス状態に陥る危険を減らすために，もしくは少なくとも発達を妨げる危険を避けるために，統制感をサポートする方法があります。この方法は，血流と筋肉の中でコルチゾールを送り出して，ストレスとなるエネルギーを転換することができるのです。さらに，この統制感を他の気持ち良くて楽しいものと組み合わせることができれば，ホルモンのバランスを保ち，頭痛，胃痛といった心身症や，関節や筋肉の痛みの範囲を軽減できるチャンスは高まります。

健康要因としての学校

　学校では教師が子どもたちに勉強を教えています。学校は，ストレス関連の病気を学ぶためにどのような役割を果たしているでしょうか。
　従業員のウェルビーイングに影響を与える要因は，人間性だけでなく，経済的価値の点でも重要であることが会社と団体組織においてよく知られていることです。学校という世界が，次第に複雑な社会になっているために問題への対応が難しくなっていることも周知の事実です。学校におけるストレスは，病気休暇や代替教員の配置にかかる経済的コストと，授業の継続性の損失につながります（Ritvanen, Laitinen & Hänninen, 2004; Statistiska Centralbyrån, 2004）。

学校現場における教師の主な仕事は授業です。今の教師は，その授業を犠牲にし，規律の問題や心理社会的問題を扱う割合が多くを占めるようになっています。教室をある種の戦場と見るべきでしょうか，それとも探索に値する刺激的な世界を提供する場と捉えるべきでしょうか。私たちは，具体的に，どのような学習方法を取り入れれば，健康的な発達を保障することができるのでしょうか。

いくつかの配慮すべき重要な要因が挙げられます。

・子どもを中心に据える：対象者であって，対象物ではない。
・統制感を強化する。
・身体活動の割合を増やす。
・学習のプロセスにおいて多種多様な感覚を積極的に呼び覚ます。
・共同作業を推奨する。

健康サービスとしてのアウトドア教育

　脳は快楽を求めています。したがって面白いと感じている場合には，物事を難なく学ぶことができます。例えば，小さな子どもは歩いたり，話したりすることを学ぶために学校に行く必要はありません。子どもは他の人と一緒に学び，お互いに影響を与えようとする内発的動機をもっているのです。乳児は，主に口，味，そしてにおいによって自分の周りの環境を発見するようになり，成長した子どもは身体活動が次第に活発になっていきます。そこでは，子どもは自分の身体と，周りの世界との接触から生み出される感情とその印象によって対話的な学習を行います。多様な感覚と脳の様々な組織が関係することにより，記憶痕跡はより活発に形成され，活性化されるのです。

　運動することは楽しみで，身体的な交流は自己肯定につながります。特に，運動というのは伝統的な授業運営では真価を発揮できない子ども，即ち，落ち着きのなさを抱えた子どもや，他のクラスの仲間との対人関係において不信感を抱いている子どもにとって重要です。アウトドア教育における授業では，言語や，じっと座って言われたことや書かれたことを受け取る能力以外のスキル

も，評価され，活性化され，利用されます。その結果，アウトドアに身を置き，身体的な活動をすることが学校評価に好影響を与えるのです（Ericsson, 2003）。さらに，定期的な身体活動はストレスを減少させ，免疫システムに好影響を与えます。このことは長期欠席が問題になる学校においては有効でしょう（Ader, 2001）。それに加え，身体活動がアルツハイマーの発病リスクを低下させることは，少なくとも教師の側において利点となり，場合によっては生徒たちもその恩恵を受けるかもしれません（Marx, 2005）。自然の中での活動は職務への満足感を高め（Kaplan & Kaplan, 1994），しかも学校や社会の提供する「学習権」に対する満足感を取り戻すために必要で，スウェーデンの学校において取り戻すべき事柄なのです。アウトドアにおけるリーダーシップについて行われた典型的な研究では，ストレスの低下，トラブルの減少，参加者間のコミュニケーションの改善などに特徴づけられる集団形成の改善が示されました（Evans & Egnew, 1998）。

　学校システムと教育の理念は，はるか昔から変化の対象でした。学校と教育に対する新しい教育観は社会における労働力の必要性から何度も現れてきましたが，一方で民主主義についての知識にも関連づけられてきました。現代の学校は伝統的な教育学が扱ってきた問題とは異なる弱者グループと学校問題を抱えています。私たちは独立した個人として子どもを扱い，その子どもに多面的な方法で学習の機会を与える必要があるのです。同時に，教師と子どもには，学校における健康要因と，非常にストレスに満ちた社会の与える危険要因とのバランスをとる権利があります。ストレスに起因する病気，身体活動とアウトドアの好影響について知り，1つの健康的な選択肢としてアウトドア教育を提案できることは，建設的で当然のことのように感じられるのです。

第5章

子どもに不思議を感じさせる
トリックとは

ステファン・エドマン

 成功を収める教育の全てはここから始まります！

　あなたは休む間もなく常に移動を続ける状況を考えたことがありますか。私たちは秒速30キロメートルの速度でどこか遠くへと移動しながら，テレビの前でソファーにじっと座っているのです。あなたがこの章を読み終える頃には，私たちはおよそ30万キロメートルも移動することができるのです。

　もちろん，この移動は私たちの青と緑の宇宙船地球号を使って太陽の周りを旅行することです。別の言葉にすると，聖フランチェスコによる柔らかな呼び名，母なる大地と言えば良いでしょうか。私たち人類が誕生するはるか以前，45億年前に地球の旅が始まったのです。ホモ・サピエンスはこの生命に満ちた箱舟に最後になって乗り込みました。私たちの同乗者は，恐らく500万種にも及ぶ昆虫，哺乳類，それから鳥類などの生命体です。

　他にも太陽は，私たちの属する銀河系内に存在する約2,000億あるといわれる恒星，もしくは星の1つであるとわかれば，その事実は極めて驚異的に感じられます。私たち自身は，天の川の中心から3万光年離れた辺境の地にいます。もし私たちが天の川の中心まで光の速さで往復した場合，6万年かかる旅となるのです。私たちがそのような旅から戻ってきたときには，恐らくヨーロッパは新しい氷河に覆われ，今ある都市やあらゆるものは消え去ってしまっていることでしょう。しかし一方で，アインシュタインによれば，旅をしてきた私たちは出発時と変わらぬ若さを保っているはずなのです。

　このようなことを考えると，ため息が出ます。人は自分が非常に小さく，取

るに足らないものだと感じられてしまうのです。

　それでも私やあなたは，この古代からつながる大きな織物の中のユニークな糸なのです。自分の頬に触れてみてください。そのときあなたは星屑に手が触れています。というのも，私たちの体内にある原子は，何十億年もの昔には灼熱の中で，しかし今では冷えきった星々で誕生したからです。血液の中の鉄分，皮膚に存在する炭素，甲状腺内のヨウ素，そして歯にあるカルシウム。それらの全ては，私たちの体内に入り込む前に，シロナガスクジラやハチドリ，ココナッツ椰子，または恐竜といった他の生物の構成要素として挿入されたのです。そして，それらの物質は今，短期間だけ貸し出された形で私たちの体内に存在し，そのうちまた自然サイクルの渦に戻っていくのです。

　私たちの住む惑星の50億年にわたる歴史をノルウェーの北部の町ナルビック（Narvik）から，スウェーデン南部のルンド（Lund）までの2,000キロメートルにわたる列車の旅に例えてみましょう。列車が出発地のナルビックを滑り出すときに，地球が光と熱から誕生するとします。ちょうど中間地点のオンゲ（Ånge）あたりで，海に藻類や動物を垣間見ることができ，到着地から240キロメートル離れたところで生命は陸上に上がり，エスロヴ（Eslöv）で爬虫類が誕生します。残りわずか1キロメートルになっても，私たち自身の種であるホモ・サピエンスは姿を現しません。ホームまであと50メートルを残すだけとなって，ようやく最初の人類が出現するのです。そして電車が止まるわずか1メートル手前で，キリストが世界に誕生し，そこから私たちが歴史と呼ぶものが続きます。バイキング時代，中世，フランス革命，航空機，ラジオにテレビ，世界大戦，プラスチックに宇宙探査，情報技術，それら全てが最後の1メートルの中に収まってしまうのです。

　あなたがもし40歳だとすると，あなたの人生は，ルンド中央駅に電車が完全に停車する4センチメートル手前で始まったことになります。

　このように物事を捉えてみると，人生において絶対的真理に思える場合でも別の観点を得ることができます。

　しかし，私たちがほんの短時間しか存在していなかったとしても，宇宙と地球という巨大な本の中では，物質と自然の法則という章が与えられます。そこでは次のように記述されます。

第5章　子どもに不思議を感じさせるトリックとは

○庭のバラの植え込みから一握りの土を取り上げてみてください。掌ほどの土壌の中には，地球上に生存する人間の数，つまり50億ほどの生命体が存在します。それらは窒素を固定し，栄養素をサイクルの中で動かしていく良質な土壌細菌です。私たちが植物を栽培する土壌は，これらの目に見えない生き物たちによって作られ，1世紀で30〜40センチメートルの層になります。私たちの命は為替取引所からではなく，地中の薄暗い墓地から生まれるのです。

○一杯の彗星の水を飲んでみましょう。何を言っているのかと不思議に思うかもしれませんが，研究者による最新の理論では，海や湖，唾液や血液，そして私たちの60兆にわたる細胞の中にある水は，かつてハレー彗星のような氷の結晶だったのです。そのような彗星にあった氷の結晶は，若かった頃の地球と衝突した際に溶け出して地球の表面を覆ったのです。水分子H_2Oは，酸素と2つの水素原子とが104度の角度でつながれた，驚くほど美しい構造となっています。この「神聖な配列」は，土壌や河川，生命体の中の何千もの物質を分解し，運ぶという特異な性質を水に与えるのです。水が存在することで，海は惑星の自動温度調節器の役割を果たし，大地は生命にとって優しい気候になります。水は細い管を通って木の樹冠の隅々まで行き渡り，さらに浅い河口水域の地面が凍結するのも防ぐのです。聖フランチェスコ[1]のニックネームが「水のシスター」となったのも当然です。

○深呼吸をしてサルガッソ海[2]からの酸素を取り込んでみましょう。葉緑体が存在しなければ，私たちはため息すら吐くことができなかったのです。葉緑体は世界で最も重要な工場で，細胞あたり数十から数百程度，葉肉細胞に含まれます。その工場では太陽エネルギーによって，水と二酸化炭素から，糖分，タンパク質，ビタミン，そしてDNAを作り出し，緑の葉の中では「ゴミ」扱いされるものの，私たちにとっては最も重要な酸素を排出するのです。酸素は全ての生命，植物，そして動物のために必要不可欠な存在です。私たちは緑の生み出した酸素の中で生活し，活動し，存在します。また私たちの大

[1] 聖フランチェスコ（1181-1226）は，中世イタリアの聖人で，「イエスは規則などを愛せよとは言わなかった。人間を愛せよと言った。動物や鳥，木々や花，山や空を愛せよと言った」と唱えた。
[2] サルガッソ海（サルガッソー海）は，北大西洋の一部で，西インド諸島とアゾレス諸島の間に相当する。比較的静かな海で，風も弱く，帆船時代には「船の墓場」として恐れられた。サルガッソー藻の繁殖地であり，大西洋のウナギの故郷でもある。

脳は，考え，感じ，空想し，愛し，そして詩を詠むために毎分50ミリリットルの酸素を必要とします。つまり，私たちの体は，皮膚で外部と切り離されているのではなく，8,000メートル以上離れた海底の藻，あるいは芝生や公園の緑豊かなカシの木までつながっているのです。

○鏡を見てください。あなたの細胞の中には，40億年前に生まれた初期の生物に存在していた細胞から受け継がれた遺伝子が眠っているのです。あなたは母なる大地の子どもで，アメーバ，クラゲ，ワシ，ラン，イルカ，そしてセコイアといった全ての生命体と親戚関係にあります。生命の基本的な設計図は普遍的なA，C，T，そしてGという4つの染色体からなります。これらのアルファベットは，心筋，軟骨，神経，肝臓，そして腎臓といった様々な器官における細胞の製造工場に指令を出すのです。

○私たちの遺伝子の95.5％は，人間のいとこともいえるチンパンジーと同じ遺伝子です。それでも人間は他の生物とは大きく異なります。人間の特徴として，抽象的思考，複雑な言語と社会構造，科学，芸術と音楽，非常に発達した他者への理解などが挙げられます。大脳の構造と機能によって，私たちは他のどの種よりも大きな可能性が与えられているのです。世界を造り替えるのか，他人や自分のために破壊することを選ぶのか，それとも豊かな生活を創造するのか。倫理観が私たちの手に委ねられ，ミミズ，サルではなく，人間には道徳的責任が求められます。善悪を判断し，先の計画を立てて，それに従って行動に移す。私たちは特別な立場であり，偉大であり，そして時には不幸の元凶でもあるのです。私たちが正しい方向に進むために必要な最良の方位磁石は何でしょうか。それは恐らく「まわりの自然と人間が自分に対してこうあってほしいと思うことと同じことをそれらに与える」と考えることでしょう。

生きることへの意欲や好奇心，自然や生命の不思議の心を呼び覚ますこと。私たちの周りの生命，つまり人間，鳥，昆虫に尊敬を抱かせ，その結果としてそれら生命を大切にすることを促し，謙虚さの心にも通じる畏敬の念を子どもたちに抱かせること。これらは恐らく教育において最も根底にある目的といえるでしょう。

第5章　子どもに不思議を感じさせるトリックとは

アウトドア教育は，経験と学習にとって最も優れた形態です。仲間と一緒に学校の裏にある雑木林や公園，湖や海の浜辺，少し郊外にある農地を歩くこと。香しい土に鼻を近づけてそのにおいを嗅いだり，ゴツゴツした木の表面の感触を味わってみたり，色々な木や花の芽を探ってみたりすること。クロウタド

クロウタドリ

リ[※3]のさえずる木の下でゆったりすること。私たちの意外と近くで，私たちの周りのあらゆるところで，花がどのように栄養を得るのか，動物がどのように子を産むのか，織物に例えると，その大きな織物の中で，全ての糸がどのようにつながっているのか，といった様々な発見と推論ができるのです。

私がただ1つ貢献できることは，私自身が楽しんだり，驚いたりした物事について個別に書き綴ることです。私が長期に渡って行った数多くの小旅行の中で，若者と高齢者に試してみた散歩やプレゼンテーションを紹介します。これらの事例は教授的トレーニングとして作られたものではありませんが，科目の選択と「魅力的なこと」についてのアイデアを提供します。もしそれらがあなた個人と，あなたの目指す授業にちょうど当てはまると思えたときには，ぜひ自分に合うように変更を加えて実行してください。

● 不思議1　太陽─輝かしき無政府主義者

「太陽が消滅し，地球の生命が死に絶えるまであと何年残されているでしょうか」

スモーランド地方で行った講義の後で，1人の老婦人が不安そうな表情で質問して来ました。

「700万年でしたか」

「いいえ，10億年と言いました」

 3　クロウタドリ（黒歌鳥）とは，ツグミの一種。さえずりが美しく，林に住み，地上で小動物を捕食する。

「ああ，神よ。それなら私の望んだ通りだわ」

老婦人はにっこり笑って，軽い足取りで去って行きました。

人は簡単に大きな数字の不思議な世界に迷い込んでしまいます。例えば，巨大な太陽の大きさを耳にして，めまいを感じない人がいるでしょうか。

- 重量は地球の33万倍
- 直径約139万キロメートル，地球と月の距離の4倍
- 46億歳
- 中心温度1,600万度。同じ温度で，待ち針の頭ぐらいの大きさがあれば，120キロメートル離れていても人間を殺すことができる

ある闇夜の星空の中で最も光っている星と比較してみた場合，太陽は実際には大した明るさではありません。しかし，私たちの位置する天の川の周辺地域では，太陽は非常に強く，周りを支配します。さらに太陽と9つの惑星からなる太陽系では，99％もの物質が太陽自体に凝縮されています。

太陽エネルギーは，私たちの惑星の背後で起こるほとんど全てを動かすモーターのエネルギー源です。海上の波とその流れ，天気と風，気候，カシの木とミミズ，ヒナギクとイルカ，それから私たち自身の細胞。それら全ての生命のプロセスを背後で動かすのです。

心臓が鼓動し，脈打ちます。あなたは筋肉に庭の方向へ数歩進むように命令します。頬に停まったハエを追い払います。バラの植え込みの甘い香りを楽しみ，チャイブ[4]の刺激的な味を噛み締めます。そして脳の神経細胞－頭蓋骨の中にある世界によって，高揚感や期待といった感情が沸き起

チャイブ

🐾 4　チャイブは，ユリ科ネギ属の香草。ソース，サラダ，スープに添える。

こり，さらに子どもの頃の夏の思い出の記憶が生み出されます。簡潔に言えば，あなたは生きて，動いて，存在していますが，普段は物事がどうしてそのように機能するのかを深く考えはしないのです。

しかし，上で述べたことは，実際のところ，太陽から地球まで長い距離を旅して，私たちの体にまでやって来る，数え切れないほどのエネルギーのパッケージ，いわゆる「光子」と呼ばれる粒子なしには起こりえないことなのです。

光子が生まれる過程は次のとおりです。光子は太陽のかなり奥深くの中心核で生まれ，そこで宇宙における最も軽い物質である水素の4つの原子核がヘリウム原子の核に結合されます。ちなみに，ヘリウムとはギリシア語で太陽を表す言葉です。このとき，この結合は均等化することができず，わずかな物質が余ることになり，その余った物質は即時にエネルギーへと変化します。つまり光子という形になるのです。

光子は核から太陽の表面へと向かいますが，この光子の移動は高速を保っているにもかかわらず非常にゆっくりとしています。光子は周りを押し分けながら進まざるを得ず，絶えず荷電原子とぶつかり，次第に冷やされます。発生から17万年後（！），光子は太陽の表面から10万キロメートル下に位置する対流層にたどり着きます。そこで変化が起こり，光子のエネルギーは高温ガスの形で移動することになります。

やがて，光子は太陽の目に見える面である光球に到着します。この段階において，光子の温度は「たったの」6,000度まで大幅に冷え込んでしまっています。しかし，その先に光子のエネルギーが太陽の大気，いわゆる彩層とコロナと呼ばれる層を通過する際に温度は再び数百万度まで上昇するのです。

太陽はその表面から光子のエネルギーをあらゆる方向に向け，真っ暗な荒涼とした宇宙へと放出します。放出される光子の10億分の2はたったの8分で，地球に立つ私たちの場所までの1.5億キロメートルを突進するのです。

しかしながら，私の知る限りでは，太陽の性質は「二面性」があって，波動としても説明されます。それゆえに，私たちの惑星に継続的に流れ込むものが，紫外線と可視光線から熱放射と電波までを含む電磁波スペクトルです。波長，つまり波のピーク間の距離が電磁波の種類を決定します。

波長の短い「青」，そしてそれよりやや長い「赤」には，生命に対して特別

な意味があります。というのも，これらの電磁波は緑色の植物のクロロフィル分子に「ひっかかる」からです。そのエネルギーは，植物細胞のメカニズムによって，糖分と脂質が化学的に結び付いて貯蔵され，変換されます。分子はさらに食物連鎖を経て，やがては人間の組織にたどり着きます。そこで結合は切断され，太陽エネルギーは筋肉，肝臓，腎臓，そして大脳内の神経の流れなどを動かすために解放されます。

つまり太陽エネルギーは，私たちの体内に明らかに存在します。心臓は太陽の影響を受けて鼓動します。脳も同じです。私たちは太陽の力を得て物事を考えているので，その内容がそれほど暗いものになることは有り得ないでしょう。

太陽そのものは，地球上の生命にとって特別にやさしい気候であり続けています。私たちの惑星は何十億年にもわたって，自然の温室カバーを組み合わせて，水蒸気や二酸化炭素，その他の温室ガスで覆われてきました。

私たちの母なる星が黄色く若かった頃は，今よりも小さく，冷えていて，光の強さは現在の70％ほどしかありませんでした。時が経つにつれて，膨大な量の液体水素燃料はヘリウムへと融合されます。太陽はより熱く，より巨大になっています。そして太陽の成長は今もなお続き，その温度は上昇し続けています。さらに太陽の温度上昇の結果は，多くの地球上の水が蒸発させられることになり，やがて生命にとって純粋な悪夢になるでしょう。水がなければ，生命は存在し得ないのです。太陽の温度が頂点に達すると，太陽は現在の5,000倍の熱さになると予想されます。

幸いなことに最終的には水素は枯渇し，熱の生産は徐々に減少してゆき，やがて太陽は冷え，消滅します。しかし，滅び行く白色矮星の周りで，死滅した地球と他の惑星たちは長い間にわたって公転を続けるのです。そして，天の川に存在する他の多くの星たちも同じ運命をたどります。

しかし，太陽はまだまだ健在で，惑星の海洋，大陸，大気，そして植生などとの複雑な相互関係によって，気象と気候を今までと同じように保っています。時には気候が千年にわたる雪と氷河の世界，氷河期となり，それから10万年後には，ほとんど熱帯気候帯へと気候は変化するでしょう。

恐らく太陽がこの気候の変化というゲームの中では最も信頼できる相手のように思えるかもしれません。しかし，そうではないのです。太陽は他の星より

も熱いときもある「輝かしき無政府主義者」なのです。

不思議2　クロウタドリのさえずり―美しさの不思議

　数日前は春分の日でした。この北の国にも光が戻ってきて，そのうち暖かさもやって来ることでしょう。私自身は，森の中の広大な空き地にある古い木々の間を散策することで春の到来を祝いました。私はそれを「木の芽サファリ」と名づけています。お金をかけずにできる小旅行です。

　携帯電話や手帳が手元にないと，ゆったりとした気分になれます。菩提樹の明るい赤色の芽，トネリコの黒い芽，ポプラの尖った芽。ちょっと立ち止まっては，それらを撫でてみたりします。それらの中で一番のお気に入りは，マホガニーのような茶色のうろこ状の芽をしたブナであることは言うまでもありません。栗の木のベタベタした芽や，ナナカマドをつかむ「毛糸の手袋」も忘れてはいけません。

　これらの木々の全ては夏の間に生い茂って，緑に満ち溢れています。というのも，木の新芽の奥の方では，新しい葉がクシャクシャになって隠れていて，地球上に顔を出そうとして，自分たちの出番を待っているのです。葉に見られる毛や鋸歯のような形，それから様々な美しい模様は，はるか昔に前もってデザインされた形なのです。

　そうして，4月か5月のある日，1.5億キロメートル離れた太陽から8分かけて「待望の」光の波がやってきます。光のエネルギー粒子である光子はフィトクロム[5]を「くすぐり」ます。その光分子は，木の芽の中にわずか10億分の1〜2グラムほどしか存在しません。いくつかの光分子の原子に……アブラカダブラ！呪文を唱えると，精巧なホルモンの鍵が外れ，そのフィトクロムは新しいグループを作ります。木の芽は開き，葉は緑の太陽光パネルを展開するのです。

　詩的な気分でいるならば，「木の芽がその覆いを押し破るとき，もちろん痛みを伴うでしょう。そうでなければ，なぜ春はためらいがちにやって来るので

---

[5]　フィトクロムは，光受容性をもつ色素タンパク質。環境の光条件に応じた趣旨の形成，成長，開花，休眠などの諸機能の制御に関与する。

しょうか。」という，カーリン・ボイェ（Karin Boye）の古典である詩の一部を静かに口にしてみるのも良いでしょう。あるいは，私たちは時々，人間も木の芽のように自分自身を閉じ込めた状態にあることを思い浮かべるかもしれません。私たちの中には，まだ解放されていない，隠された，もしくは忘れ去られた可能性があるのです。それらの可能性は周りの人々からの光や暖かさや，アウトドアの春の美しさによって引き出されるでしょう。

たとえそのことを生化学の公式を使って「説明」できたとしても，木の芽の変化は科学上の奇跡です。

鳥のさえずりにも同じことはいえます。昨日，私は今年初めてのクロウタドリのさえずりを耳にしました。それは何度耳にしてもすばらしく，太陽が青みがかったオールスト（Orustbergen）の山並みの後ろに沈む間，私はじっとその音に耳を傾けていました。少なくとも，人間である私の耳には，クロウタドリが生きる喜び，憧れや悲しみを伝えているように聞こえます。しかし，その鳴き声が生物学的には闘争と生存に関係することも私は知っています。他のオス鳥が自分の縄張りに入らないように促す警戒の鳴き声。オスたちのさえずりを批判的に聴き，それから期待に胸を膨らませるソリストたちの中から最高のオスを選び抜こうとする恋に悩むメス鳥たち。そのメス鳥たちに聴かせる愛撫するかのような鳴き声。

太陽こそが，クロウタドリにそのような活動を始めさせるのです。日照時間がどんどん長くなり，光のスペクトルが適切な周波数を含むようになると，それは鳥の網膜を刺激します。さらにその刺激は脳の視床下部に信号を送り，その脳は血流を通して睾丸にホルモンを送るように下垂体に命令を与えます。睾丸は膨張し成熟するのです。今度は喉頭の「ウタドリフルート」にスタートのサインを与える分子を送り出します。同時に，鳥たちが生まれながらに備えている体内時計を目覚めさせます。ある美しい朝，クロウタドリのオスは白樺やテレビのアンテナにとまって美しくさえずるのです。

太陽のエネルギーは私たちの庭にたどり着き，クロウタドリに入り込むと，愛し合い，子どもを作ります。クロウタドリが自分のDNAを将来につないだのです。

自然の複雑さと驚くべき背景の全容について知れば知るほど，人は不思議と

第5章 ■■■ 子どもに不思議を感じさせるトリックとは

謙虚に振る舞うと私は考えます。それは，本当に素晴らしいことです。なぜならば，物質に縛られ，ストレスに焼き尽くされた私たちの文化には，生き物をあがめ，大切にするといった習慣を再び取り戻さなければならないからです。

今，私は，詩人のトーマス・トランストルメール（Tomas Tranströmer）のように，「大地と春が取り成す手品の1つ，ミスミソウ」を待ちわびています。木の芽と同じように，ミスミソウも，去年の落ち葉に覆われた地面で，地球上に登場する出番を待っているのです。

十分に暖かくなると，ミスミソウはすっくりと立ち上がり，運命に従って成長します。つまり，花を咲かせ，実をつけるのです。

不思議3　あらゆるものを提供する草地や牧草地

学校の近くに，古くからあるちょっとした草地や，一般的によく見られる牛の放牧地がある教師はラッキーです。というのも，その場所以上に刺激的なアウトドア教室は考えられないからです。そこにはあなたが見たり，話したり，経験したり，理解したいことがたくさんあります。さらには生物学，生態学，文化史，経済，薬学，宗教といったあらゆるものが関係してくるのです。

私たちはみな，これらの草地に自分のルーツがあって，その草地はそれほど遠くない昔に，この北の大地に住む人々の家庭経済の根幹を担っていたのです。しかし，現代の人々のほとんどはそのことを忘れてしまったのです。だからこそ，人々を草地や放牧地に連れ出して，話をしたり，彼ら自身にじっくり考えさせたりすることが大きな成功を収めることになるのです。学校での成功の鍵は，生物，国語，そして化学の教師が，小さなグループを発見の散歩に連れ出すことではないかと私は考えます。

例えば，寝そべってみて，レディスマントル[※6]と「同じ目線の高さ」になってみましょう。かつてそのレディスマントルは豊穣の女

レディスマントル

神フレイヤ[7]に捧げられ，彼女の涙が，毎朝，その葉全体を満たすほどであったと言われています。中世の錬金術師は，このしずくを用いることさえできれば，鉄を金に変化させられると信じました。そのことからこの植物のラテンの属名はアルケミラ（Alchemilla）となりました。私たちの住む北ヨーロッパの地域がキリスト教化すると，この植物は「聖母マリアのマント」という名前が付けられます。恐らく，それは，黄緑色をした形が非常に控えめで，清らかに見えたことから，色と形で人を誘惑することが全くなかったからでしょう。かなり後になって，植物学者はこのレディスマントルが受粉せずに単為生殖[8]で繁殖することを証明しましたが，昔の人々は既にそのことを知っていたとしか思えません。雌しべの未受精卵が新しい植物へと成長します。まさしく処女降誕なのです。

草地を先に進み，私たちはセント・ジョーンズ・ワート[9]を見つけます。植物学者のリンネは植物の名前から聖者の名前を取り除こうと努力したにもかかわらず，その名は未だに聖書と関連づけられます。セント・ジョーンズ・ワートは，伝説においては善と悪の両方の要素を兼ね備えています。この花の雄しべの先をこすり合わせると赤い汁が出てきますが，その汁を空想力に満ちた古代の人々は「オーディン神[10]がイノシシに傷つけられたときに流れ出た血である」と主張しました。また，中世のキリスト教信者の間では「使徒ヨハネが首を切られた際の血である」と同じことが語られたのです。それ以外にも，救世主自身の血が弟子のヨハネの手をつたって十字架

セント・ジョーンズ・ワート

- 6 レディスマントル（和名：ハゴロモグサ）は，バラ科の多年草。日本を含む北半球高山帯に自生します。
- 7 フレイヤとは，北欧神話の神。美，愛，豊穣，戦い，そして魔法や死を守護する北欧神話の太母。
- 8 単為生殖とは，雌性個体のつくる卵が受精なしに発生して次代個体を生じる現象。つまり，雌が単独で子をつくること。
- 9 セント・ジョーンズ・ワートとは，和名セイヨウオトギリソウのことで，うつ病治療で注目を集めるハーブ。
- 10 オーディンとは，北欧神話の神。戦争と死の神。

第5章　子どもに不思議を感じさせるトリックとは

に流れ落ち，その血が大地に浸み込んで，そこからこの植物が生まれた，との説もあります。しかし，同じ植物は悪魔に関連づけられる一面もあるのです。というのも，この葉に見られる黒い斑点は悪魔の印とみなされたからです。しかし現代では，この黒い斑点はハーブにとって重要な分子をもつ細胞，いわゆる油細胞であることがわかっています。

　セント・ジョーンズ・ワートは両刃の剣でした。それは人々の肉体と魂，家族と家庭を守り，一方で，魔女や魔術師にも力を与えたのです。リンネまでもがセント・ジョーンズ・ワートと一束のタマネギは魔力をもち，災いを遠ざけると記しました。昔のスモーランドでは，この植物は一種の魔よけとして使われ，人々はその葉と根を納屋の敷居に差し込んで，人に様々な悪さをする小鬼ゴブリンらを怖がらせ，遠ざけようとしたのです。

　ヤエムグラ属のイエローベッドストローもまた伝説に包まれた植物です。この薬草が蛇にかまれた際に効くことを知っていましたか。少なくともローマ時代の歴史家プリニウスは，1970年代まで利用されていた薬草図鑑の中でこの植物の効能を主張しました。この植物のラテン名がガリウム（Galium）と表記され「癒すもの」を示す言葉であるのも，このためかもしれません。

　いずれにせよ，この「聖母マリアの床わら」は野イチゴにも似た甘い香りで夏の草原を満たすのです。温度の高いときには，その芳香がより強くなります。昔，宴の際には，暖炉の前の熱くなった床の上にこの花をばらまきました。その効果は絶大で，宴の客は今でいうところの幻覚症状に陥ったそうです。リンネもオーランド島での農家の宴会を引き合いにして，「男性は悪質になり，女性は恋わずらいに陥った」と記しています。

　この悪夢の香りが草原に漂う頃，フランスギクほど草原の中ではっきりとその姿を際立たせているものはないでしょう。ギリシア語で黄金という意味を表すクリソス（chrysos）から，その科学的な名称が与えられました。それは恐らく，金色に輝く太陽がこの花の中心にあり，雄しべと雌し

フランスギク

131

べで構成された頭状花序[11]が見られるからでしょう。花冠を構成する白い花弁は，昆虫を引き寄せる印象的なものです。誰もが子どもの頃にこの白い花びらをちぎりながら「好き，嫌い，好き…」とつぶやいたことがあるのではないでしょうか。

つまり私たちの大部分は，農地に自分のルーツがあるのです。そして現在，都市で生活し，アスファルトを踏みしめて生きているとしても，今なお残る放牧中の家畜，花畑，そして石垣として残っている場所を未だに愛しているのです。

スウェーデンの面積のわずか8％を占め，モザイクのように点在するランドスケープには，私たちの国では極めて高い生物多様性が認められます。そこには次のような生物が生存します。

- 薬草，シダ，ツクシなど，スウェーデンに生存する種の半数以上。合わせて1,000種類ほど。
- 35種の哺乳類。
- 50種の鳥類。そのうち20％はスウェーデンで定期的に繁殖する。
- 70種の蝶類。
- スウェーデンに生息する全14種のうち1種を除く両生類。
- スウェーデンに生息する全6種のヘビとトカゲ。

このように植物や動物が繁殖しているのは，長年にわたって農民たちが変化に富んだ土地を利用してきたおかげなのです。多様な種類の牧草地，小さな農地，森や林，耕作地，牛舎のある丘，湿地帯，湖，そして水路といった様々な環境が存在します。いずれも小さな場所に過ぎませんが，暑さと涼しさ，太陽と日陰，水と栄養，これらを絶妙な配分で提供するのです。植物は自分に最も適した場所や環境に根を下ろし，そこにハチやマルハナバチ，ハエ，そしてその他の昆虫を誘き寄せます。小鳥たちにとって，誘き寄せられた虫たちはテーブルに配膳されるようなものです。さらにその小鳥たちはハイタカやチョウゲ

---

[11] 頭状花序（とうじょうかじょ）とは，茎の先に2個以上の無柄の花が集まったもの。キク科の花に見られる花序で，タンポポやヒマワリなどのように，多数の花が集まって1つの花の形をつくるものがそれにあたる。

ンボウにとってのごちそうになります。このようにして多様な種が複雑で精巧な生態学的システムの中で共存関係に組み込まれているのです。

　最も多様性に富んでいるのが干草を栽培する草地で，そこでは天然の芝，薬草，トネリコや菩提樹などの木からの落ち葉が，乳牛，ヤギ，羊や雄牛の冬の間の餌として乾燥されてきました。わずか1平方メートルのよく手入れされ，肥料などが与えられていない自然の草地で，25から30種類の草，薬草，そしてキノコやコケといった植物を発見するのはそれほど困難なことではないでしょう。

　1,000年以上も昔から1800年代の中ほどまでは，スウェーデンでは上に挙げたような種類の草地からなる農村風景が大部分を占めていました。これらは国民経済の基盤となっていて，ここでの草わらは冬の間の家畜の飼料として収穫され，特に乳牛用として，子どものいる家庭にとっては最も重要な「命綱」となっていました。牛小屋からでる堆肥は，主に小さな痩せた農地帯に運ばれ，そこでは穀物，カブ，またはジャガイモが栽培されました。

　1700年代と1800年代になると，農民は頑丈な鋤と鍬を徐々に利用し始め，やがてクローバーやオオアワガエリなどの種を牧草や飼料用として草地に蒔くようになりました。半世紀ほどすると，干草を育てるための草地は農地や森林へと姿を変え，特に石の多い場所だけが動物の夏の放牧のために使われました。今日では，本物の草地が残っているのはわずか数千ヘクタールのみとなり，伝統的文化や自然を守る協会の手によって大切に保護されています。

　草地の次に薬草や昆虫，小さな哺乳類が豊富なのは「牧草地」です。それらはヨータランドの森や村などの間を中心として，約40万ヘクタールがまだ残っていて，そこにはツリガネスイセン，ノコギリソウ，カキドウシ，その他の多くの花が育ちます。しかし，それらが育つ土壌を保つためには，牛や子牛，馬，または羊がそこで草を食べ，その地面を踏みしめるという，昔からの方法で管理されることが重要なのです。

　農家の人が放牧を辞めてしまったり，もしくは長期に渡って動物を放牧させなくなると，それがどのような結果につながるかは容易に想像できます。草は食べられることなく立ち枯れ，それが腐ることによって土壌内の窒素の含有量が増加します。そのことはイラクサやラズベリー，ヤナギラン，そしてハナミ

ズキといった植物が大きく成長するには役立ちます。それらの植物は，わずか数年ほどで，その土地に適応して，しかも千年以上にもわたって草地や牧草地に生息していた小さな草花を打ち負かすのです。
　5年10年と経つと，今度は藪やトウヒ科の植物などが姿を現します。そして，人間の歴史や優れた伝統に縁取られた昔からの文化的ランドスケープが1つの区切りをつけ，森がその美しさと多様性を再び復元して行くのです。
　このような変化は目新しいものではなく，農民，農場，そして家畜の数が着実に減少していく過程で，何十年にもわたって続いています。その原因のいくつかとしては，より生産性の高い肉牛と乳牛，最新技術，収益性の低下，そして食品の輸入の増大が挙げられます。1990年，この国には25,000軒の酪農場がありましたが，2005年の今ではたったの9,500軒しか残っておらず，同時に15万頭の乳牛が姿を消しました。
　多くの地域で，酪農家は過剰に豊かになってしまったランドスケープの中で，乳牛の代わりに肉牛を放牧し続けました。しかし，酪農の業界における収益性をみると，ますます先行きが暗く，2005年に国内で販売された牛肉のうち40％以上は海外から輸入される安価なものでした。今日では，多種多様な生物に満ちた美しいランドスケープを保とうと努力している地元産の肉を買う代わりに，ブラジルの熱帯雨林を伐採して切り開かれた土地で育てられ，海を越えて運ばれてきた牛肉を買うことによって，各世帯は食費を削ろうとしているのです。奇妙なことではありませんか。
　家畜を扱うほとんどの酪農家は，EUからの環境と農村に対する支援を受けています。その社会的賃金は，彼らが高い自然文化的価値のある自然の草地で生産を続けられるようにと与えられた，社会手当なのです。
　同じぐらい大切なのは，農家の人がそれなりにまともな収益を上げながら自分の生産した製品を店頭で売ることができることです。そのためには，私たち消費者側が毅然とした態度で「自然放牧された牛肉」と包装に記されたものを選び，近所の子どもたちが歩き回りたがるような草地や牧草地で過ごした牛の肉に躊躇せずにいくらか高めのお金を払うことが求められているのです。
　そのような肉を私たちの身近にある食料品店で購入することは可能でしょうか。その答えは「どこででも可能というわけではない」ということになります。

第5章 ■ 子どもに不思議を感じさせるトリックとは

しかしながら、ストックホルム近郊やスモーランド地方の高地では比較的可能です。ボーフスレーン地方では、セイヨウスイカズラ[12]牛のブランドマークのついた肉が売られています。地域の農家が共同で生み出したもので、8店舗のスーパーマーケットで販売され、商品には地方の花である野生のセイヨウスイカズラのロゴタイプを使った特別なラベルが付けられています。キャッチコピーには「セイヨウスイカズラ－有機酪農、ボーフスレーン・ダールの自然の中で放牧された牛肉」とあります。

セイヨウスイカズラ

2001年のスタート時に、彼らは以下のような基準を参加者に求めました。今後、ボーフスレーン内で活動すること。KRAVマーク（スウェーデンにおける有機農法の認可マーク）を取得すること。それから自然放牧地を保有すること。これらの基準を守ることによって、店頭価格がやや高めに設定されていても、農家は利益を出すことができるのです。

4年後、約75軒の農家がセイヨウスイカズラに加盟しました。今後、さらに多くの農家がKRAVから認定書を受けて加盟していくことが見込まれます。彼らが生産する牛肉への需要は供給をはるかに超えており、一般的には経済的に余裕がないとみなされる子どものある家庭を含め、あらゆる種類の消費者が商品を購入していると思われます。この人気の理由として、肉の専門家は最高の品質と味、地元産というアイデンティティ（こだわり）、そして美しく広がったランドスケープの環境保全上の利点などを挙げています（www. Kaprifol. nu）。

セイヨウスイカズラの試みは、この先スウェーデンの各地で大いに盛り上げるべきことで、これは地元および地域特有のブランドの立ち上げの一例です。

----

[12] セイヨウスイカズラ（ハニーサックル）は、常緑のツル性植物で、やや湿り気のあるところを好んで自生する。

私たち消費者は，自分たちが購入し，食する牛肉がどのようなものなのかについて，はっきりと知ることができます。また，そのような試みは，その土地に住む人々や旅行者の保養地にもなります。さらに，広大なランドスケープが他の植物に覆いつくされ，その美しさ，意義が消え去ってしまうのを防ぐことにもつながります。私たち消費者は，はっきりとした行動を取る機会なのです。いったい誰が白樺林や海岸沿いの草地から藪や植林地に変わり果ててしまった場所を散策したいと思うでしょうか。

セイヨウヒナギクやイエローベッドストローなどの花，美しい蝶，マルハナバチの羽音，小鳥のさえずり，それらを楽しむことのできる広大なランドスケープが健康には最適なのです。そう思わない人はいないでしょう。今何ができるのかを知りましょう。**私たちは広大なランドスケープのために努力すべきなのです。これらの牧草地が維持できれば，お腹を満たすことができるのです。**

このことを強調するために，私たちはここでジュースとシナモンロールパンをリックサックから取り出し，ベリーマンの歌，もしくはウルフ・ルンデル（Ulf Lundell）の『広大なランドスケープ（Öppna lanskap）』でも歌おうではありませんか。

イエローベッドストロー

さらに続けます。ノドジロムシクイ[13]が雪のように真っ白なサンザシの茂みからその短いさえずりを響かせています。巨大なブナの木の葉の茂みからは，硬貨を机に落としたときの音にも似たモリムシクイの特徴的なアリアが聞こえてきます。彼らは小さな翼をもつアフリカからの使者で，およそ1,300キロメートルの距離を夜間飛行して移動します。

ノドジロムシクイ

---

[13] ノドジロムシクイは，ムシクイ類の一種。ムシクイ類は，主にアフリカとユーラシアに生息し，名前のとおりほとんどが昆虫を主食とする。

初夏を迎えたこの北の土地まで出産のため，もしくは「グローバル化」のためにやって来るのです。

森から開かれた草地の間にかけて，しばしば豊かな落葉樹の林が見られ，その景色の変化が楽しめます。

その林の木々は，草地を利用する際に昔から重要な役割を果たして来ました。木々は，大地の奥深くまで張った根から栄養素と水を吸い上げ，その水はやがて葉から蒸発し，良好なミクロ気候を作り出すのです。また，吸い上げられた栄養素は秋に落ち葉となり，土壌の表面を豊かなものにします。

草地に太陽が適度に当たるようにしたり，ほど良い日陰，そして湿度が保たれるように木々や低木地をうまく使いこなしたりするスキルは農民にとって重要なものでした。牧草を吊るすのに乾燥棚や杭を上手に活用して，大量の干し草を収穫したのです。

その木々は，リンゴやナッツ，ベリーを私たちに与え，家やボートを作るための材料となり，さらには暖炉やストーブを焚くための燃料となります。木の皮や根からは病気に効く様々な物質が抽出されます。ふさふさした樹冠は剪定（せんてい）され，家畜たちの冬の間の補助飼料として用いられたのです。草地や牧草地にある全ての木々は，それぞれが特定の用途となりました。ブナの木は床や馬車の車輪に主に利用されました。トネリコは鞍などに使われ，カシの木はボートの製作に重用され，同じカシの木と，ハシバミの木は屋根の上にわらを結び付けるために必要でした。

昔の人々が木々の性質にまつわる空想を働かせ，様々な刺激的な神話を生み出したのは不思議なことではありません。トネリコとニレの木から，オーディン神は最初の人間であるアスクとエムブラ[14]を生み出しました。カシの木はトール神[15]に捧げられ，この神だけが神々の中で唯一その強烈な雷で巨大なその木を真っ二つにし，木の勢いを衰えさせることができました。

あらゆる木々が，非常に多様な生物のための自然の生息地となっていることは周知の事実です。例えば，古いカシの木は，千種以上もの地衣類，コケ，昆

---

[14] アスクとエムブラは，北欧神話において神々に創造された最初の人間の男女である。
[15] トール神は，北欧神話に登場し，鉄槌を投げて巨人を倒す。雷神・農耕神として農民の守り神でもある。

虫などにとっての集合住宅のような存在となっていて，樹皮，葉，根，枝，そして小枝といった様々な部分に数百万の住人が生息しています。

　石垣の傍でイラクサやヤマニンジンが過剰に成長しているのは，恐らく牛がそのあたりで排泄するからでしょう。土壌が栄養過多になっているのは，現在南スウェーデンで降る雨に含まれる窒素化合物の量が，1950年代に比べ自動車の排気ガスなどの影響で5倍以上にまで増加したことにも関係しています。この事態は，種の多様性にとって脅威なのです。

　しかし，私たちは黄色いウサギギク🐾16が豊かに茂る草地に慰めを見出すことができます。そのような草地や牧草地は，今後ますます小さくなっていきますが，楽園であり，しかも時を越えた素晴らしさをもつオアシスであって，崇拝し大切にする価値があるのです。

🐾 不思議4　地中で働くお百姓さん

　静かで落ち着いたランドスケープを散策していると，そこには自分以外にはゴジュウカラ，シジュウカラ，もしくはハシブトカラスしか存在しないかのような感覚に襲われることがあります。しかし，私たちは自分の立つ大地の下に生命の世界が存在することをすっかり忘れてしまっているのです。

　私たちの靴底の下の地面に生息する目に見える虫を数えてみます。生物の存在しそうな非常に深いところまで探してみると，ミミズ，昆虫の幼虫，それからダンゴムシといった昆虫だけでも，およそ12万もの生物が存在します。

　掌一杯の土には，空気中から窒素を取り込み様々な物質に変え，死骸を分解したりする働きをする50億ほどの土壌バクテリアや生物が存在します。その数はこの惑星に存在する人間の数と同等なのです。

　針葉樹林の土壌に生息する菌糸体の量は想像もできないほどです。1平方メートルの土壌を20センチメートルの深さまで掘った際に，その掘った土壌に含まれる菌糸をつなぎ合わせた長さは1.4万キロメートル，つまり地球の直径（およそ1.3万キロメートル）を上回ることになります。これらの菌糸体がなくな

🐾16　ウサギギクは，キク科の多年草で，高山植物。

ると，針葉樹はかなり厳しい環境に置かれることになります。なぜならば，菌糸は木の根が無機塩類や他の養分を地面から吸い上げる手助けをするからです。

先に挙げたのと同じ1平方メートルの土壌には，恐らく2,000万の線虫や回虫が生息しています。彼らは腐った植物や動物，原虫（アメーバ），バクテリアを食べることで，土壌の状態を維持することができます。さらに同じ場所には，7～8ミリメートルほどの大きさで，「飛び跳ねる脚」を備えたトビムシが10万ほど生息します。トビムシはいわゆる最初の消費者で，落ち葉を食べて生きるベジタリアンです。

私たちが一般に多足類と呼ぶ動物にはヤスデ[17]とムカデの2種類があり，ヤスデは腐食食性で，1つの体節に二対の脚があるのに対して，ムカデは肉食性で，一対の脚があります。

これらの生物のほとんどは，私たち二足歩行の人間にとっては「ダークホース」的存在です。私たちの日々の糧を生み出すための土壌を作り出しているのは彼らであって，それら生物が生息していなければ，私たちの心臓が動き続けることは有り得ないのです。私たちの命は彼らと共にあるともいえるのです。

しかし，地中の薄暗い墓地には，私たちもよく知っている他の生き物が住んでいます。それはミミズです。100平方メートルの草地や牧草地には，この素晴らしい生き物が100万匹ほど生息しています。一般的な20種ほどの中で最もよく見られるのはツリミミズです。この種は30センチメートルにまで成長し，最長で6年も生存し，雌雄同体です。「家庭生活」は，未受精卵が新しい命に成長するか，2匹のミミズがお互いに卵と精子を交換することによって行われます。

ミミズは地中で働くお百姓さん。ハリー・マルティンソン（Harry Martinson）は自身の名高い詩の中でそのようにミミズを表現しました。次に，ミミズが地面にどのような利益をもたらすのかを記します。

ツリミミズ

---

[17] ヤスデは，ムカデと同様に多くの体節からなるが，各体節に二対の脚をもち，生殖孔が体の前方部に開き，腐食食性で毒のある顎を持たない点などが異なる。

○ミミズは地中の原料を混ぜ合わせます。葉やその他の植物の残骸は，地面の下に吸い込まれます。ミミズは，地下でおなかに詰め込んだ鉱質土壌を地表に運び，そこに糞尿の形で運んだ土を残します。たったの1ヘクタールに毎年20トンもの土が運ばれます。わずか数年で表土は掘り返され，微生物と「人間の耕作者」にとって多くのプラスの効果がもたらされるのです。
○ミミズは，粘土と腐葉土を体内で混ぜ合わせます。枯れ葉と小石はミミズの体内の化学実験室ですり合わされ，練られます。毎日，ミミズ自身の体重と同じ1グラムほどが排せつ物として出され，その排せつ物は周りの土壌成分に比べて5倍以上もの優れた効果をもつ素晴らしい肥料になります。1平方メートルに50匹のミミズが1年のうち100日働けば，5キログラムもの肥料が生み出されます。つまり1ヘクタールの耕作地があれば，1年に50トンの肥料がミミズによって生み出される計算になります。
○ミミズは，地中にある石灰質のミネラルを食べます。つまり，腸内でその石灰と腐葉土でできた「おかゆ」の杯に，滲み出した血液を通して栄養を摂取し，排泄することで土壌のpH値を高めます。ミミズの体内から排出された肥料は土地を石灰化させ，そのことで土壌内のバクテリアの活動を活性化させます。
○ミミズは，分解の速度を上げる一種の緑肥へと変えられる菌糸体を分解しながら食すことで，土壌の菌類を助けます。
○ミミズの通った後にできる地中のトンネルとして作られるネットワークは，植物の根が「窒息死」して酸素の摂取を失わないために重要です。2万リットルの二酸化炭素を含有した空気が地中から排出されますが，同時に土壌の生命体にとって過剰な二酸化炭素が致命傷にならないようにすることも重要なのです。

少しの間，耕作地の端に座り，ミミズが私たちの生活に必要不可欠な存在であることを考えるときには，以下のマルティンソンの詩の一節を読んでみるのがふさわしいでしょう。

誰がミミズを尊敬するのか。

芝のはるか下，腐葉土の中に生きる生産者
彼は土を変化させ続け
彼は土を一杯一杯に詰め込んで働き
土のため口もきけず，目も見えず
彼は下にいる，地中で働くお百姓さん
穀物に覆われる耕作地の下にいる。
誰が彼を崇拝するのか
深く穏やかな生産者
永遠の灰色の小さな小さな
腐葉土の中に生きるお百姓さん

(Harry Martinson, 1945)

不思議5　地球上の私たちの生活に潤いを与える樹木

　去年の夏，私はディズニーの映画に出てくる牡牛のフェルナンドのように，大好きなカシの木の下によく座っていました。女王クリスティーナの時代に，たった5グラムしかないドングリの実から成長し始めた由緒ある大きな木。私はその荒々しい樹皮に身を寄せ，その中で忙しく動き回る音を聴こうとしてみました。太陽の暖かなポンプによって樹冠に吸い上げられていく地中の水，葉の中にある緑の光合成キッチンから幹，根へと，水とは逆方向に降りてゆく甘いジュース。
　ここが好きなのは私とゴジュウカラだけではないことを，私は知っています。他にも少なくとも千種類以上の生き物が，この生命に満ちた高層住宅で生活し，やがて亡くなるのです。食べる，愛し合う，出産する，保護を求める，といったことが起こります。幼虫，ハエ，蚊，蝶，カブトムシ，何百万もの生物が生息します。その根の周りにある1グラムの土には，10億ものバクテリアが存在します。生息している菌糸は全てつなげると50メートルの長さになり，その菌糸によって，カシの木が養分を地面から吸収しやすくなるのです。
　「多くの木々は著名な思想家である」とワーナー・アスペンストルム（Werner Aspenström）は記しました。「カシの樹冠と森の外れにある干し草の牧草地と

の間で行われた記憶に残る対話。多くの謎はそこで解かれたのだ」

　ケルト人はカシの巨木を，ゲルマン人はシナノキを崇拝し，私たちの住む北の地域では世界の中心にあるトネリコの木，ユグドラシル[18]が崇拝の対象でした。ちなみに木という言葉の概念は，忠誠，休戦，そして平和を意味する単語を起源にもちます。

　現代においても，私たちはこれらの不思議な生命体から知恵を得ているのです。次の3つの思考シートを活用してみましょう。

思考シート1　木の生息なくして，人の存在なし

　多分私たちは創造の朝にはアフリカのサバンナで，アカシアの木として生まれたのではないでしょうか。いずれにしても，木は自分の根を張った場所で，表土と水を貯え，気候を調整します。さらに1平方キロメートルの森林は，ある夏の日には5,000リットルの酸素を生産するのです。人間は木の種，果実，樹皮，葉，そしてその科学的物質のおかげで，常に生かされてきました。

　私は葉を撫でてみて，最新の生物学が教えてくれたことに想いをはせています。細胞の仕組みは，カシであろうとヒトやズアオアトリ，シロナガスクジラであろうと関係なく同じように働きます。つまり私たちはチンパンジーのいとこというだけではなく，あらゆる生命体と親戚関係にあるといえるのです。カシの木には24の染色体，ホモ・サピエンスには46の染色体があります。しかし，私たちは遺伝子を表す科学的アルファベットA，T，CそしてGを持っていて，それらアルファベットは1600年代に生まれたカシの木であっても，常に遺伝情報の「レシピ」を書き続けるのです。カシの木の遺伝情報に至っては350年以上経ってもまだまだ問題なく機能し続けています。驚くべきことではありませんか。

　一体誰がこのようなことを前にして，謙虚にならずにいられるでしょうか。私たちは驚異を感じ，畏敬の念にかられます。カシの木だけでなく，あらゆる生命を大切にする気持ちが生まれてくることでしょう。

---

[18]　ユグドラシルは，北欧神話に登場する一本の架空の木。世界を体現する巨大な木であり，世界樹とも言われる。

思考シート2　成長するためには時間が必要

　私たちの多くは，急加速や急発進する車を運転するかのようなターボ社会を走り回っています。できる限り早く，多くの仕事をこなすことは，私たちの社会における「使命」であるかのようです。あらゆる場で役立つ携帯電話の登場こそが，そのことを可能にしました。常にネットワーク接続し，ちょうどうまく連絡をとることができるのです。

　どことなく強迫的で，ほとんど病的なものがこのような生活スタイルにはあると思いませんか。ますます多くの人々が燃え尽きてしまいます。私たちはここで古いカシの木の知恵に耳を傾けてみましょう。「自分を見つめ直して，健康の源となるイメージを探しなさい。他人が言うことに従うことなく，自分の中のリズムに耳を傾けなさい。成長と成熟には時間が必要で，それらを早めようとすると必ず罰を受けます。これは人へのメッセージでもあり，政治的なメッセージでもあるのです」

　このカシの木の知恵は，現代の神経質な市場の投資家には，長期的視野に立った教訓となります。実際のところ，森林業は，ジェット気流のような証券市場の中では時代に左右されません。今投資しておいて，百年後に収穫しようではありませんか。そうすれば，私たちは幸福のための木々や森林の本当の価値がわかるでしょう。

思考シート3　幸福感は森で育つ

　「幸福感は森で育つ」などと発言すると，エレクトロニクスの第一人者や「サービス社会」しか記事にしない都市型ジャーナリストに笑われることでしょう。森林業と農業はもう昔のものだと彼らは考えるのです。

　しかし事実は異なります。森林業の純輸出は2006年度900億スウェーデンクローナ（約1.26兆円，1スウェーデンクローナ≒14.06円）に達しました。それは鉄鋼，医薬品，電化製品，そしてコンピュータの全ての分野から国が得る収益よりも大きいものです。そして，それはまた自動車産業の貿易収支の3倍の収益を上げています。

　スウェーデンの富を生み出す優れたものといえば，環境問題への意識の高さ

です。トウモロコシ，菜種，てんさい，松，トウヒに白樺，それらの中で行われる光合成によって生み出される富。それらは自然そのもののサイクルの中に組み込まれており，我が国における農林業は，生態学的に持続可能な実践で世界をリードし，認証やエコラベル商品も活用しています。

　私たちは，活動の始まりを振り返ると，当初から「マルチユース」というビジョンを実行しています。森はパルプと紙の生産に使用される繊維を生み出すだけではありません。私たちは手間暇かけて，より高品質の製品を作ったり，木造建築により力を入れたりすべきなのです。その中で，政府の発表した公共事業における木材使用の増加プログラムは歓迎すべきです。私たちは効率の良い車やバスの燃料を森から生産し，チップやペレットから電気と熱を取り出すことができます。さらにはそこに育つベリー，キノコ，そしてシカ肉を上手に利用して，それらを加工し，美しく包装して，美味しい商品として販売することもできるのです。

　しかし，未来の森林業とは，環境と「精神的」価値，即ち生物多様性を提供することでもあります。ストレスに曝され，燃え尽きた心と体のために，体験と保養を提供することが必要なのです。散策，静寂，ベリー狩り，エコツーリズム。環境意識が高く，環境に配慮した森は，公衆衛生を向上させることになります。詳細については，他の章でも紹介します。

　ここで取り上げた3つの思考シートは，どれだけハイテクな時代になろうとも，私たちが「木と共に生きる人間」「森と共に生きる人間」という存在であることを教えてくれます。木々は，私たちに美しい体験，実存的視点，人生において有用なものを与えてくれるのです。それと同時に，木々は物質的な安心も与えてくれます。幸福感を与える経済学は，森林の土壌や私たちの足元に生息する微生物の世界に起源があるといえるのです。

不思議6　あなたの中のベネチア—「聖なる水よ！」

　スカール湖は私の子ども時代のお気に入りの湖でした。5月の明るい夜には，そこで鳥の鳴き声を聞こうとして，自分の緑の手漕ぎボートを漕ぎ出したものです。

第5章 ■ 子どもに不思議を感じさせるトリックとは

　それは美しい湖で，秘密に満ちた入り江や低地があり，現在ではスウェーデンやヨーロッパの各地で行われた石灰の散布と浄化対策のおかげで，酸性化の危機からも逃れました。
　水晶のように澄んだ1杯の水をスカール湖からくみ上げて飲めるのは，世界一周旅行や時間旅行をするかのような気の遠くなる道のりがあったのです。
　スカール湖に蓄えられている水は，およそ1ヶ月前に降ってきた雨粒です。その雨粒は遠く離れた入り江に生息する海草とエビの中に存在していたと考えられます。ひょっとすると，10年前にはアマゾンの熱帯林の中にあったのかもしれません。ライオンやマラリア蚊，シロナガスクジラ，さらには恐竜の中に存在していた可能性もあります。このような道のりを経て，グローバルな水循環は繰り広げられるのです。
　地球の水は，10億年以上も前に私たちの星に衝突した彗星に由来します。その彗星から氷の塊が解け出してできたものです。そうだとわかれば，早速，1杯の彗星コーヒーを頂くとしましょう。
　スカール湖の水を1杯飲んでみてください。いや，2杯。そしてその全世界に通じる水で喉を潤してください。直ぐに，この水はあなたの血液へと行き渡り，脳全体を駆け巡り，あなたの中にある60兆の細胞各々の中にある小さな「湖」に浸透するのです。
　あなたの体は，まるでベネチアのように水路が張り巡らされています。近くの海，大西洋，さらにはサルガッソ海から来た水を利用しています。あなたは海の傍にあるラグーン🐾19なのです。
　あなたが今飲んだ18ミリリットルのスカール湖の水の中には，全ての砂の直径を0.5ミリメートルとしたときに，スウェーデン全土を140メートルの厚さの砂粒で覆うことのできる水分子が含まれています。研究者は，この小さな小さな，本当に小さな創造物の中の水素と酸素の結合角度を計ることができます。その角度は104度で，そのおかげで私やあなたは今ここに存在できるのです。まさにその104度という角度が水を非常に特別な物質にするのです。水は

🐾19　ラグーンとは，海の一部が砂州などによって外界と遮断されてできた湖沼。遠浅の海岸にできやすい。フランス地中海沿岸やイタリアのアドリア海沿岸，北海道のサロマ湖，秋田県の八郎潟など。

145

あらゆる生命にとって「必要不可欠なもの」です。水は他のどのような液体よりも多くの物質を溶かして運ぶことができます（例えば，私たちの場合，大部分の水が血液中に存在します）。水分子の構造のおかげで，海は地球の気候を調節するサーモスタットとして働きます。水は温度が4度のときに最も重くなり，そのおかげで水底は凍結することなく，生命に優しい環境を作ります。

水がなければ生命は存在しません。ブヨもズアオアトリも人間も存在しないのです。あなたも私もこの素晴らしい水分子のおかげでこの世に存在するのです。

このようなことを考えるとき，私は驚異の念にかられます。生命誕生の大きな謎を前にして感じる神聖さ。大きな，素晴らしい風習で，その風習は私よりもはるかに昔からあり，それを感じると私は謙虚になるのです。よって，私はスカール湖などの自然を崇め，大切にしたいのです。

不思議7　雪と幻想的な静寂

薄暗い11月のある日，突然，世界は真っ白になり，ランドスケープに響き渡る音色はベルベットのように柔らかなものに変化します。森は静寂に支配され，針葉樹の間でささやき声が聞こえるほどです。その音色はほとんど聞こえないようなピアニッシモぐらいです。私は立ち止まり，耳をできる限り澄まします。タイランチョウ[20]がいるのです。

タイランチョウ

一面が雪景色となったトウヒ[21]の木の下に，私はたたずんでいます。タイランチョウの姿を何とかして見てみたいのです。恐らく1羽だけではなく群れ全体がいるはずです。青いとばりが降りてきて，カサカサという音はどんどん近づいてきます。いったい，この北の国々の小人レプラカーン[22]のような最

---

[20] タイランチョウは，スズメ目タイランチョウ科の鳥の総称。主に昆虫食である。
[21] トウヒは，マツ科の常緑高木で，針葉が枝に密に付き，若枝は赤褐色で葉の先は尖らない。ヒノキの代用として多方面に利用され，特にパルプ材として用いられる。

第5章　■■■ 子どもに不思議を感じさせるトリックとは

も小さな小鳥たちは何を話しているのでしょうか。最高の餌場の情報をやり取りするのでしょうか、鷹を警戒するのでしょうか。それとも最新の天気予報の話でもするのでしょうか。

　突然，私の目の前の木の枝に，群れから離れた3羽の鳥が姿を現します。濃い黄色の王冠を頭に抱いたモスグリーンの姿。私はキルトジャケットと手袋と帽子を身にまとい，息を殺して，タイランチョウの美しさを堪能します。しかし同時に，彼らの暮らしはそう簡単ではないことも知っています。もし彼らが餌となる昆虫の幼虫を3秒程度で見分ける能力がなければ，その日の夜に凍死してしまうのです。

トウヒ

　静寂は私を取り囲みます。ここはストックホルムの中心の広場から遠く離れていて，大都会の喧騒や高らかに響く株取引の掛け

チャタテムシ

声とは無縁の場所です。しかし，この驚くほどに静かな一見荒涼とした森の中，木の下，コケの下，土の中，水の中といった場所には驚くべき数の生命が存在しているのです。

　例えば，樹齢90年の巨大なトウヒの木には，ダールス地方に住む人口のほぼ倍に当たるほどの目に見えるサイズの昆虫が生息していて，それはまるで集合住宅のようです。さらに5万匹のチャタテムシ[23]，2万匹のクモ，1万のチョウの幼虫，それに加えて，無数の微細生物がそこに住んでいます。その生き物たちはそこで何をしているのでしょうか。針葉や枝の上で，あるいは樹皮

---

[22]　レプラカーンは，アイルランドの伝説の妖精。帽子をかぶった靴屋の老人として描かれる。
[23]　チャタテムシは，チャタテムシ族の昆虫の総称。体は軟弱，翅（はね）は膜質で，翅を欠くものもある。雑食性で，書物や乾燥食品，皮革製品などを食害する害虫として知られ，大発生してかなりの被害をもたらすこともある。

の割れ目や根の中で，彼らは食事をして，愛し合い，子どもを産み，身を守り，成長し，年を取り，やがては死んでいきます。木全体ができる限り生き延びようと努力しているものの，むしゃむしゃと餌を求める飢えた生き物たちの集まりなのです。そこには，生存への闘争や進行中のドラマが常にあるのです。

しかし，屋上に留まっている数羽の小さな小鳥のさえずりを除いては，私は何も聞き取ることはできないのです。その理由は簡単です。人間の聴力は，昆虫の立てるような音を聞き分けるようにはできておらず，彼らの発する痴話げんか，恐怖や空腹のシグナルは，私には聞こえないのです。この静かなる生物たちは，むしろにおいでコミュニケーションします。これもまた，私たち人間の感覚では解読することが難しい化学的な言葉なのです。

つまり，私たちが森の神秘的な静寂として経験しているのは，そこでの生き物たちが人間の「話し相手」とならないからではなく，私たち人間が彼らの騒々しい会話を知覚することができないからなのです。

ノーベル生理学・医学賞を受賞した研究の1つは，においの生理学に関する素晴らしいものでした。また物理学者の分野では音の特徴が明らかになりました。彼らによれば，深く読み解くと，宇宙全体は1つの巨大な沈黙なのだそうです。私たち自身の外には音は存在せず，分子が動き回って，私たちの聴覚の器官に影響を与えるだけだといいます。生き物の中で発生していることは，その生き物の心と脳が作り上げたことであって，それ以上でも以下でもありません。つまりコウモリとバッタ，タイランチョウと人間はそれぞれ別々のユニークな音の世界に生きているのです。

どうですか，実に興味深く，それでいて人を謙虚にさせる話ではありませんか。哲学者カントが述べたように，世界あるいは物自体について，私たちは確実に何かを知ることができるのでしょうか。

子どもじみたことですが，時々，私は緑の葉に耳を当てて，その葉の様子が聞こえるふりをします。1.5億キロメートルの旅路の末にたどり着いた太陽の光子は細胞壁を通って巧妙な光合成のキッチンに流れ込み，空気中の二酸化炭素と水を「縫い合わせ」，糖分子へと変化させます。つまり，美しくデザインされた発電所で，タンパク質，セルロース，DNA，ビタミン，そしてホルモンに形を変えるのです。

第5章 ■■ 子どもに不思議を感じさせるトリックとは

この働きは，生き物自体の光駆動で，無音の化学のバレエです。しかも，トウヒ，マツ，アネモネ[24]を踊らせるだけではなく，地球上に生きる全てのものが存在するための前提条件なのです。少なくとも，膨大なエネルギーを必要とする人間の脳にとっては，なおさらのことで，その脳によって私たちは探求し，自分の存在理由について詩や祈りを書き記すのです。

アネモネ

私は，このような冬の晩に，無駄とわかっていても，遊び半分でトウヒの葉に耳を当て，その中の音に耳を傾けてみます。そして「大いなる出来事は静かに起こる」という表現を思い浮かべるのです。

● 不思議8　スウェーデン西暦2030年——温暖化，湿潤化，強風化による気候変動とは

ある曇り空の日，私たちはしっかり服を着て，雨の中，公園または雑木林へと「気候散歩」に出かけます。時々立ち止まっては，過去と現在における気象や気候に思いを巡らせます。私たちの孫の時代にはランドスケープがどのように変化しているのか，またさらにもう一世代先の2080年，スウェーデンはどうなっているのかとも。

まずは，気候という言葉自体を調べることから始めて見ましょう。それはギリシア語で「傾斜」を表すklimaから生まれ，実際にあなたが考える以上のことを告げています。ある2つの地域の気候が異なっているのは，太陽光線が地球に入ってくる角度が違っているからです。

地球の気候は，多くの自然要因によって何百万年もの年月をかけて変化してきました。その原因とは，太陽との距離，地軸の傾き，海，氷，そして大陸の

---

[24] アネモネは，キンポウゲ科の秋植球根類。園芸品種が多く，茎は高さ約20センチメートル，葉は羽状に細裂。花は白，淡赤，赤紫など。

面積の比率，植物の割合，火山活動，空気中におけるガスや他の物質の存在などです。

1300年代から1800年代の終わり，特に1430年から1650年にかけてのヨーロッパは非常に厳しい気候といえる「小氷河期」に襲われていました。一方，中世初期，1000年から1200年あたりにかけては，昼夜問わず，外で過ごしやすい気候であったことがわかっています。家畜は一年中，アウトドアで日中を過ごすことができ，ヨーロッパの北の地域に移動してきた修道士たちは，新しい「外国産の」農作物やスパイスの栽培を土地の人たちに伝授したのです。そして1880年には今現在も続いている「猛暑」が始まりましたが，その途中の1940年から1970年にかけて，やや気温が下がっていた時期もありました。

大気中のいわゆる温室層と呼ばれる部分は，気候にとって重要な役割を果たしています。この温室層がなければ，地球の平均気温は今よりも25度から35度も低くなっていたでしょう。そうなると液体としての水は存在できず，生き物はほぼ生息できません。少なくとも私たち人類は誕生しなかったでしょう。

全ては「ガラス温室」のように機能します。そこでは，太陽の可視光と短波光を通過させます。さらに，これらの光が宇宙に「逃げ出そう」とするときに，大部分の熱放射が地表に吸収され，赤外線が生まれるのです。

自然の温室層は，水蒸気，二酸化炭素，メタン，亜酸化窒素，そしてオゾンといった主に５つの温室ガスから構成されます。水蒸気はもちろん海や，湖，水路などからの蒸発で生み出されます。二酸化炭素は，生きた細胞による有機物の燃焼，腐敗，さらには火災や同様のプロセスにより発生します。

メタンは炭化水素で，腐敗が進む際に排出されますが，草食動物が飼料を反芻する際にも作られます。亜酸化窒素（笑気ガス）は森林火災の際に発生します。また，空気中のオゾンは様々な方法で発生します。大気上層では酸素原子が光化学反応を起こし，それがオゾン層を生み出し，地表近くでは窒素酸化物および炭化水素によって汚染された空気が太陽に照らされて，オゾンが発生するのです。

一方で，塵粒子は地球の大気によって自然に巻き上げられます。この塵粒子は，気候に対して直接的，間接的な冷却効果をもちます。海水に含まれる塩水や乾燥した土が空気中に舞い上がり，塵粒子が生み出されます。

第5章　子どもに不思議を感じさせるトリックとは

　産業革命以来，特に1900年代において，人類はこれら自然のプロセスに影響を与え続けています。私たちが大気中に温室効果ガスを排出していることは，多くの人々が認識しています。一方で，私たちが温暖化に対抗する粒子の量を確実に増加させていることはあまり知られていません。
　私たちは次のようにして大気を暖めます。

○過去100年にわたって，主に工業国は自然の中の4種の温室ガスの増加に関与してきました。それらは，二酸化炭素，メタン，オゾン，そして亜酸化窒素です。さらに，私たちはフッ化炭素，ハイドロフルオロカーボン，六フッ化硫黄のように，以前は自然界に存在しなかった物質で，気温の上昇に影響を与える物質も排出してきました。最大の温室ガスである二酸化炭素は，住宅，商業施設や工場，自動車による石炭，油，自然ガス，ガソリン，ディーゼル，ジェット燃料の燃焼から発生します。

上記に対して，私たちは以下のようにして大気を冷やします。

○地球の大気は，私たちの排出する地球を冷やす微粒子によっても変化させられています。その直接的な影響として，大気中の粒子が太陽光線をあらゆる方向に反射させるので，弱い光線だけが地表に届いています。また，間接的には，雲の水滴が粒子の周りを取り囲み，大きな雨雲を明るくするのです。明るい雲は，暗い雲より太陽光をよく反射します。それによって，強い太陽光線が地表に届かない仕組みになっており，そうして大気を温めないように働きかけるのです。

　1900年代には，人類の活動が地表の気温を平均して0.6から0.8度上昇させたことになります。
　気候変動は，人類の活動と，自然のプロセスとの組み合わせによって生み出されます。21世紀を迎えるにあたって，人類が自然に与える影響は重大なもので，前世紀よりもはるかに劇的なものとなることがコンピュータ・シミュレーションによって示されています。

○国連の気候変動に関する政府間パネル（Intergovernmental Panel on Climate Change: IPCC）[25]は，今現在，2100年頃における地球の平均気温は，今よりも1.4から5.8度ほど上昇すると予測しています。数値は，今後の世界の発展の様子についての様々な予報，シナリオを立てることによって導き出されました。

○最高レベルの気温の上昇は，私たち人類が「今までと同じ」ように大量の化石燃料を使い続けた場合の予想です。

○最低レベルの気温の上昇は，技術の進歩，行動の変化，市場における新たなルールを想定しています。ここでは，化石燃料の使用をほとんどゼロまで減らす要因が出現し，その要因によって温室ガスの排出をなくした場合の予想です。

○わずか70年間で地球の人口は20億から60億へと，3倍増加しました。同時に，主に産業化と農業における灌漑の必要性から，水の使用量は6倍になりました。

○実際に世界では，かなり前から水と食糧をめぐって争いが続いており，この問題は，地球温暖化の影響により今後も増加するでしょう。乾燥地帯はさらに干ばつ化し，湿地帯はさらに湿度が上がります。もしグローバルな平均気温が最高で2～3度上昇する程度に抑えられれば，世界の農業を今とほぼ同じレベルで行うことが可能です。しかし，農作物の種類や降雨量などにより，収穫量の地域差がさらに大きくなるでしょう。一般的に収穫量は南で減少し，北で増加します。

○2100年までに世界の平均気温が3度上昇する場合，多くの問題が発生します。既に2020年にはアフリカの熱帯地域と南アメリカの農民は，10～20％ほどの収穫量の減少を見込んでおく必要があります。2050年にはインドの米の収穫量は30％落ち込むと考えられます。

○温暖化は，氷床が溶け，海水面が上昇し，低地が洪水に襲われることにもつ

---

[25] 気候変動に関する政府間パネルとは，国際的な専門家でつくる，地球温暖化についての科学的な研究の収集，整理のための政府間機構である。地球温暖化に関する最新の知見の評価を行い，対策技術や政策の実現性やその効果，それがない場合の被害想定結果などに関する科学的知見の評価を提供する。

第5章 ■ 子どもに不思議を感じさせるトリックとは

ながります。
○この地球の気候をかけたゲームでの最大の敗北者は，アフリカの一部，インド，そして北アメリカです。これらの国々が，これまで大量の温室ガスを排出しなかったのに対して，大量の温室ガス排出国はほとんど影響を受けません。1人のアフリカ人が約1,000キログラムの二酸化炭素を生み出すのに対し，アメリカ人は平均して22,000キログラムもの二酸化炭素を排出するのです。つまり，気候の問題は世界的な不平等を映し出しており，一部の人々だけが大きな利益を得て，残りの人々は非常に限られた資源を分け合うことになるのです。

では，スウェーデンの未来はどのようなものでしょうか。2100年までに世界の平均気温が3度上昇することによって，スウェーデンは現在よりも平均して4度暖かくなります。冬は4～5度，夏は2～3度ほどの上昇が見込まれています。これらの予測は全てスウェーデンの気象観測機関SHMIの気候研究プログラムのSweclimによるものです。

冬と夏の条件を比べると，最高気温と最低気温の違いがより際立ちます。年間の最低気温は今よりも10度ほど高くなり，対する最高気温は2～3度と控えめな上昇が見込まれます。将来の北スウェーデン地域の住民は，恐らく今の南スウェーデンの気候を楽しみ，一方で南スウェーデンの人々は地中海の気候を味わうことになるのです。

南スウェーデンでは，夏の降水量が恐らく20～30％減少しますが，集中豪雨が多くなるでしょう。一方，北スウェーデンの降水量は30％ほど上昇すると予測されます。私たちのひ孫は，積雪量の減少と短い氷雪期間を経験することになるのです。

今より暖かく，雨の多い気候は，農林業での生産性が高くなります。広葉樹林が広がり，それら木々が北上します。森林限界線はますます北上し，バルト海の淡水の割合も上昇します。このような変化は，魚類相の変化を意味し，タラなどの海水魚は消え，パイク[26]とパーチ[27]といった魚が快適に過ごせるよ

[26] パイクは，サケ目カワカマス科の淡水魚。全長約1メートル，体は細長く，青灰色で，覆面は淡色。
[27] パーチは，スズキ目パーチ科の魚の総称。すべて淡水魚である。

パイク　　　　　　　　パーチ

うになるのです。

　世界的な温暖化を抑えることは可能ですが，予測できる範囲内ではそれを完全に止めることはほぼ不可能とされています。もし国際社会が100年後2度までの気温上昇に抑えたい場合，遅くとも2015年には様々なガスの排出の増加を抑え，その後着実に減少させることが必要となります。さらに2050年にはその排出量を現在の60％以下に削減しなければならないのです。そして，次の世紀となる2100年には，全世界の総量として，現在のインドが排出している量以上を削減しなくてはならないのです。

　以上のことを達成するには，石炭や石油社会から脱出するための技術革新が必要です。より効率的なエネルギーの利用，太陽熱や今の私たちには思いもつかないような他の新技術を利用することです。将来有望で手頃な価格の技術は既に存在しているので，気候関連の技術は，まもなく全ての国で成長と雇用を生み出す収益性の高い市場になるでしょう。ここでの疑問は，政治と経済が同じ方向を目指すかどうか，市場が高い収益を見込んで動き出すかどうかということです。

　これまでのところ，国際社会は京都議定書として知られる行動原則に同意しています。その中で先進工業国は，1990年に比べて2008年から2012年の間に温室ガスの排出を約5％減らすことが求められています。さらに，参加国は「宿題」としてそれぞれの割当量が決められています。スウェーデンには4％までの増加が認められましたが，逆に2002年の議会の決定により，排出量を4％削減することになっています。つまり，教育，非化石燃料，エネルギー効率の良い自動車や製造工程，住宅と商業施設の熱システムを含む，様々な測定指標に

よって達成が義務付けられています。

　教室での議論で，よく質問されることは，自分たちの学校をできるだけ環境に優しい方法で暖めるにはどうすればよいか，日々どうやって電気と熱を節約できるかということでしょう。気候との約束（Klimatlöften）というホームページには，節約のヒントがたくさん紹介されていますので，ぜひ立ち寄ってください（www.klimat.nu）。

第6章

自然と人間の関係
——過去から現在

スヴェッレ・ショーランデル

　自然や荒野，そして野生の動物や植物に対して私たちが抱いている興味というものは，200年ほど前から存在するものですが，美しい自然を指向したツーリズムなどは，たったの130年ほどの歴史しかありません。昔の農村における自然に対する姿勢は実用主義的でした。土地は耕作地や放牧地として使用すべきもので，家畜を狙う肉食動物は絶滅すべきもの，さらに野生動物は狩りの対象としての興味しかなく，それ以外は考えられませんでした。多くの場合において，人間の自然に対する姿勢は，私たちが欲する限り利用できる貯蔵室である，といったように実用的に考える傾向があるのです。多くの，恐らくは全ての文化の歴史からうかがえることは，全ての動物を狩り尽くす，森を開拓し尽くすといったように，私たち人間は自らの存在を脅かされるに至るまで，あらん限り自然を搾取し続けてきたということです。イースター島，マダガスカル，そしてニュージーランドなどは，1,000年ほど前にそれらの地に人間が移住して，どのような変化が起こったかを示す事例です。イースター島では，人間は生息していたあらゆる動物を狩り尽くしてしまっただけでなく，あらゆる木も伐採し尽くしました。マダガスカルとニュージーランドには，多くの種類のダチョウや他の動物が住んでいましたが，彼らも数百年の間に狩猟された結果，絶滅し，ついには手に入るのは人間の肉だけになってしまいました。カニバリズム[1]は周りから隔絶した離島の地で長い歴史があります。人が周りのあらゆる動物を狩った後には，同じ種である人間しか食べる肉が残っていなかっ

---

[1] カニバリズムとは，社会に認められた習慣として人肉を食うこと。対象のもつ呪術的な力を自己の中に取り入れようとするものと考えられている。太平洋の島々，ニューギニア，アフリカ，南米のアステカなどが知られる。

たのです。

　同じようなことはインディアンが2.5万から３万年前に北アメリカに移住した際にも起こりました。北アメリカでは全ての大型動物のうち80％もが消滅し，南アメリカにおいては巨大なオオナマケモノ[2]やグリプトドン[3]，その他の種は一掃されてしまい，数種のラクダとバク[4]が残るだけとなったのです。

　スウェーデンの動物の世界も，本当であればマンモスや，毛に覆われたサイのような動物，巨大なシカ，野生のウマ，ヨーロッパバイソン[5]，ホラアナグマ[6]，シロクマ，オオウミガラス[7]，アゴヒゲアザラシ[8]，コククジラ[9]など今よりも多くの生物が生息していたはずです。これらの種全てが，私たちの祖先によって，直接的には狩りや罠によって殺され，間接的には彼らの餌である動物を狩り尽くしたことによって絶滅に追い込まれました。動物たちは200万年以上にわたり，多くの氷河期を生き延びてきましたが，この新しく出現した

オオナマケモノ

グリプトドン

- [2] オオナマケモノは，メガテリウムともよばれ，全長６〜８メートル，体重３トンにもなり，現生するナマケモノと異なり，地上性であった。新生代第四紀更新世（164万〜１万年前）ごろ，南アメリカ大陸に消息していた。絶滅種。
- [3] グリプトドンは，絶滅した哺乳類の１つ。頭頂部，下面を除く胴と尾が骨質の鎧で覆われる。
- [4] バクは，奇蹄（きてい）目バク科で，体長1.8〜2.5メートル。原始的で，かなり自由に動く長い鼻が特徴。密林や草原に単独で住む。
- [5] ヨーロッパバイソンは，ウシ科バイソン属に分類される。野生個体は既に絶滅している。
- [6] ホラアナグマは，氷河期のユーラシア大陸に生息していたとされ，洞穴に巣を作って生活していた。
- [7] オオウミガラスは，チドリ目ウミスズメ科で，絶滅種。黒い大きな嘴（くちばし）をもつ。翼は退化して飛行力がない。繁殖期に陸地にやって来たところを人間によって殺され，絶滅した。
- [8] アゴヒゲアザラシは，アザラシ科アゴヒゲアザラシ属の哺乳類で，北極海周辺からベーリング海，オホーツク海に分布するアザラシ。
- [9] コククジラは，鬚（ひげ）クジラの一種。全長約15メートルで，背びれはなく，全身淡黒色で淡灰色の斑紋がある。北米側・アジア側の近海を回遊する。

第6章 ■ 自然と人間の関係——過去から現在

バク

ヨーロッパバイソン

ホラアナグマ

オオウミガラス

アゴヒゲアザラシ

コククジラ

狩りをするサルの前にはどうすることもできなかったのです。

以上のような説明は，学校では恐らく行われません。学校では動物は気候の変動によって絶滅したというのが当たり前の説明で，どうして温暖化が始まって，彼らが餌を見つけやすい時期に死に絶えたのかについて，何の説明もなされなかったのです。その理由は，人がそのような事実を直視したくなかったからなのかもしれません。霊長類が出現した6,500万年の歴史を振り返ると，私たちホモ・サピエンスの存在は自然にとって最悪の事態です。人間を知的で，責任のある，世界に活力を与えるために尽力する生き物と考える者にとっては，このような事態に気づくのは面白くないことです。

つまり，人間は手に入れやすい獲物を貪欲に狩り尽くす傾向にあることを歴史が証明しています。先を見越しての計画，このまま狩りを続ければ何が起こるかということへの洞察といったものはそこには存在しません。

そのような事態は，知識のなかった石器時代の人間もしくは未開の原始人が起こすことで，現代的な人間はもっと責任ある行動を取るはずだと思う人は多いかもしれません。

しかし，1789年にグスタフ三世[10]が狩猟を一般人にも開放してから何が起こったかを考えてください。この「優しい」王様が，人々を治めようとして，自分の土地での自由な狩りを行う権利を認めたことで，スウェーデンの動物たちの世界は氷河期以来最大の危機が到来することになったのです。ヘラジカ[11]やシカなどは，それ以前には貴族と王族だけに狩りが許されていました。しかし，今その特権は取り払われ，自分の土地であれば，誰でも，どこでも，いつでも狩りができるようになったのです。さらには殺傷能力の高い銃器も数多く導入されました。そして，動物たちにとっては壊滅的な結果となりました。

わずか100年ほどで狩猟者たちは野生のトナカイ，イノシシ，そしてビーバーを絶滅させることに成功しました。ノロジカ[12]やアカシカ[13]もほぼ同じ状

---

[10] グスタフ三世は，スウェーデン王（在位1771-1792）で，自由の時代の政争に終止符を打ち，1772年議会に王権強化の新憲法を採択させ，絶対王制をしいた。なお，自由の時代には，スウェーデンの内政は混乱し，対外的にも弱体化したが，学問，文芸はウプサラ大学を中心に発展し，植物学者リンネ，物理学者セルシウスら著名な学者を輩出した。

[11] ヘラジカは，シカ科の哺乳類で，現存する最大のシカ。体長3メートルほどで，雌はやや小さい。水辺の草原に小群で生活する。

第6章　自然と人間の関係——過去から現在

況に追いやられましたが，南スウェーデンのいくつかの大領地において保護されたことで，何とか絶滅は免れました。ヘラジカにおいては，表面の凍った雪の上で彼らを追い立てて狩るという方法が不可能であったダーラナ地方などの森の奥深くに，恐らく数百頭が残るだけになり，北スウェーデンにおいては，それらは全く見られなくなりました。もし自分がこの最後の1頭とな

ヘラジカ

ったヘラジカを撃たなかったら，他人が捕ってしまう。そこには責任ある狩りという考えは微塵も見られませんでした。

　完全に無責任かつ無慈悲な狩猟が招いたことは，わずか100年ほどで，基本的には全ての大型の哺乳類が私たちの国から消滅したことです。アルバート・エングストロムやブルーノ・リリエフォシュといった大狩猟家がスウェーデンの南部にいたなら，ヘラジカ，ノロジカなどを全く狩らずに，野ウサギ，キツネ，そして鳥などを狩って満足するしかなかったのです。

　現代における魚の乱獲の問題にもはっきりと同じような傾向が見られます。

ノロジカ

アカシカ

🐾12　ノロジカは，偶蹄（ぐうてい）目シカ科で，体長1メートル程度。夏毛は赤褐色，冬毛はオリーブ褐色で，尻に大きな斑点が現れる。草や木の新芽，果実などを食べる。
🐾13　アカシカは，シカ科の大形シカで，肩の高さは1.6メートルに達する。体は褐色で白斑を欠く。夜行性で草を食べる。

私たちが乱獲により魚の生態系を壊滅的な状況へと追いやっていることは既知のことです。しかし，もし私たちが獲らなくともノルウェー人が，スペイン人が，ロシア人が，他の国の人たちが獲るだけだと考えているので，人々は魚を獲り続けるのです。過去から現在にわたって，私たちの行っている破壊的な活動についての知識は何の改善行動にもつながっていません。それどころか，例えばクジラやタラといった自然資源を，ほぼ壊滅的な状況に追いやるまで徹底的に利用し尽くす傾向は未だに変わらず存在しているのです。その生き物の総数が活用できないレベルに落ち込むまでは，どのような効果的な対応策も聞き入れられることはありません。危機的状況になって始めて法律が定められます。残念ながら，そのような法律が唯一機能する方法のようです。

　今日，法律により厳格に保護された結果，ヘラジカやアカジカなどは数多く存在します。その数は，1920年から1930年代にかけて急激に増大し，今現在，氷河期以来最大の生息数となっています。その一因は，私たちスウェーデン人がヒステリックなほどに家畜を襲う肉食動物，特にオオカミを恐れたからです。イタリア，スペイン，エストニア，ブルガリアにルーマニアといった国々には，スウェーデンの5から6倍ものオオカミが生息します。

　現在，一般の人々がヘラジカ狩りをするのは「非常に古くからの伝統」と考えるのは大きな間違いです。それは私と同じくらいの歴史，つまり65年ほど前に始まったものでしかないのです。1920年代には全国で年間2000頭ほどのヘラジカが撃たれました。ヘラジカの総数は1940年代に急増し，その後現代のような狩りの形態が定着したのです。同じことは「非常に古い」と思われているヤマシギ[14]の狩りの方法についてもいえることです。現代行われているような狩りの方法は，私の祖母の時代にやって来た近代的な散弾銃と共に用いられ始めた程度なのです。

ヤマシギ

---

[14] ヤマシギは，シギ科の鳥で，ユーラシア大陸中部に分布し，長いくちばしでミミズなどを食べる。

第6章 ■ 自然と人間の関係——過去から現在

　つまり，憂うつな結論として導かれるのは，私たちはその祖先と全く同じで，無情で，先見の明もなく，短期的にしか事態を考えられないのです。それは私たちの思考と行動について重要なことを教えてくれます。短期的，個人的利害の点からすれば，最後のマンモスやヘラジカを殺し，イースター島の最後の木を切り倒すことは確かに賢明なことなのです。自分がしなければ他人が同じことをする，という考えが正しいならば，その行動は合理的とみなされます。隣の一家に先を越される前に，自分とその家族がスモーランド地方で最後のヘラジカを狩るのが最善なのです。まず，人は自分とその家族の利益を考えるべきであって，そのように行動して生き残ってきたのが私たちの祖先であり，人が生き残る上で当然のことなのです。

　人口が着実に増加してきた5万年前からそれ以降には，新しい狩猟の土地に困ることはほとんどありませんでした。将来を鑑みることなく手に入れやすい動物を狩り尽くし，根絶したとしても，人々が罰せられることはなかったのです。それどころか，非情で図々しいことは長所でさえありました。地球上で人類が繁栄しているのは，アフリカからの大移動からわずか1万年後には南オーストラリアにまで及ぶ勢いで進み，わずか6,000年でベーリング海峡からティエラ・デル・フエゴにまでたどり着いたのです。それが出来た理由は，石や槍を投げ，銛を突き刺し，矢を放ち，罠をかけ狩りをするサルに対抗できずに，簡単に狩りの対象になってしまう動物が生息したこと，加えて，その食糧が保存できるようになって，人口が急激に増加したことにあるといえるでしょう。子どもたちは類を見ないほどの確率で生き延び，そのうち一族は新しい狩猟の場を求めて先に進めば良かったのです。

　そういった思考と行動は，私たちが現在も行っていることです。最も手に入れやすい自然資源を利用し，それが底を尽きかける，もしくは何かの問題を起こしたときには次の資源に移行する。つまり，私たちの祖先にとって自然自体は何の価値もなく，荒野は活用する対象としてしか興味がなかったのでしょう。当時は人間の欲求が全てにおいて優先されたのです。

　1800年代になって，自然の，絵のような，手付かずのものへの興味が初めて生まれてきます。しかし，この自然への新しい興味に拍車がかかるのは1890年から1900年の，19世紀末にかけてのことです。古くからある活用の対象として

の自然の捉え方と，自然保護の姿勢との衝突が始まります。これらは，往々にして，街－田舎，上流階級－下流階級の対立でもありました。都市化の進む中，住民は自分たちが休暇をとる際に，美しく絵のような野生のランドスケープに身を置く必要性を感じ始めたのです。都市化が進み，農業や森林業，トナカイの放牧などで生活する「自然を活用する」人口の減少が進むにつれて，そのような対立はますます激化しました。農業や森林業といった，自然を活用することに純粋に頼って生きてきた人々は，森の中を散策したがり，キツツキを何か重要なものと考えて街に住む人々に配慮するのはかなり難しいことでした。

　ツーリズムの出現は，自然への関心が当たり前ではないことを示す興味深い例です。もちろん遊覧ツアーなども以前にはありましたが，それは都市に住む裕福な中流階級によって行われた，都市近郊の自然豊かな場所へのちょっとした散歩といった程度でした。遊覧ツアーに拍車をかけたのは鉄道と蒸気船の出現で，それらにより都市の住民は安全かつ快適にかなり遠くまで出かけられ，世界の他の場所について知ることが出来るようになったのです。それに対して農村に住む人々は，何の目的もなしに旅をするだけの時間も興味も持たず，過酷な作業で手一杯の日々を送っていたはずです。そして自然は狩りや釣り，ベリー摘みなどのために存在し，それ以外の用途として価値をもつことはなかったのです。

　現代においても，自然はその自然を満喫するためだけに存在すると発想したのは街に住む中流階級であったことの名残があります。農村社会出身の人間は，今でもただ歩くためだけに森に出かけることには慣れていません。森に出かける場合，人は銃や釣竿，ベリーを入れるためのカゴなどを持って行くべきで，手ぶらで森に出かける場合，人は何か忘れたようで落ち着かない気持ちになるのです。

　興味深いのは，初期のツーリストたちが好んで山岳地帯に出かけたことです。知覚心理学の実験では，平野で成長した人は自分の生まれた土地よりも山岳地帯が美しいと感じる傾向が示されています。どうしてそうなるのかは推測するしかありませんが，山岳地帯は全くの平地に比べ，視覚に極めて印象深いイメージを残すからです。山岳地帯を経験した際に「圧倒される」という表現がよく使われるのも，山岳地帯のイメージを表しているのでしょうか。

第6章 ■ 自然と人間の関係——過去から現在

　ツーリズム発生の初期には，登山をスポーツとして捉える見方も現れました。ノルウェーとスウェーデンに存在する最も高い山々が外国人によって最初に登頂されたという事実は印象的です（スウェーデンの最高峰，ケブネカイセの登頂者はフランス人であるのは有名）。登山は，私たちの国ではまだ知られていなかった概念で，イギリスの領主たちがノルウェーの様々な山頂に向かうためのガイドを採用しようとしましたが，まだそのような職業は存在さえしていませんでした。山岳地帯の農民たちは，登って下るためだけに山頂に向かうよりも他にすることがたくさんありました。もし，そのようなことをするとしても，それは通過儀礼としてか，他人を驚かせるためであったことでしょう。

　ヨーロッパ内で，最初の旅の目的地となった場所の1つはスイスで，そこには高く美しい山々，民族衣装に身を包んで農作業をし，ホルンを吹く絵のように美しい住民，編み目のように張り巡らされたハイキングロードなどが存在しました。小さく簡素だったペンションの文化は，この新しく訪れるようになったハイキング客のために発展を遂げることになります。スウェーデンにおける初期の近代的なレストランが「schweizerier」（スウェーデン語でスイスはSchweiz）と呼ばれたのは興味深いことです。ハイキングの際，旅行者がスイス人を荷物の運び屋として安く雇うことも可能でした。つまり旅行者たちは，美しい自然と絵のような人々の生活を楽しむと同時に，快適で安全なハイキング道やホテル，レストランといったシステムを利用できたのです。

　現代において，150年前に曽祖父がスイスで楽しんだのと同じ経験をしてみたい人はネパールまで行ってみてはどうでしょう。ネパールには大規模なハイキング道が整備され，ペンションは密に配置され，人々の生活は絵のようで，しかも住民は喜んで旅行者の荷物を安価な代金で運んでくれます。1年間に約50万人もの旅行者がこのようにしてヒマラヤの主な山道を歩いているので，同行者やサービスに困ることもないのです。

　現代におけるツーリズムの捉え方は，恐らく曾祖母の時代のものとそう大きくは変わりません。アウトドア教育の場所として，一番の興味の対象は荒野ではなく，興味深く新しい，絵のような文化的ランドスケープでしょう。

　手付かずの自然に価値があり，さらにはそれが興味の対象になるという考えは，1900年代の最初になってはっきりと現れます。強い影響を与えたのはキッ

プリング（Kipling）の『ジャングル・ブック』です。この本は，多くの人に手付かずの自然への興味を抱かせました。キップリングがセルマ・ラーゲルレーヴ（Selma Lagerlöf）にインスピレーションを与えたというのは有名な話で，『ニルスの不思議な旅』はその影響を色濃く残しています。しかし，この流れは，そのはるか以前の1800年代半ばから存在していました。その頃の荒野への興味は，主に狩猟者による狩りの場としてのもので，1868年に制定された世界最初の国立公園のイエローストンの第一の目的は狩りの対象となる野生動物の保護にあったのです。人々は荒野を体験しようとして，道やホテルを造り，オオカミといった家畜を襲う肉食動物を撃ち殺しました。フェニモア・クーパー（Fenimore Cooper）は，インディアンのことを多くの本に記しました。高学歴者と富裕層の間で，荒野は次第に今と同じ意味をもつようになりました。しかし，それでも依然として狩りは重要な位置を占めました。「荒野の冒険物語」という憧れにも似た考え方が現れるのはもう少し後になってからでした。『森の生活（Walden）』を著したソロー（Thoreau）はその先駆者の1人です。彼は一番近い集落から歩いて1時間ほどで到着する小屋に住んでいて，その「荒野」での素晴らしい体験が語られたのです。

　この新しい価値観がスウェーデンにもたらされたことで，以前ははるか離れた場所にある価値の見出されなかった土地がアメリカのモデルに倣って国立公園に指定されるまでになりました。しかし，我が国においては，荒野をそのままの状態で残すために，道路は全く造られませんでした。ナイヤガラの滝のように，観光開発が自然を破壊してしまった例を目にしていた人たちにとっては，荒野は荒野のままであるべきで，自然への憧れと観光開発は相容れないということがわかっていたのです。

　そのため1950年代までは，荒野の奥まで入り込めたのはお金と時間を持ち合わせた大企業だけでした。国立公園は道路などが整備されていなかったので，ほとんど興味を示す人はいませんでした。1950年代に入って，政府が水力発電のためのダムを建設するとして，ある国立公園を開発しました。その大部分の自然が台なしにされたのです。しかし，その乱開発に反対する世論はほとんど形成されなかったのです。国立公園で起こるそのような状況を絶望視する記事が新聞に載せられもしましたが，それは関心をもたない人に対しては意味があ

りませんでした。政治家に影響力をもつ人々は，ダム建設反対の記事を支持しなかったのです。もしそれらの開発が経済的価値をもたなかったとしても，水力発電のための開発が最優先され，贅沢品としての国立公園が認められました。

　後になって自然の観点から事態を振り返ってみると，多分，1本の道路が滝の近くに建てられたホテルまで敷設されていたほうが良い結果につながったと思われます。その道路を利用して多くの人々が国立公園を訪問していれば，多くの人々がダムの建設に反対し，政治家たちは恐らくそこを侵害する勇気は持てなかったでしょう。自然はいつ何時変更されるかわからない法律よりも，大きな世論が形成される方が保護されるのです。この教訓は熟考に値します。

　多くの自然が保護されるために，ツーリズムは必要で，建設的な動きなのです。しかし，同時に，その環境に人間を招き入れるために，ツーリズムは自然を開発することでもあるのです。10万もの人間が同じ小道を歩くことになれば，地面は甚大な被害を受けてしまいます。それを避けるためにはアスファルト道か歩道橋を建設するしかありません。危険な場所には柵を立て，トイレやゴミ箱，調理場なども整備する必要性が出てきます。

　もし私たちが，自然は手付かずのままであるべきだという考えを変えず，マスツーリズムによっても自然は影響を受けないとして，現実から目を背けた考え方をするならば，自然の受ける被害はより大きくなってしまうでしょう。その良い例はオムバーグ（Omberg）という自然保護区にある山頂へと続く小道です。今現在，その道幅は約10メートルにまで広がり，地面は踏み固められ，土壌はほぼ流れ去り，山肌には岩が露出し，砂利などをまいて表面を保護していますが，この試みでは年々状況が悪くなるばかりです。もしこの場所が中央ヨーロッパに存在すれば，しっかりとした道や歩道橋，さらにはロープウェーなどがとうの昔に整備されていたでしょう。

　しかし，スウェーデンには未だに一種の自然ロマンが存在し続けているのです。私たちはオムバーグの頂上までアスファルト道を歩くことや，木の階段を登っていくことを好みません。というのも，そのような開発は，私たちの「自然」という概念に相容れないからです。多くの点で同意できる姿勢ですが，残念ながらそのように事態は推移しません。多くの人々が自然の中に出て行くためには，そこに道や橋，休憩所などを整備することが必要不可欠なのです。ここで

私たちは，自然ロマン派と観光賛成派の間の対立に向き合うことになります。

　私たちはこの対立の最前線に立っているに過ぎません。しかも，これは永久に解くことのできない方程式なのです。手付かずの多島海[15]や山地を25万隻のボート，あるいは20万人の登山者がどのように訪問するかを想定することは不可能です。私たちにできることは，人間の与える影響が最小限にとどまるようにそれら自然を管理することだけなのです。今までのところ，私たちスウェーデン人はまだこのような変化には対応できていません。人々は未だに自分だけの入り江を見つけて錨を下し，岩肌の上で火を起こし，誰にも邪魔されることのない自分だけの森の中の空き地でテントを張ることができると思い込んでいるようです。しなしながら，良くも悪くもこのような夢は散ってしまったのです。

　対立は，ここで挙げたものだけではありません。伝統的な方法で生き続けようとする人たちと，ツーリズムで儲けようとするグループの間にも当然のように対立が生まれます。ヘラジカを自分だけのものと捉えてきた人は，それを何頭かのオオカミと分けるといったことは考えられません。しかし，同じ土地で犬ぞりを走らせることによって収入を得る人は，観光客にオオカミの足跡見せ，その遠吠えを聞かせたいと考えるのです。これは常に増え続ける対立ですが，森林地帯に住む古くからのヘラジカ狩猟者の数の減少につれ，恐らくはツーリズムの利益の勝利に終わるものだと思われます。生まれ育った土地に残ろうと考える若者は，伝統産業がなくなって無職となる未来よりも，観光産業にて請負業者として働くことを選ぶことでしょう。

　社会における様々な分野にいる多くの人々が自然への関心を示す中，この状況にも対立が生まれています。スノーモービルなどを乗り回すための遊び場として自然を捉える人たちは，そこで静けさと平和を体験しようとする人々にとっては大きな問題になります。

　自然をスポーツのための競技場と捉えるグループは，スキーやジョギングのためのコースを整備し，スキーリフトやスキー場を建設しますが，一方で，より自然に近い他の活動を好む人々にとっては，不当に自然を開発するグループ

---

[15]　多島海（たとうかい）は，一定の範囲に多くに島々が存在すること。

として受け止められるのです。

　自然を工芸品と捉え，そこで様々なスキルを見せようとする人は，手の加えられていない自然を散策したい人とぶつかります。

　自然を食品貯蔵庫，もしくは狩りの場と捉える人は，キジやカナダガン，ニジマスなどの外来種を好んで持ち込み，養殖した魚や鳥を放ち，家畜を襲う肉食動物を競争相手として捉え，さらには自分自身を「害獣」と戦う自然警察官かのように振る舞います。狩猟の獲物であるヘラジカ，アカジカ，またはキジなどを奪う肉食動物は駆逐されるか，もしくは最小限の数まで減らすべきなのです。

　手付かずの自然を望む生物学者は，上記のような行動を好意的な目で見ることはありません。彼らが目指すのは，できる限り手の加えられていない状態に自然を保つことなのです。

　自然を野鳥観察や，昆虫，植物，鉱石などの採集の対象として捉える人は，また他とは異なった自然の見方をします。彼らの視点は，珍しければ珍しいほど価値があるものだという考え方に基づきます。例えば，数百もの野鳥の観察者は，バルト海を越えて間違って風に流されてきた珍しいはぐれ鳥を見るためだけに長距離を移動します。また，彼らは，絶滅の危機にあるような種類の鳥ではなくても，スウェーデンでは珍しいというだけでその種の維持に多大な努力を払うのです。

　しかし，最も大事なことは，今まで述べてきたような様々な種類の対立が起こることで，人が自然から遠ざかってしまってはならないことなのです。20年ほど前から始まったこのような動きもまたアメリカからやって来ました。私たちは，歩道橋，監察塔，案内板の配置されたハイキング道を整備し，人々が自然を満喫できるようにサポートします。ハイキング道の整備は時には自然に大きな影響を与えてしまうこともありますが，それでも，より多くの人が自然に接することによって自然への興味関心を高めるためにも，ハイキング道の整備は必要なのです。より多くの人が自然に関心をもつことで，自然保護，自然を脅かすものを阻止するための世論が高まっていきます。先に挙げたスウェーデンの国立公園で行われた水力発電のための開発の例を思い出してください。

　ここに，アウトドア教育における最も重要な課題があります。自然への興味

は放っておいて湧き上がることはありません。呼び覚ます必要があるものなのです。より多くの人が自然への興味を抱くようになれば，私たちの先人が残してくれた知恵，わずかながら残る本来のスウェーデンの自然を確実に保護できるのです。

補　章

解説
北欧スウェーデンのアウトドア教育の効果
──教育心理学の視点から

西浦　和樹

 アウトドアで教育・保育すること，学ぶことの大切さ

　今，このタイミングで本書『北欧スウェーデン発 森の教室──生きる知恵と喜びを生み出すアウトドア教育』を出版することができるのは偶然ではありません。2016年9月に開園が迫っている宮城学院女子大学が取り組む幼保連携型認定こども園「森のこども園」が未来の子どもの成長発達と地域の子育て支援の中心的役割を果たすことを目指しているからです。

「生きる力」を育む新しい幼保連携型認定こども園「森のこども園」

　宮城学院女子大学は仙台市内の桜ヶ丘地区に位置し，周囲を10万㎡の広大な森に囲まれた自然豊かなキャンパスとなっています。宮城学院女子大学の保育者養成は，1955年の保育科開設以来，60年間に及び東北地方の保育研究拠点としての役割を果たし，数多くの優秀な保育者を保育現場に輩出し続けています。その将来を担う保育学生の学びの場としての附属幼稚園は保育科開設から1年後の1956年に開園し，学生の実習園としての役割だけでなく，地域の子育て支援の中心的役割を果たし，創立50余年の歴史の中で2,500余名の修了生を輩出してきています。

　この実習園としての機能を果たす附属幼稚園では，2003年以降，森を活用した保育カリキュラムを積極的に開発・運用するために，北欧の人材派遣と招致，保育学生と保育者の実践力向上を同時に達成することを目指しています。

　教育・保育の分野における大きな変化として，2006年に改正された教育基本

法の施行が挙げられます。本改正では,「生きる力」と「豊かな人間性と創造性」が教育目標に掲げられ,社会を積極的に変革できる発想豊かな人材の育成が期待されることとなりました。しかし,文部科学省の掲げる「生きる力」(文部科学省,2008)をどのように育むべきか,多くの議論を呼んできましたが,それらの「力」をどのような環境で統合的・一体的に育むべきかの具体的な議論は少ない状況が続いています。

　現行学習指導要領は,1996年7月の答申「21世紀を展望した我が国の教育の在り方について」を踏まえて,「生きる力」の理念を次のように示しています。①主体的判断・行動による課題解決,②他者との協調性,③健康と体力。私たちは,これらがアウトドア環境でこそ統合的に育成されるという教育コンセプトともいえる研究仮説を立てて,北欧からアウトドア教育の研究者を招き,公開講演会やワークショップを積み重ねてきました。一時は,2011年3月11日に発生した東日本大震災の影響によって,保育現場が疲弊し,北欧との関係が途絶えそうになりましたが,IKEAジャパン様の東日本こどもプロジェクトの支援を受けて,子どもに関わる保育士の先生方と共に,スウェーデンの保育を視察することができました。

　子ども・子育てに関する国策の変化に伴って,2015年4月には保育システムと関連財源が一元化され,新しい体制の中での幼保連携型認定こども園がスタートしました。それに先行して,幼保連携型認定こども園教育・保育要領(内閣府,2014)が告示されました。その保育要領の中身は,幼稚園と保育園の共通部分をまとめる内容となっていますが,私たちが目指す「健康」「環境」「表現」を一体的に提供できる保育環境やカリキュラムの実践方法と研究成果は示されていません。

　このような状況の中,宮城学院女子大学附属幼稚園では,キャンパス内に広がる森に囲まれた附属幼稚園の発展形として,新しい幼保連携型認定こども園「森のこども園」に移行することとなっています。

　では,この「森のこども園」は,どのような教育理念をもって臨むのがふさわしいのでしょうか。自然豊かな環境を活かし,子どもの五感に働きかける学習機会は,宮城学院のキャンパス周辺の森を活用することでこそ実現できる特色の1つと考えます。この特色を裏づける学術的な証拠が本書に記述されてい

補章 ■ 解説 北欧スウェーデンのアウトドア教育の効果——教育心理学の視点から

ます。本書の第3章「子どもと自然」では、自然豊かな多様性のある学習環境がストレスを減らし、集中力を高めるという証拠を提示しています。第5章「子どもに不思議を感じさせる技術とは」では、子どもに知的好奇心をもたせるための「問いかけ」の例を挙げて、環境教育を行ううえでのヒントを提示しています。

さらに、乳幼児期の保育は、「食べる」「寝る」「遊ぶ」といった子どもの生活を通して、「生きる力」の基礎を育成するように配慮すべきではないでしょうか。この考えに立ち返ると、①子どもにとって最も身近なアウトドア環境を対象として、②新しい幼保連携型認定こども園の枠組みの中で、③北欧型のアウトドア保育を融合した次世代の保育方法を開発・追求し続けることが必要、との見解が自然と導き出されます。

また、この教育理念ともいえるアウトドア環境の積極的な活用によって、総合的な子育て、子ども支援を実現でき、最先端の保育を提供し、国と地方公共団体における保育政策との連携を強め、持続可能な社会への貢献を図ることも私たちは目指しています。

しかし、学術的な裏づけがあるからといって、北欧諸国と日本では、教育環境が大きく異なります。私たちの目標は、この日本の現状に即して、自然豊かな多様性のある教育環境を整え、提供し続けることです。つまり、アウトドアでの体験活動を行うことで、健康の維持増進を図りつつ、創造的な遊びや活動につながる教育・保育の方法を追求することです。

本書は、北欧の最先端の教育研究の成果を含むものですが、若干の補足が必要です。以下では、アウトドア教育の新しい潮流に注目し、本書を教育心理学の視点から解説します。

第1章解説　アウトドア教室——充実した学習環境となる素晴らしい教室

第1章では、アウトドア教育の本質について、「アウトドアにおける体験型で、場所を重視した学習によって得られた生の経験を、教科書中心の教育実践と組み合わせること」と述べています。この経験を重視する教育方法の背景には、「実際の事物を直接観察し、触れることによって学習する」という実物教授の原理

があります。また，アウトドア教育は，「学習者が「健康」でなければ，学習成果は期待できない」という考え方が大前提となっていて，「生きる力」や「生きる喜び」といったモチベーション教育はアウトドア環境で統合的に実践すべきであるという理念があります。

　では，アウトドアを教室に見立てた学習環境では，どのような教育が行われているのでしょうか。アウトドア教育を提唱するリンショーピング大学アウトドア環境教育センターの研修プログラムを紹介しながら，未来の教室としての可能性を探ります。

北欧スウェーデンのアウトドア教育との出会い

　2010年3月実施の本学発達科学研究所主催の公開研究会では，アンディシュ・シェパンスキー氏（リンショーピング大学アウトドア環境教育センター所長）を招待して，スウェーデンのアウトドア教育の理論と実践について講演会を実施しました。ここでの講演の概要は，アウトドアでの身体活動が，子どもたちに言語的知識だけでなく数学的知識を学習させることを目的としており，スウェーデン国内の教育環境と教員研修会の実施状況が紹介されました。

　スウェーデン国内でのアウトドア環境教育センターの位置づけと活動実績は，次のようになります。

アウトドア環境教育センターの概要

　リンショーピング大学のアウトドア環境教育センター（Nationellt Centrum för Miljö-och Utomhuspedagogik: NCU）は，1993年に大学の研究機関として設立されて以来，スウェーデン国内のアウトドア教育の分野で継続的に活動しています。その主たる事業内容は，スウェーデン国内外の現職教員と教員を目指す大学院生を対象としたアウトドア教育の方法と技術を習得させるための研修会や授業の企画・運営が中心となっています。

　NCUの特徴の1つは，アウトドアでのキャンプ技術向上を目指す従来の野外活動とは一線を画していることです。例えば，指導者研修会の際には，アウトドアでの環境教育や教科教育のエッセンスを盛り込んだ形態で運用されます。つまり，アウトドア教育は従来のインドアでの伝統的な教授法を補完するため

補章 ■■ 解説　北欧スウェーデンのアウトドア教育の効果──教育心理学の視点から

に考案された新しい教授法との位置づけで，NCUは現場の教師トレーニングとしてアウトドア教育を普及させる役割を担っています。

　NCUのもう1つの特徴は修士課程に特化した教職大学院の役割が与えられていることです。「アウトドア環境教育とアウトドアライフの修士課程(Master in Outdoor Environmental Education and Outdoor Life, 60 ECTS)」というスウェーデン国外の提携大学からの交換留学生用のプログラムが提供されています。実際，ヨーロッパ各国やアジア圏のプレスクールや小学校の現職教員が，1年間，20名程度のグループとなって英語での授業を受けながら，アウトドア教育について学んでいます。

アウトドア教育：未来の教室としての可能性

　実際に，NCUの修士課程の授業で印象に残っているものを3つ紹介します。

　1つ目は，入学当初のウェルカム・プログラムで，各国から集まった大学院生のコミュニケーションを図るために，リンショーピング市の郊外にあるキャンプ場での1泊2日の宿泊体験を伴うオリエンテーションとして実施されます。このプログラムの参加者は，プレスクールや小学校の教員経験者20名程度です。1グループ4名に分かれて，アウトドア活動に精通している者がグループのリーダーを担当します。1泊2日のプログラム(訪問時2011年9月5日から6日)で，まず初日は2日間の食材の買い出しを計画することから始まります。現地に到着すると，ストームクッカー(Stormkök)というスウェーデンの調理器具の使い方，テント設営に必要なロープの利用方法に関する説明を受け，あとは各グループが協力して生活することで2日間を過ごしました。最も印象的なアウトドア活動は，湖畔での「環境」を題材として，声を出さずに動作だけでの演劇(ドラマ)を創作し，発表することで，表現力のトレーニングが行われました。ヨーロッパの教員養成では，コミュニケーションの取り方を学ぶために演劇(ドラマ)の授業が積極的に取り入れられています。

　2つ目は，フィールド・トリップで，スウェーデンの児童文学者で世界的にも有名なアストリッド・リンドグレーン(Astrid Lindgren)生誕の地，ヴィンメルビーの訪問です(訪問時2011年10月4日)。この地は，『長くつ下のピッピ』の作者であるリンドグレーンが子ども時代を過ごした場所で，その当時の

175

家や町並みが保存されています。また，リンドグレーン博物館「ネース（Näs）」には，彼女の偉業に関する展示が音声解説付きで紹介され，当時のライフスタイルが作品に反映されていること，その作品がスウェーデン人の活発な女の子のモデルとなっており，子どもたちに大きな影響を与えていることが容易に想像できます。つまり，スウェーデンの歴史と文化を知るためのツーリズムが授業に取り入れられているのです。

　3つ目は，アウトドア活動で数学を学習するための授業で，大学周辺の雑木林を利用して，数学ワークショップが実施されます（訪問時2011年11月24日）。大学から雑木林までの10分間の移動の時点から数学ワークショップは始まっていて，5名で協力して立体図形を作ること，さらにその立体図形は人が通過できることの2つの条件をクリアするようにとの指示が最初に与えられました。その後も，2つのグループに分かれて，2列に向かい合った状態からロープを奪い合う「ロープ争奪戦」，実際に巻き尺を用いて木々の円周と直径から円周率を求める「πの計算」，30枚のクイズ形式の問題と番号か書かれたカードを木の枝に吊るし，サイコロの出た目の数によって問題を解いていく「クイズ問題」，お互いが背中合わせで木の葉と枝を使って行う「三目並べ」などが行われました。普段から，アウトドア教育で算数を教えるためのトレーニングが身近なアウトドア環境を利用して実施されていました。

　これらのワークショップや授業に共通することは，参加者自らが協力して問題解決を行うことで，アウトドア活動の楽しさを体験的に学ぶだけでなく，教師が「健康」「環境」「表現」を一体的に提供できる活動となっていることにあります。すなわち，アウトドア教育が地域の特徴を活かした新しい未来の教室としての可能性を提案しているのです。

第2章解説　本から学ぶ知識と感覚経験

　第2章では，スウェーデンで義務教育が行われるようになった1842年当時の学習状況に触れ，現在の学習環境が文章を中心にした学習に偏向していて，感覚経験や直感といかにかけ離れたものになっているかを説いています。つまり筆者が「読者は文章を出発点として，意識的なイメージを創り出そうとする可

補章　　解説　北欧スウェーデンのアウトドア教育の効果——教育心理学の視点から

能性がある」というように，学習者が感覚経験を伴わない現実離れした考え方をしてしまうことから，現在の学習環境の問題の所在が「上辺だけの学習」になっていることを指摘しています。この問題の核心部分は，学習の動機づけの低下を招く可能性があるとも述べています。

　感覚経験を伴わない「上辺だけの学習法」による動機づけの低下を回避するための秘策として，筆者は「当事者意識のもてる学習課題を設定すること」を説いています。つまり，「子どもたちがアウトドア環境に身を置くことで，素朴な疑問をもち始め，自ら答えを導き出そうとする」という考えです。これは，子どもだけでなく，教師やスーパーバイザーである大人にも当てはまるという主張は説得力があります。

　さらに感覚経験の重要性を裏づける論証は続きます。人の成長に欠かせない「反省（振り返り）」の活動を取り入れ，自分の存在や考えへの気づきを促し，メタ認知能力を高めることの重要性を説いています。知識の種類については，暗記能力が問われる「カタログ的な知識」，類推能力が問われる「アナログ的な知識」，会話や対話能力が問われる「ダイアログ的な知識」の重要性に触れています。現代社会で重要視されがちなカタログ的知識だけでなく，アナログ的知識やダイアログ的知識もバランスよく学習されてこそ，知識の表現や活用の点で，実生活に活かされると考えるのは当然の主張といえます。

　実際に，「当事者意識のもてる学習課題を設定すること」と「感覚経験の大切さ」について，スウェーデンの教員研修会では積極的に議論されます。アウトドア北欧会議とヘルシンボリ自然学校の視察を通して，感覚経験を取り入れた学習環境の実際について考えます。

アウトドアで算数を学ぶ：アウトドア北欧会議への参加を通して

　アウトドア教育の北欧会議「アウトドアの時間（Ute är inne）」は2年ごとに開催され，教育関係者が集まる北欧最大のアウトドア教育の国際会議です。訪問時は，2011年は9月29日と30日の2日間にわたって開催され，総勢1,000名を超える参加者が会場に集まりました。スコーネ県の協力で，会場はマルメ市のスタディオンマッサン（Stadionmässan）とその周辺の公園ピルダムスパルケン（Pildammsparken）が利用されました。ピルダムスパルケンは，マル

メ市の中心部にありながら，野鳥，小動物，植物などの豊かな自然環境が残されています。また海洋科学センターSEA-Uとその周辺も利用されました。この場所はマルメ市中心部から少し離れたバルト海沿岸部に位置し，海洋汚染からバルト海を守る活動をしている拠点として知られています。

今回の会議のテーマが「街の自然と文化のランドスケープの中での多様性と学習」に設定され，「地域の特性を活かして持続可能な開発と海洋教育への関心を高めたい」という主催者の願いが反映されたものとなっていました。まさに地域の特色を活かして教育の多様性を追求するのにふさわしい場所でした。

研修会の参加者は，プレスクール，小学校，中学校，高等学校の責任者と教員，養護教諭などの教育関係者でした。さらに，アウトドア教育に関わるランドスケープ・デザイナー，あるいはレジャー活動や健康増進のためのボランティアも含まれていました。

図7.1 スコーグムッレのワークショップ：白樺を模した手作りの教材例

SEA-Uでのワークショップ会場では，NCUが主催するアウトドア教育のワークショップだけでなく，スコーグムッレ（図7.1）や企業による環境教育の教材展示が行われました（図7.2）。会場周辺のバルト海の浄化施設を見学する最中には，この付近一帯の汚染状況が深刻な問題となったものの，環境保全活動に取り組み始めてから，随分と水質改善が進んでいるという説明を案内人から受けました。実際，浄化施設では，ムラサキイガイ（Blue Mussel）を養殖し，生物の力を借りて水質浄化を行う仕組みとなっていますが，天候悪化による影響でム

図7.2 ウーテ・エー・インネ(Ute är inne)開催中のワークショップ会場

補章 ■■ 解説　北欧スウェーデンのアウトドア教育の効果──教育心理学の視点から

ラサキイガイが被害を受けると水質浄化が難しくなることもあります。現実は想定外のことが起こるので，苦労が絶えない状況が語られたのが印象的でした。

　スタディオンマッサンでのワークショップ会場に移り，ヤンエリック・モルク（Janeric Mörck）先生による算数ワークショップを見学することができました。このワークショップでは，公園の一角を利用して，長いロープ，角材を利用した杭，輪投げ用の輪，それら教材の側には，使い方を示した算数ワークショップのテキストが掲げられていました。最初に目にしたのは，減算課題で，輪投げができるように地面に打ち込まれた数本の杭，その杭には数字カードが貼付けられていました（図7.3）。ここでの課題は，ある条件に従って輪を投げることでした。例えば，各杭に20, 30, 70, 50, 35のような数字が掲げられ，最も大きな差となるように2つの輪を投げなさい，という課題が出された場合，その中から最も大きな数字70と小さな数字20を見つけ出し，それら数字の引き算を計算しなければなりません。最終的に数字50をもつ杭を目掛けて輪を投げることになります。

図7.3　数字ワークショップの例
輪投げと計算課題を組み合わせ，ゲーム感覚で楽しめる。

　また別の場所では，バケツと松ぼっくりを使った「掛け算」と「足し算」課題が用意されていました。ここでのバケツの使い方は，6個のバケツを用意して，各バケツに番号を振った上で地面に並べます。それから番号順に松ぼっくりをバケツに投げ込んでいきます。最終的にバケツの番号と松ぼっくりの数を掛け算し，それら掛け算の計算結果を合計します。こうしたアウトドアでの算数教育の方法は『森に出かけて算数をしよう（*Gå ut och räkna med skogen*）』として出版されています。

　これら一連の計算過程では，数字を一時的に記憶しておくためのワーキングメモリと計算の手順自体を把握するためのメタ認知を必要とします。通常の筆算の場合は，計算過程が表現されないために誤り原因を把握しにくいのですが，

身体活動を伴う遊びであれば，計算過程の誤りが体の動きの誤りとして表現されるため，比較的容易に把握できます。何より，単なる算数の知識の獲得に留まらず，友だち同士で協力して計算練習を行う点が効率的な教育方法と考えられます。

　なお，アウトドア教育の北欧会議は非常に多くのワークショップが同時間帯に企画・運営されました。本会議の運営母体は，アウトドア教育振興のための全国ネットワーク拠点（Utenavet nationellt nätverk för främjande av utomhuspedagogik）によるもので，NCU，スコーゲン・イ・スコーラン（Skogen i skolan）[1]，モヴィウム（Movium）[2]，NCFF（Nationellt centrum för främjande av god hälsa hos barn och ungdom）[3]，自然学校協会（Naturskoleföreningen）[4]，アウトドアライフ（Friluftsfrämjandet）[5]というスウェーデン国内のアウトドア教育の中核を担う組織が大きく寄与することで成立しています。

感覚経験の大切さ：ヘルシンボリ自然学校の事例

　文字を学習する以前の子ども，すなわち未就学児は数量的な関係をどのようにして学習するのでしょうか。もちろん絵本の読み聞かせや特別な訓練を通し

---

[1] スコーゲン・イ・スコーランは，スウェーデン語で「森の中の学校」という意味があり，森は最適な教室になりうるとの考えに基づき，理論と実践をつなげることで，経験と知識を広げることを実践している。

[2] モヴィウムは，スウェーデン農業科学大学の都市公共スペースに関するセンター（Center for the Urban Public Space at the Swedish University of Agricultural Sciences）の通称であり，一般的な社会発展のために公共スペースの意義を深めることを目的としており，情報，先進教育，投資顧問業，プロジェクトによって知識を伝えている。

[3] NCFFは，スウェーデン国立子ども健康増進センター（The Swedish National Centre for Child Health Promotion）の略称で，子どもたちの良好な健康状態を維持増進するために，身体活動，食習慣，子どもと若者の学習と発達との関係を総合的に考えることを推進しようとしている組織である。エレブロ大学（Örebro University）に事務局を置いた。NCFFの構成員は，会長と役員2名がスウェーデン政府から任命され，その他6名の役員から構成される。

[4] 自然学校協会は，スウェーデン国内の自然学校をまとめる組織で，スウェーデン国内の自然学校は約90校近く存在する。自然学校は校舎や教室を持たない環境で，アウトドアの教材を活用した教育方法を採ることを特徴としている。

[5] アウトドアライフは，スキーなどのアウトドア活動を推進する目的で1892年に設立され，1957年には森のムッレ（Skogmulle）がアウトドアライフの活動の一つとして誕生した。以来，子どもたちの自然を敬う心を育てることを活動の目的としている。

補章 ■■■ 解説 北欧スウェーデンのアウトドア教育の効果——教育心理学の視点から

て，早くから文字の読み書きができるようになる子どももいますが，遊びを通して体験的に数量的な関係を理解せずに読み書きを覚えた場合は，本当の意味での数のもつ意味を理解していない可能性が容易に想像できます。

スウェーデンの学校教育を補完する仕組みの1つは，アウトドア環境で，感覚経験を通して学習の機会を提供している自然学校があります。全国に90校近くあり，それぞれが独立して活動しています。その自然学校の1つ，ヘルシンボリ自然学校ミルヨーベルクスタデン（Miljöverkstaden）は，プレスクールから中学生までの一貫した環境教育カリキュラムを備えた自然学校として注目されています。感覚経験の大切さを教える事例は，スウェーデンの小学1年生を対象とした長さの感覚を学ぶ実践です（訪問時2011年9月13日）。この授業では，子どもたちが協力して植物の枝葉を集めます。それらを整理・分類することを通して算数的な知識を体験的に学ぶことを特徴としています。例えば，できるだけ多くの小枝を集め，一直線に並べる活動では，単に並べるだけではなく，巻き尺を使って数十メートルの長さを測定しました。ここでの活動は，長さに関する数量的な概念だけではなく，普段扱うことの少ない大きな数を用いて感覚的に長さを知ることができるという点で，子どもたちにとっては貴重な感覚経験になります。

このような事例は，第2章「本から学ぶ知識と感覚経験」の具体的に実践する上でヒントになる事例となっています。就学前に体験的に学んでおきたいものとして，次のようなものが挙げられるのではないでしょうか。例えば，数量感覚（大きさ，数，量，重さ，長さ，高さ，広さ，厚さ，年齢），位置感覚（上に，下に，前に，後ろに，～を越えて，～の横に），時間感覚（今，昔，その時，以前は，いつも），程度の感覚（すべて，いっぱい，少し，半分，およそ），分類（形，大きさ，素材），数え方（順序数[6]：1つ目，2つ目，3つ目…，一番，二番，三番…）などは生活する上で重要な感覚経験となります。

---

[6] 順序数（序数）は，物の順序を示す機能がある自然数のことをいう。対して，物の個数を示す機能を基数という。

第3章解説　子どもと自然

　現代では，「子どもを外で遊ばせると健康に良い」という考えを何の疑いもなしに信じ込んでいるのではないでしょうか。このような考えは，古くは1800年代にフレーベルが幼稚園を開いたきっかけともなっています。しかし，子どもが遊ぶ場所として，どのような所が適切なのかは不確かです。著者は独自の研究成果に基づいて，感覚経験を強める9つの性格として記しています。

　特に，プレスクールの園庭の調査結果は特筆すべきで，「遊びの基地」が活動の中心となって，その周辺に「遊びの基地」よりもやや活動範囲の小さな「ホットスポット」を作り，これらの間を行き来するように関係づけられた「活動的なエリア」をもつ園庭こそ，理想的な自然豊かな園庭であるとの主張です。このような園庭であれば，子どもの健康が担保され，運動スキルや集中力を高めることもできるという研究成果は説得力があります。

　また，大人や老人の場合であっても，心身のバランスを取り戻すためには公園のような緑のエリア，すなわち変化に富んだアウトドア環境が必要であることも研究から示されています。人が自然を理解する方法について，心理学者と哲学者の挑戦についても触れています。ここで重要なことは，現代社会では様々な原因によって精神的に落ち込んでいる人が，危機を乗り越える際に，怒りや恐れといったネガティブ感情に支配されないことであり，山の風景や島々といったアウトドア環境がポジティブ感情に方向づけやすくしてくれると述べています。このような「感情のトーン」といわれる自然と感覚経験の相互作用が，心の発達（アイデンティティ形成）に欠かせないという考えです。

　次に紹介するスウェーデンのアウトドア教育のモデル校は，日常生活の中に自然豊かなランドスケープがあり，感覚経験との相互作用が心の発達を促します。

アウトドア教育のモデル校：エリアス・フリーズ学校の事例

　エリアス・フリーズ小学校（Erias Fries Skolan）は，スウェーデン南部，ヒルテ市の中心部ヒルテバルク（Hylteburk）にあって人口3,716人（2010年現在）の地方都市です。この地域は，ストラ・エンソ（Stora Enso）をオーナー

補章　　解説　北欧スウェーデンのアウトドア教育の効果——教育心理学の視点から

とする製紙工場があることでも知られています。

エリアス・フリーズ小学校は，プレスクールクラス（Class 0）から6年生（Class 6）までの児童が在籍し，同じ敷地内にプレスクールを備えた幼小連携校となっています。また，アウトドア教育のモデル校として1995年に開校し，学校の校舎は，8つの小さな木造建築の校舎からなります（図7.4）。各校舎の中心にあるメインストリートには，子どもたちがスウェーデンの地理に日常的に触れることができる工夫が施され，アスファルトの上にスウェーデンの地図が描かれています（図7.5）。他にも，言葉の概念を体験的に学習できるよう，反意語の組み合わせ，身体語がアスファルト上に描かれています。

図7.4　エリアス・フリーズ小学校の校舎配置図
中央のBruksgatanの両脇に校舎が配置される。

図7.5　スウェーデンの地図が描かれているメインストリート

アウトドア教育のモデル校として計画段階から，子どもたちの健康に配慮した校舎の素材（オイルを塗ったオーク材，空気の状態をよくするための空間の高さ，水蒸気量をコントロールし，音を吸収する屋根など）と排せつ物の再利用のためのシステム（尿分離型トイレと地下のコンポスト）にはこだわりをもって設計され，各建物単体で生命循環が行われるように工夫が施されています。実際，地下にあるコンポストでは，ミミズが排せつ物の処理を請け負っており，コンポスト内のミミズの働きに依存して処理能力が変わるので，コンポスト内の温度管理には十分注意を払わなければなりません（図7.6）。

図7.6 尿分離型トイレの処理システム
コンポスト内はミミズが快適な温度に調整される。

学校全体で活用する菜園では，子どもたちが野菜やフルーツを栽培し，収穫します。また，食事の残飯と庭のゴミが堆肥にされ，リサイクルされる仕組みとなっています。他にも，水の循環がはっきりとわかるようになっており，雨水は水路に集められ，広々とした湿地帯に流されます。

2011年9月14日。訪問日当日は，8時頃から職員が出勤し始め，子どもたちの朝食の準備が始まりました。しばらくすると，子どもたちが登校し，順番に食事をとり始め，通学用のバスや自家用車などで登校した子どもたちが朝食を済ませました。

図7.7 数字を使った遊びの例
数字（序数）に親しみ，数の順序を自然に学ぶことができる。

この日は全校生徒が一斉にアウトドア活動を楽しむ日として設定されていたため，学校の敷地全体を利用した遊びを見学することができました。例えば，子どもたちの活動の様子を見学している際には，「けんけんぱ（Hop scotch）」で遊ぶ子どもがおり，アスファルト上のスペースを使って，四角のマスを描き，そのマスの中に「数字（例えば，1，2，3など）」や「曜日の頭文字（例えば，M，T，Oなど）」を描くことで，低学年の子どもであっても遊びながら自然に数字や文字に触れることができるように工夫されていました（図7.7）。小学校低学年向けの数字を使った遊びには，「順序数」を学ばせようとする意図が感じられました。なお，私たちが日常使っている「数」は，「自然数」とよばれるもので，物の多さを表す「集合数」と順序を表す「順序数」としての性質をもちます。

補章 ■■■ 解説 北欧スウェーデンのアウトドア教育の効果——教育心理学の視点から

別の活動に目を向けると,「フラフープ」遊びが印象的でした。「フラフープ」遊びでは,低年齢のプレスクールの子どもたちがフラフープを組み合わせることで,中が空洞の球体となり,その中を家に見立てて遊ぶことができます。単なる部分の組み合わせが予想もしない形状を作り出すという点では,創造的な特性を備えた遊びと考えられます。

アウトドアでの活動を締めくくる最後の遊びは,全児童と教員246名が一体となってフラフープを使ったリレーが行われました。このような協同作業を通して,学校の子どもたちが一体感を経験する機会が提供されていました。ここでの教育実践は,第3章「子どもと自然」に記述されている内容と関連して,校舎の設計段階から,子どもたちが日常生活の中に生命循環を感じることができるような配慮がなされているだけでなく,「健康」「環境」「表現」が,一体的に提供できるアウトドア教育プログラムとなっていることに最大の特色があるといえます。

アウトドア教育の幼保小連携モデル校:トルスランダ地区のアウトドア教室

スネッケベルゲッツ学校(Snäckebergets förskola och skola)は,2007年に開校した新しい校舎で,ヨーテボリ(Göteborg)市郊外のトルスランダ(Torslanda)地区に位置し,この地区の学校が利用可能なアウトドア教室(Uteklassrum)を利用しています。

スネッケベルゲッツ学校の特色は,受け入れ対象となる年齢が1歳から9歳までの子どもで,スウェーデンではプレスクールクラス(0年生)を挟むため,学年に換算すると3年生までの子どもが在籍し,4年生に進級する時点で,子どもたちは近隣の小学校に分散して再配置されることになります。プレスクールと小学校が同じ敷地に併設され,そこで子どもたちが生活することで,通い慣れた場所で学習や交流活動が自然に行われるというメリットがあります。

2011年10月25日。プレスクール・クラスを訪問しました。担当教員は,午前8時頃には出勤し,その後は子どもたちの朝食の準備に取りかかり,午前9時前には子どもたちの食事の片付けを終えて,通常の保育活動に入ります。毎週火曜日,子どもたちはアウトドア教室に出かけることになっています。このアウトドア教室はトルスランダの海岸を利用したアウトドア活動のために特別に

図7.8 アウトドア教室でのフィーカの様子
簡単なランチもここで行う。

作られた場所で，小学校の最寄りのバス停からアウトドア教室のあるバス停まで，路線バスに乗車して約20分の距離があります。

アウトドア教室に到着後，子どもたちは海水面が以前より低いこと，ちょうど干潮に向かっていることの説明を聞きながら，海の様子をしばらく観察しました。その後，子どもたちは果物でフィーカ[7]し，今回の活動に関係する鳥に関する絵本の話を聞きました（図7.8）。

それから，子どもたちは3つのグループに分かれて活動を行いました。「海の生物を観察するグループ」では，当日は気温が低いため，教員が入水する装備を整えて貝や海老を捕獲し，子どもたちが水槽の中の様子を観察することで，実際の海の生物への関心を高めるような働きかけがなされました。「鳥とランドスケープのグループ」では，子どもたちは，遠くを見渡せる双眼鏡を使って，野鳥の群れと遠くに見える島の形を観察すると同時に，教員は鳥の種類の違いや，鳥との距離感を感じ取れるような働きかけを行いました。「森遊びのグループ」では，身体を使った遊びが展開され，子どもたちは大人が入ることの難しい木々の間をうまく移動しました。力の使い方，バランスの取り方，遠近感の知覚など運動技能の発達につなげようという意図が感じられました。

子どもたちは，日常的にアウトドア教室を繰り返し訪問することで，季節の変化や自然循環を体験的に学習することができます。このような実験環境は「プレスクールは，子どもたちが自然循環の中にいるということを理解させ，そのことを保障しなければならない」というスウェーデンのプレスクール・カリキュラム（LPFÖ98（2010年に一部改定））の教育理念を具現化するものと考えられます。これは，単に自然に「触れる」「親しむ」「関心をもつ」という浅い体

---

[7] フィーカとは，休憩時間に菓子パンなどと一緒にコーヒーを飲んだり，おしゃべりをしたりすること。プレスクールのフィーカは10時にリンゴやバナナなどの果物を食べながら会話を楽しむ。

補章 ■■■ 解説　北欧スウェーデンのアウトドア教育の効果——教育心理学の視点から

験活動ではなく，「自然循環」という全体図を示し，日常の教育活動として子どもたちに自然循環の中で生活することを保障しようとする強い姿勢が感じられます。

スウェーデンの国定カリキュラム（Lgr11）との関係：ノーレリーズ小学校の事例

　スウェーデンの義務教育制度における国定カリキュラム（Lgr 11）によると，身体活動による知識表現の機会[8]を設けること，さらにアウトドア活動によって自然循環を学ぶことの大切さ[9]を説いています。このような国定カリキュラムを拠り所として，ノーレリーズ小学校では，地域の実状に応じた計画が練られています。児童は1週間で半日間のアウトドア教育を受けるようになっています。これは，単に国定カリキュラムを遵守するためではなく，綿密な実施計画と研究成果に基づいて導入されています。例えば，学校内の健康プロジェクト・チームは，アウトドア教育と子どもの健康（少ない欠席率）に関係があることを理解しています。それに加えて，学業テストでは，2009年に実施された国のテスト（数学，スウェーデン語，英語）で5年生の児童が高い成績を獲得したことが報告されています。

　2011年10月24日。この日の訪問では，ノーレリーズ小学校の5年生のアウトドア活動を視察しました。子どもたちは，午前中の通常授業が終了し，昼食をとってから午後のアウトドア活動に出かけました。

　ここでのアウトドア活動は，週2時間枠で，活動が自由に設定できる「科学」の授業の中で行われました。テーマはバイキングの歴史に関係する「食糧」「火」「炭」とし，ものづくりも季節に応じて行われ，馬，トロル，妖精などのスウェーデンの文化に関連づけられていました。

🐾 8　身体活動による知識表現の機会について，「学校は学校教育の枠組みで児童に日々の身体的活動を提供するように務めなければならない」「学校は児童に対して自己啓発と個人の成長を促し，さらに児童は様々な方法で知識を表現する機会を与えられなければならない」と記されている。

🐾 9　アウトドア活動によって自然循環を学ぶことの大切さについて，「児童は環境に責任をもち，世界的な環境問題に対して，自らが考え，行動する機会をもつべきである。また，アウトドア活動によって，児童は社会がどのように機能しているのか，我々がどのように問題解決すべきなのかを学習することもできる。そうすることで，児童は持続可能で，最善の方法を用いて自然の中での時間の過ごし方を学ぶに違いない（Lgr 11，生物学の学習内容）」と記されている。

図7.9　アウトドア教室の例
バイキング時代の生活を再現し,子どもたち自身が火を興す。

　5年生のクラスは,15名の児童が在籍しており,2名の教員と1名のアシスタントで授業が運営されていました。活動場所は,学校から徒歩10分程度の森が利用されました。

　アウトドア活動では,子どもたちだけで薪に火をつけることが最初の課題になっており,その際の注意事項は「風向き」「おがくず」「薪」の状況を目視し,「着火する」までの安全を確認することから始められました(図7.9)。実際,すぐに着火できた子どももいれば,要領がわからない子どももいました。その子どもに対しては,アシスタントが粘り強くサポートし,長い時間をかけて着火できるところまで誘導しました。「子どもたちは難しい状況に出会っても,粘り強く取り組めば,自力で壁を乗り越えることができる。特に問題ない」という説明でした。

　それから個人の活動に移って,バイキング船に見立てて小川に手作りの小舟を浮かべて遊んだり,橋や小屋を造ったり,ナイフを使って木工作品を作ったりといった活動が活発に行われました。

　今回のアウトドア活動までに,子どもたちはインドア(教室)で事前にバイキングの歴史を学び,それからアウトドアに出かけてバイキングの生活を体験する活動が数週間かけて行われています。このような継続的な活動のメリットとして,実体験を伴う学習経験こそが自然への気づきを高め,自然循環の仕組みを理解し,さらに高度な科学的知識の獲得につながるものと考えられます。

第4章解説　成長過程にある個人―子どもの健康

　著者は冒頭で,子どもはその人口割合が高いにもかかわらず,政治的な力をもたないこと,将来の精神的・身体的健康の基礎は子ども時代に確立されるこ

補章 ■■■ 解説　北欧スウェーデンのアウトドア教育の効果——教育心理学の視点から

と，これらを理由に子どもの健康に関する権利は優先されるべきであると主張します。子どもの権利が保障されたスウェーデンならではの考え方が反映されているといえそうです。

　また，子どものために使える収入と時間が増えたにもかかわらず，心身症の増加や自尊感情の低下，さらにはいじめなどの問題が増加していると述べています。いじめ対策について，「予防」に力を入れるのが最も効果的で，家庭やプレスクール，学校などの身近な環境での取り組みが重要との考えがあります。日本でも「いじめ防止」「早期発見」の取り組みが重要との認識から「いじめ防止対策推進法」（文部科学省，2013）が制定された経緯と同じと見てよさそうです。

　さらに著者は，ストレスが病気を招くこと，身体を使った運動を行わない場合の危険性について述べます。特に注意が必要なのは，短期的で適度なストレスは免疫力を高める一方で，慢性的で頻繁に繰り返されるストレスは病気に対する抵抗力の低下を招くことを学術的な裏づけに基づいて説明します。東日本大震災のような大災害からの復興の途上であったり，閉塞感に包まれた社会情勢にあったりする日本の場合には，子どもとその家族が多くのストレスに曝されており，その結果，虐待件数（厚生労働省，2015）や自殺者数（内閣府，2015）が高い水準で推移しているのではないかと考えられます。

　社会的剥奪や虐待は，ストレスホルモンの分泌を変えてしまうという多くの学術的証拠が提出されています。慢性的なストレスは，睡眠と覚醒の関係にも有害で，記憶と集中力を低下させ，人との関わり方にも悪影響を及ぼし，場合によっては改善することが非常に難しい場合もあります。これらの知見を活かした予防教育や健康教育の取り組みが再び求められています。

第5章解説　子どもに不思議を感じさせるトリックとは

　「スウェーデンの富を生み出すものが環境意識の高さです」という一文に象徴されるように，スウェーデンにおける農林業の輸出は，自動車や鉄鋼，医薬品，電化製品，コンピュータなどの産業よりも収益を上げています。しかも，持続可能な実践で世界をリードしています。農林業を支える森に対する考え方は「マ

ルチユースの実行」です。例えば，紙の生産と高品質・高付加価値な製品，さらにはチップやペレットから電気と熱を取り出すことなどになります。ベリーやキノコ，シカ肉などの加工品も商品として販売します。「マルチユースの実行」を具体化するアイデアが富を生み出すことをスウェーデン人は理解しているのでしょう。

　これらの考え方は，「不思議の発見（不思議1～8）」から「持続可能な思考（思考シート1～3）」までの持続可能な教育実践の方法として活かされています。

　「木の生息なくして，人の存在なし（思考シート1）」「成長するためには時間が必要（思考シート2）」「幸福感は森で育つ（思考シート3）」といったスウェーデンの思考（教育戦略）が，国際競争力を高めているのではないでしょうか。

北欧フィンランドの創造性教育との出会い：東海大学附属本田記念幼稚園の事例

　2008年11月22日に行われた公開保育では，東海大学附属本田記念幼稚園が目指す保育についての説明が行われました。ここでのプロジェクト学習TIP Weeks（Tokai Intellectual Property Education）は，幼稚園の全園児が5グループに分かれて，年間通じての活動が行われました。例えば，活動の1つには4，5歳児を対象とした「レッツサイエンス」グループがあり，電池とモーター，それから廃材を使って，おもちゃの車作りが行われました。

　このような回収教材を使った園児の活動は，多くの園で実践されています。しかし今回の活動の背景は，フィンランドのバーサ市で実践されている創造性教育がモデルとなっていました。バーサ市の掲げる創造性教育[10]は，問題解決力とコミュニケーション・スキルの育成を目指した教育となります。つまり，自分自身で身近な問題を解決することで肯定的感情が育まれ，また人との対話や協働活動によって社会的スキルが育まれることが意図されています。つまり，従来の教育で重視されていた能力やスキルだけではなく，科学技術を創り出そうとするモチベーションの役割を早くから重視してきたことが大きな特徴的と

---

[10]　バーサ市の創造性教育は，創造性，柔軟性，行動力，勇気，チャレンジ精神，方向性，協調性，物事を達成するモチベーションを育てようとする「内的起業家精神」の教育が重視されている。

補章 ▉ 解説 北欧スウェーデンのアウトドア教育の効果——教育心理学の視点から

いえそうです。

　先の公開保育の実践に立ち戻ると，回収教材を活用することで，子どもたちの創造性や感性がどのように育成されるのでしょうか。回収教材を用いて車を作るという作業は，ハサミやのり，ペットボトルを使って，材料を組み合わせながら，自分の力で車を完成させます。この作業は複雑なので，うまく完成した子どももいれば，そうでない子どもも出てきます。未完成の子どもを観察していると，隣の子どもの作業をヒントに，車作りに戻っていく姿を見かけます。まるで，子どもたちに不思議を感じさせる教材となっており，洞察を必要とする学習教材となっています。また自分で創意工夫しながら作業を続けようと努力していることがわかります。これら試行錯誤や洞察という経験を通して，子どもたちは自分で車の作業工程を判断しながら，車の完成に向かっているという感覚，すなわち自己決定感を味わうようになると考えられます。さらに，子どもたちは，試行錯誤学習や洞察学習を積み重ねることで，自らの行為が新しい環境を創り出せるという感覚，すなわち自己有能感を獲得できるのではないかと考えます。

北欧スウェーデンの創造性教育の事例：ヘルシンボリ自然学校の事例

　ここでは，スウェーデンの自然学校で行われた回収教材を使った授業を紹介します。

　小学校の高学年の児童を対象としたペットボトル掃除機の制作場面を見学しました。この授業では，スモールステップによって掃除機の各部品が完成し，それらを組み立てるような手順となっていました。この手順は，最初に風車を模したプロペラの制作，次に電池とモーターをつなげる電気回路の制作，それらをペットボトルに実装，最後にサイクロン掃除機の原理でゴミを吸い上げることを確認することでした。

　まずはプロペラの制作では，子どもたちはプロペラの形状を工夫することで，風の強さが変化することに関心を示しました。さらに工程が進むと，一部の子どもたちは，最初のペットボトル掃除機の完成イメージがわからずに，あまり興味を示さなくなりました。ところが最初の子どもがペットボトル掃除機を使い始めると，未完成の子どもたちはペットボトル掃除機が紙くずを吸い上げる

図7.10 小学校高学年を対象としたワークショップの様子：ペットボトル掃除機の制作

様子を注意深く観察し始め，それから先を競って完成させようとする姿が見られました（図7.10）。

ここでの授業は，子どもたちの環境への興味・関心を育てるために，身近な電池とモーターを使って電気回路を自分で組み立てます。そうすることによって，電気回路の組み立て経験がほとんどない子どもたちに不思議を感じさせることができます。また先行する成功事例を観察することで，組み立て方法についてのヒントを得ることができ，サイクロン掃除機の仕組みについての知識が深まります。組み立てた後も，プロペラの角度などを自分で工夫する余地があることで生きた知恵が獲得されます。

第6章解説 自然と人間の関係

現在のような美しい自然を指向したツーリズムは，130年ほどの間に起こった動きで，それまでは自然に対する姿勢は実用的な捉え方と聞かされて，読者の皆さんはどのように感じますか。さらに，森を開拓し尽くし，動植物を狩り尽くし，究極はカニバリズムを引き起こすまでになる可能性を私たちが引き起こすと考えるとどうでしょうか。このような議論は，第一次産業から第三次産業へ産業構造が変化した時代に生きる私たちにとって，あまり実感がもてない話となっているように思います。

さらに，「自然は手付かずのままのほうが良い」という考え方は，雄大な自然を賛美する一種の理想主義であって，現実は自然環境を保全するための持続可能な開発が必要との立場が述べられています。観光開発による自然破壊が進んだ事例がある一方で，人々が訪問しない国立公園のダム建設によって自然破壊が進んだ事例も教訓として紹介されます。したがって，多くの人々が現実を

補章 ■■ 解説　北欧スウェーデンのアウトドア教育の効果——教育心理学の視点から

知り，自然保護に対する大きな世論が形成されることが最高の保護となり，ツーリズムは自然保護のために必要な流れになることがわかります。

　最後に，アウトドア教育の課題として，人が自然への興味を抱くことは自然には起こりえないことを述べています。環境への問題意識をもたせるような働きかけが重要で，教育こそがその役割を担うことができるというのが本書の主張です。

　このような自然と人間の関係を考え，日本の自然を保全するために，今，何ができるでしょうか。ゆとりある豊かな社会に向かって，私たちができることを考えてみます。

生きる知恵と喜びを生み出す未来の教室：ゆとりある豊かな社会への挑戦

　ゆとりある豊かな社会とは，どのような社会でしょうか。少なくとも物質的な豊かさではなく，心の豊かさが生活の質向上につながる社会であることが，環境省（2013）のアンケート調査からも読み取れます。このアンケート調査によると，将来世代に残したい社会について回答を求めたところ，「心身ともに健康なこと」（80.2％），「良好に保全された自然環境や生活環境」（69.5％），「家族や友人のつながり」（65.7％）を重視するとの回答が寄せられ，多くの人が健康に生活し，子育てのしやすい自然豊かな環境を残したいと考えていることがわかります。

　しかしながら，日本の子育て環境はどのようなものでしょうか。子ども子育て環境について，働く女性がキャリア形成と家庭生活，さらには心のゆとりをもって子育てを行える環境にあるとは言い難い状況です。特に，0〜3歳児の子育てに関わる女性が，そのキャリアを中断しなくとも働き続けることができるかというと，現在の多くの女性が育児退職を余儀なくされるか，働き続けたとしても子どもを保育所に長時間預けることが必要になります。

　一方，北欧スウェーデンの首都ストックホルムでは，産後の育児休暇が平日480日間を有しており，両親が助け合って子育てにあたる育児環境が整えられています。育児休暇の前半を母親が取得し，後半は父親が担当することが多いため，子どもの慣らし保育は父親が送迎することになります。日本と比較すると，スウェーデンは子育てに関わる両親にとって，ワークライフバランスが確

表7.1 より良い暮らし指標の結果の概要（36か国中の順位）(OECD, 2014)

	日本	スウェーデン
収入	6	10
教育	8	6
環境	24	1
市民参加	27	2
健康	24	6
生活満足度	28	7
安全	1	27
ワークライフバランス	31	6

保され，仕事と家庭生活の両立支援のための制度が整っていることも子育てをしやすい状況になっているようです。

このようなゆとりあるスウェーデンの暮らしを裏づけるデータがあります（表7.1）。OECDより良い暮らし指標（BLI: Better Life Index 2014）によると，日本は「安全」「収入」「教育」の分野では34か国中トップレベルですが，「健康状態」「ワークライフバランス」「生活満足度」の分野ではワーストレベルにあります。「環境」の分野についてもワーストレベルではないものの，それほど高い順位ではありません。一方，スウェーデンは「環境」「教育」「ワークライフバランス」「健康状態」「生活満足度」でトップレベルとなっており，唯一「安全」の分野がワーストレベルにかかりつつある程度です。幸福度指数の順位がすべてを物語るわけではありませんが，スウェーデンに滞在してみると，このようなデータを実感することができます。日本は，北欧諸国と比較して生活後進国となってしまっているのではないでしょうか。

日本が真の豊かさを享受するためには，「ワークライフバランス」「生活満足度」「市民参加」「環境」「健康」といった部分で，スウェーデンに学ぶべきところが大いにあると考えて間違いなさそうです。「ワークライフバランス」の悪さは，人々の「健康」問題を引き起こし，豊かさを享受できないスパイラルに入ることを理解し，スピード感をもって「生活満足感」の得られる豊かな社会へ向けた政策提言（「市民参加」）すべき時代に差し掛かったといえそうです。今こそ，生きる知恵と喜びを生み出す可能性を秘めたアウトドア教育を教員や保育者養成の教育戦略「アクティブ・ラーニング（文部科学省，2012）」として採用すべきなのではないでしょうか。

補章　解説　北欧スウェーデンのアウトドア教育の効果——教育心理学の視点から

　これから教員や保育者を目指す学生と現場で子どもにかかわる大人が,「健康」「環境」「表現」が一体となって提供できるアウトドア教育の理念を読み解き, 光, 水, 土, 風といった自然を感じ, 豊かな森と共に過ごす子どもをイメージし, 子どもが健やかに過ごすことのできる未来の教室を提供していただくことを願っています。

文 献

■第1章

Andersson, R. & Rydberg, D. (2005). *Naturen och hälsan*. Uppsala: Skogsstyrelsens Förlag.

Ahlström, I. (1999). *Allemansrätten-En bok om vad som gäller i naturen*. Stockholm: Naturia förlag.

Ausubel, D. P. (1968). *Educational Psychology: A Cognitive View*. New York: Holt, Rinehart & Winston.

Bager-Sjögren, J. (1895). *Om exkursioner som medel för undervisning och uppfostran*. Stockholm: Verdandi.

Björklid, P. (2005). *Lärande och fysisk miljö-En kunskapsöversikt om samspel mellan lärande och fysik miljö i förskola och skola*. Stoskholm: Myndigheten för Skolutveckling, Forsking i fokus, nr. 25.

Brügge, B., Glantz, M., & Sandell, K. (2004). *Friluftslivets pedagogik-För kunskap, känsla och livskvalitet*. Stockholm: Liber AB.

Dahlgren, L. O. & Szczepanski, A. (1997). *Utomhuspedagogik-Boklig bildning och sinnlig erfarenhet*. Linköping: Linköpings universitet: Skapande vetande nr 31.

Dahlgren, L-O. & Szczepanski, A. (2001). *Utendørspaedagogik-boglig dannelse og sanselig erfaring*. København: Forlaget Børn & Unge.

Dahlgren, L-O. & Szczepanski, A. (2004). *Rum för lärande-några reflexioner om utomhusdidaktikens särart*. i Wickman, P. O. (red.) Utomhusdidaktik Lund: Studentlitteratur.

Damasio, A. R. (2000). *Descartes misstag. Känsla, förnuft och den mänskliga hjärnan*. Borås: Natur och Kultur.

Danielsson, A. et al. (2001). *Rörelseglada barn-Ett kursmaterial för rörelseutveckling i förskolan*. Våsterås: Gothia förlag.

Dewey, J. & McLellan, J. A. (1889). *An Introduction to the Principles and Practice of Education*. Boston: Educational Publ. Co.

Dewey, J. (1915). *"School of Tomorrow"* Boydstone, J. A. (red.): John Dewey. The Middle Works. 1899-1924, vol. 8: 1915, s.205-404. Carbondale: Southern Illinois University Press 1979.

Dewey, J. (1899). *"The school and society"* i Dewey, J. and Evelyn. (1915) Schools of tomorrow New York: Dutton.

Dewey, J. & Dewey. E. (1917) *Framtidsskolor*. Lund: Pedagogiska skrifter-Sveriges Allmänna Folkskollärarförenings Litteratursällskap, Åttionde häftet.

Ericsson, I. (2003). *Motorik, Koncentrationsförmåga och skolprestationer-En interventionsstudie I skolår 1-3*. Akademisk avhandling i pedagogik, Malmö Högskola, Lärarutbildningen, No. 6.

Erik Johan Ljungbergsfonden (2005). *Att lära in matematik ute*. Falun: Naturskoleföreningen.

Faarlund, N. (1990). *Friluftsliv-naturverd og endring med glede!* I Andersen, Gjermund: *Momenter til en dypere naturvernsforståelse*. Gjøvik.

Fjørtoft, I. (2000). *Landscape as Playscape-Learning effects from playing in natural environment on motor development in child*. Akademisk avhandling. Oslo: Norwegian university of Sport and Physical Education.

Grahn, P. (1988). *Egen härd-Guld värd. Institutioners och föreningars behov av egna grönområden*. Alnarp: SLU stencil 88:8.

Grahn, P., Mårtensson, F., Lindblad, B., Nilsson, P., & Ekman, A. (1997). *"Ute på dagis"*. *Hur använder barn daghemsgården? Utformningen av daghemsgården och dess betydelse för lek, motorik och koncentrationsförmåga*. Alnarp: Movium förlag. Stad och Land, Research report.

Gustavsson, B. (2000). *Kunskapsfilospfi-Tre Kunskapsformer i historisk belysning*. Stockholm: Wahlström & Windstrand.

197

Gustavsson, B. (2002). *Vad är kunskap-En diskussion om praktisk och teoretisk kunskap*. Forskning i fokus, nr. 5 Kalmar: Skolverket.

Gustavsson, B. (2003). *Bildning i vår tid-Om bildningens möjligheter och villkor i det moderna samhället*. Stockholm: Wahlström & Widstrand.

Hartig, T. et al. (2003). Tracking restoration in natural and urban field setting. *Journal of Environmental Psychology*, 23, s.109-123.

Heurlin-Norinder, M. (2005). *Platser för lek, upplevelser och möten-Om barns rörelsefrihet i fyra bostadsområden Akademisk avhandling*. Stockholm: HLS Förlag.

Kaplan, R. & Kaplan, S. (1994). *The Experience of Nature-A Psychological Perspective*. Boston: Cambridge University Press.

Kellert, R. K. & Wilson, E. O. (1993). *The Biophilia Hypothesis*. Washington: Shearwater Books.

Kroksmark, T. (1989a). *Didactica Magna-Stora undervisningsläran* Lund: Studentlitteratur.

Kroksmark, T. (1989b). *Didaktiska strövtåg-Didaktiska idéer från Comenius till fenomenografisk didaktik*. Göteborg: Daidalos AB.

Lave, C. & Wenger, E. (1991). *Situated learning. Legitimate peripheral Participation*. New York: Cambridge: University Press.

Lenninger, A. & Olsson, T. (2006). *Lek äger rum-Planering för barn och ungdomar*. Stockholm: Formas.

Liedman, S. E. (2001). *Ett oändligt äventyr-Om människans kunskaper*. Viborg: Bonniers förlag.

Lindholm, G. (1995). *Skolgården-vuxnas bilder barnens miljö*. Alnarp: Movium SLU Akademisk avhandling.

Lpfö 98, *Läroplan för förskolan*. Myndigheten för skolutveckling Stockholm: Fritzes Offentliga Publikationer.

Lpo 94, *Läroplan för det obligatoriska skolväsendet, förskoleklassen och fritidshemmet*. Myndigheten för Skolutveckling Stockholm: Fritzes Offentliga Publikationer.

Lpf 94, *Läroplan för de frivilliga skolformerna Myndigheten för Skolutveckling*. Stockholm: Fritzes Offentliga Publikationer.

Lundegård, I. (red.). (2004). *Utomhusdidaktik*. Lund: Studentlitteratur.

Miljöhälsorapport (2005). *Socialstyrelsen*-Institutet för Miljömedicin-Stockholms läns landsting Centrum för folkhälsa Arbets-och miljömedicin Stockholm: Nordsteds.

Molander, B. (1993). *Kunskap i Handling*. Göteborg: Daidalos AB.

Mårtensson, F. (2004). *Landskapet i leken-En studie av utomhuslek på förskolegården*. Akademisk avhandling Alnarp: Sveriges Lantbruksuniversitet institutionen för landskapsplanering Agraria 464.

Mörck, J. E. (2005). *Gå ut och räkna med skogen-praktisk matematik med skoglig anknytning för mellan- och högstadiet*. Falun: Erik Johan Ljungbergs Utbildningsfond.

Nansen, F. (1923). *The first crossing of Greenland*. London.

Nelson, N., Szczsepanski, A., & Gustavsson, P. (2005). Hälsa och Utomhuspedagogik opublicerad.

Nilsson, L. (2003). *Hälsoarbetes möte med skolan i teori och praktik*. PhD-diss i pedagogik Örebro universitet, Örebro Studies in Education No.7.

Rantatalo, P. (2002). *Den resande eleven. Folkskolans skolreserörelse 1890-1940*. Akademisk avhandling. Umeå universitet, institutionen för historiska studier.

Reed, P. & Rothenberg, D. (1993). *Wisdom In The Open Air*. Minneapolis: University of Minnesota Press.

Rosenqvist, M. M. (2004). *Den egna erfarenheten som grund i lärarutbildningen*. Utbildning & Demokrati. Tidskrift för didaktik och utbildningspolitik Vol 13 nr. 1 Örebro: Öreboro universitet Pedagogiska institutionen.

Rousseau, J. J. (1762/1977). *Emile eller om uppfostran I-II*. Stockholm.

Sandberg, A. (2002). *Vuxnas lekvarld-En studie om vuxnas erfarenheter av lek*. phD-diss: Göteborgs universitet institutionen för pedagogik och lärande Göteborgs: Studies In Educational Sciences, 189.

Sandell, K. & Sörlin, S. (1999). *Friluftslivshistoria-Från Härdande friluftslif till Ekoturism och Miljöpedagogik*. Stockholm: Carlsson Bokförlag.

Stafsego, O. (1996). *Barnets århundrade-Omläst hundra år senare med introduktion och kommentarer*.

■ 文 献

Stockholm: Informationsförlaget.
Säljö, R. (2000). *Lärande i praktiken Ett sociokulturellt perspektiv*. Stockholm: Prisma.
Säljö, R. (2005). *Lärandets Kulturella Redskap*. Stockholm: Norstedts Förlag.
Tordsson, B. (1993). *Perspektiv på friluftslivets pedagogik*. Bø: Telemark distrikthøgskole.
TIG, *Tidskrift i Gymnastik och Idrott*, 8/2003 Stockholm: Svenska Gymnastikläraresällskapet.
Utblick *Folkhälsa*, Tidskrift nr 1 2003. Stockholm: Statens folkhälsoinstitut.
Uvnäs Moberg, K. (2003). *Lung och beröring-Oxytosinets läkande verkan i kroppen*. Stockholm: Natur och Kultur.
Szczepanski, A. (2005). Defining Outdoor Education. Opublicerat paper. Masters Programme. Linköpings universitet.
Åkerblom, P. (red.) (2004). *Plats och Lärande Dokumentation från ett forskningsseminarium*. Lund: Movium/ SLU Rapport.
Åkerblom, P. (2005). *Lära av trädgård*. SLU Akademisk avhandling Nr. 2005:77.

■第2章
Dahlgren, G. & Olsson, L-E. (1985). *Läsning i barnperspektiv*. Göteborg: Acta Universitatis Gothoburgensis. Nr 51.
Dahlgren, L. O. (1978) Qualitative differences in conceptions of basic principles in Economics: A contribution to the discussion of the validity of examination results. Bidrag till Fourth International Conference on Higher Education, 29 Augusti-1 September, 1978, Lancaster, Great Storbritannien.
Dahlgren, L. O. & Pålsson, E. (1984). What is left? Bidrag till Sixth International SRHE Conference on Higher Education. Lancaster, G.B. 28-31 Augusti, 1984.
Fransson, A. (1978). *Att rädas prov och vilja veta*. Göteborg: Acta Universitatis Gothoburgensis. Nr 24.
Gruenewald, D. A. (2003). The Best of Both Worlds: A Critical Pedagogy of Place. *Educatioal Researcher*, 32, 4, 3-12.
Johansson, E. (1972). *En studie med kvantitativa metoder av folkundervisningen i Bygdeå socken 1845-1873*. Umeå: Pedagogiska Institutionen. Akademisk avhandling.
Kjellgren, K., Ahlner. J., Dahlgres, L. O., och Haglund, L. (1993). *Problembaserad inlärning. Erfarenheter från Hälsouniversitetet*. Lund: Studentlitteratur.
Lundgren, U. (1995). *Att organisera omvärlden*. Stockholm: Liber. Femte upplagan.
Lybeck, L. (1981). *Arkimedes i klassen. En ämnespedagogisk berättelse*. Göteborg: Acta Universitatis Gothoburgensis. Nr 37.
Marton, F., Dahlgren, L. O., Svensson, L., 6 Säljö, R. (1999) *Inlärning och omvärldsuppfattning. En bok om den studerande människan*. Stockholm: Norstedts Akademiska Förlag. Andra upplagan.
Pedersen, S. (1992). *Om elevers förståelse av naturvetenskapliga förklaringar och biologiska sammanhang*. Stoskholm: Högskolan för Lärarutbilding. Akademisk avhandling.
Pedersen, S. (1985). Arv och anpassning. Lärarkandidaters förståelse av några biologiska grundbegrepp. (I). Dahlgren, L. O. & Säljö, R. (red.). *Didaktik i högskolan. Exempel från biologi, historia och omvårdnad*. Stockholm: Universitets-och Högskoleåmbetet. 1985:5.
Pramling, I. (1988). *Att lära barn lära*. Göteborg: Acta Universitatis Gothoburgensis. No 70.
Pramling, I. (1994). *Kunnandets grunder. Prövning av en fenomenografisk ansats till att utveckla barns sätt att uppfatta sin omvärld*. Göteborg: Acta Universitatis Gothoburgensis. Nr 94.
Renström, L. (1988). *Conceptions of matter. A phenomenographic approach*. Göteborg: Acta Universitatis Gothoburgensis. Nr 69.
Schoultz, J., Säljö, R., & Whyndhamn, J. (2001). Heavenly talk: Discourse, artifacts and children's understanding of elementary astronomy. *Human Development*, 44, 103-118.
Smith, G. A. (2002). Place-based Education. learning to be where we are. *Phi Delta Kappan*, April 2002, 584-

594.
Tuan, Yi-Fu. (2002). *Space and Place. The perspective of Experience*. Minneapolis: University of Minnesota Press.

■第3章

Ahlberg, A. (1946). *Filosofiens historia*. Stockholm: Natur och Kultur.
Andersson, T. & Olsson, E. (1982). *Äga rum*. Stockholm: Psykologiska inistitutionen, Stockholms universitet.
Appleton, J. (1975). *The Experience of Landscape*. London: Wiley.
Atkinson, R. L., Atkinson, R. C., Smith, E. E., Bem, D. J., & Nolen-Hoeksema, S. (1996). *Hilgard's Introduction to Psychology*. Fort Worth: Harcourt Brace College Publishers.
Ayres, J.(1983). *Sinnenas sampel hos barn*. Stockholm: Psykologiförlaget.
Bengtsson, J. (1987). *Maurice Merleau-Pontys filosofi*. Göteborg: Sociologiska institutionen, Göteborgs universitet, Forskningsrapport nr 91.
Berggren-Bärring, A-M. & Grahn, P. (1995). *Grönstrukturens betydelse för användningen*. Sveriges Lantbruksuniversitet, Institutionen för landskapsplanering. Alnarp: Sveriges Lantbruksuniversitet.
Bergström, M. (1992). *Hjärnans resurser*. Jönköping: Brain Books.
Bille, B., Brieditis, K., Steen, M., Ekström, B., & Esscher, E. (1992). *FBH-provet. Erfarenheter från Folke Bernadottehemmet*. Örebro: Motorika.
Bjerre, P. (2004). *Död-och förnyelsetankens upprinnelse*. Poul Bjerre Sällskapets årsbok 2003. Grödinge: Poul Bjerre Sällskapet.
Boldemann, C., Blennow, M., Dal, H., Mårtensson, F., Raustorp, A., Yuen, K., & Wester, U. (2006). Impact of pre-school environment upon children's physical activity and sun exposure. *Preventive Medicine*, 42(4): 301-308.
Bowlby, J. (1969). Attachment and Loss. New York: Basic Books.
Coss, R. G. (1991). Evolutionary Persistance of Memory-Like Processes. *Concepts in Neuroscience*. Vol 2: 129-168.
Coss, R. G. & Moore, M. (2002). Precocious Knowledge of Trees as Antipredator Refuge in Preschool Children. *Ecological Psychology*, 14: 181-222.
Donner, J. (1974). Stjärna utan svindel, i Södergran, E. 1974. *Triumf att finnas till*. Stockholm: Bonniers.
Edfelt, J. (1941). *Sång för reskamrater*. Stockholm: Bonniers.
Erikson, E. H. (1985). *Den fullbordade livscykeln*. Stockholm: Natur och Kultur.
Eman, G. (1999). Gossen Snövit: passioner och förpliktelser hos Viktor Rydberg. *Lambda Nordica*, 2-3(5): 6-41.
EUROFIT. Handbook for the EUROFIT test of Physical fitness. (1993). Strasbourg: Council of Europe. Committee for the Development of Sport, Committee of Experts on Sports Research.
Fredriksson, G. (1994). *20 filosofer*. Stockholm: Pan Norstedts.
Frosch, J. (1983). *The Psychotic Process*. New York: International Universities Press.
Gardner, H. (1993). *Multiple Intelligences: The Theory in Practice*. New York: Basic Books.
Gibson, J. J. (1979). *An Ecological Approach to Visual Perception*. Boston: Houghton Mifflin.
Goleman, D. (1995). *Känslans intelligens*. Stockholm: Wahlström & Widstrand.
Grahn, P. (1988). *Egen härd-Guld värd*. Alnarp: SLU, Institutionen för landskapsplanering, 88:8.
Grahn, P. (1989). *Att uppleva parken*. Alnarp: SLU, Institutionen för landskapslanering, 89:6.
Grahn, P. (1991). *Om parkers betydelse*. Alnarp: Stad & Land nr 93.
Grahn, P. (1992). *Människors behov av paker-amerikansk forskning idag*. Alnarp: Stad & Land nr 107.
Grahn, P. (1993). *Planera för bättre hälsa*. Stockholm: Byggforskningsrådet, T 26: 1993.
Grahn, P. (1994). Green Structures-The importance for health of nature areas and parks. *European Regional Planning*. No 56, pp 89-112.
Grahn, P. (2005a). Att bota människor i en trädgård. s. 127-145 i Schmidtbauer, P. Grahn, P & Lieberg, M. (red.). *Tänkvärda trädgårdar*. Stockholm: Formas.

Grahn, P. (2005b). Om trädgårdsterapi och terapeutiska trädgårdar. s. 245-262 i Johansson, M. & Küller, M. (red.). *Svensk Miljöpsykologi*. Lund: Studentlitteratur.

Grahn, P. & Bengtsson, A. (2005). Lagstifta om utevistelse för alla! Blücher, G & Graninger, G. (red.) *Den omvända ålderspyramiden*. s. 111-154. Stiftelsen Vadstena Forum för Samhällsbyggande och Linköping University Interdisciplinary Studies. http://www.ep.liu.se/ea/is/2005/003/is003-contents.pdf Linköping.

Grahn, P. & Berggren-Bärring, A-M. (1995). Experiencing parks. Man's basic underlying concepts of qualities and activities and their impact on park design. *Ecological Aspects of Green Areas in Urban Environments*. IFPRA World Congress, Antwerp, chapter 5, pp 97-101.

Grahn, P. & Larsson, C. (1998). *Stadens grönområden. Hur de används och vad som tilltalar besökarna*. Opublicerat manus rapporterat till Formas 1998.

Grahn, P., Mårtensson, F., Lindblad, B., Nilsson, P., & Ekman, A. (1997). *Ute på dagis*, Alnarp: Stad & Land nr 145.

Grahn, P. & Sorte, G. J. (1985). *Hur används parken?* Alnarp: Stad & Land nr 39.

Grahn, P. & Stigsdotter, U. (2003). Landscape Planning and Stress. *Urban Forestry & Urban Greening*, 2: 1-18.

Granrud, C. E. (1986). Binocular vision and spatial perception in 4-and 5-months old infants. *Journal of Experimental Psychology: Human Perception and Performance*, 12: 36-49.

Grön, A. (1987). Merleau-Ponty: Varseblivning och värld, Kroppslighet och historia. I *Vår tids filosofi* (Lübcke red.) 325-344. Stockholm: Forum.

Hammitt, W. E., Backlund, E. A., & Bixler, R. D. (2006). Place Bonding for Recreational Places. *Leisure Studies*, 25: 17-41.

Hansen, M. (1997). *Intelligens og taenkning*. Horsens: Ålökke.

Hansson, LÅ. (1996). *Psykoneuroimmunologi*. Örebo: Läkardagar om psykosomatik. Svenks Medicin no 52.

Havnesköld, L. & Mothander, P. R. (1995). *Utvecklingspsykologi. Psykodynamisk teori* i nya perspektiv. Stockholm: Liber utbilding.

Hedenbro, M. & Wirtberg, I. (2000). *Samspelets kraft*. Stockholm: Liber.

Hedfors, P. & Grahn, P. (1998). Soundscapes in urban and rural planning and design. *Yearbook of Soundscape Studies*, 1:67-82.

Jacobson, E. (1964). *The Self and the Object World*. New York: International Universities Press.

Johansson, J-E. (1994). *Svensk förskolepedagogik under 1900-talet*. Lund: Studentlitteratur.

Jung, C. G. (1966). *Människan och hennes symboler*. Stockholm: Forum.

Kaplan, R. & Kaplan, S. (1989). *The Experience of Nature. A Psychological Perspective*. Cambridge: Cambridge University Press.

Kaplan, S. (1991). Parker för framtiden: Ett psykologiskt perspektiv. s. 5-16. Sorte, G., Grahn, J. & Grahn, P. (Eds). *Framtidens parker!* Alnarp: Stad & Land nr 91.

Kellert, S. R. & Wilson, E. D. (1993). *The Biophilia Hypothesis*. Washington DC: Island Press.

Kellman, P. J. (1984). Perception of three-dimensional form by human infants. *Perception and Psychophysics*, 36: 353-358.

Landquist, J. (2002). *Paul Bjerre: Själsläkaren och konstnären*. (2:a upplagan). Stockholm: Propius.

LeDoux, J. (1998). *The emotional brain*. New York: Touchstone.

Lo-Johansson, I. (1978). *Pubertet*. Stockholm: Bonniers.

Lorenz, K. (1966). *On Aggression*. New York: Harcourt, Brace, Jovanovich.

Lübcke, P. (1988). *Filosofilexikonet*. Stockholm: Forum.

Mahler, M., Pine, F., & Bergamon, A. (1975). *The Psychological Birth of the Human Infant*. New York: Basic Books.

Maslow, A. H. (1970). *Motivation and personality*. (andra utgåvan) New York: Harper & Row.

McCarney, S. B. (1995). *The Early Childhood Attention Deficit Disorders Evaluation. Scale (ECADDES)*. Columbia, MO: Hawthorne Educational Services, Inc.

Mårtensson, F. (2004). *Landskapet i leken. En studie av utomhuslek på förskolegården.* Doktorsavhandling. Alnarp: Institutionen för lanskapsplanering, SLU.

Nilsson, P. (2002). *En metod att testa förskolebarns motorik och fysiska prestationförmåga.* Alnarp: SLU Institutionen för landskapsplanering Rapport 02:4.

Nörretranders, T. (1993). *Märk världen.* Stockholm: Bonnier, Alba.

Olsson, G. (1978). Identitet och förändring, eller, om hemlängtan som ontologiska transformationer. *Regional identitet och förändring i det regionala samverkanssomhället.* Uppsala: Acta Universitatis Uppsaliensis. Symfonio.

Onsell, B. (1999). *Någonting annat har funnits.* Stockholm: Carlsson bokförlag.

Ottosson, J. (1997). *Naturens betydelse i en livskris.* Alnarp: Stad & Land 148.

Ottosson, J. (2001). The Importance of Nature in Coping with a Crisis. *Landscape Research,* 26: 165-172.

Ottosson, J. & Grahn, P. (2005a). A Comparison of Leisure Time Spent in a Garden with Leisure Time Spent Indoors: On Measures of Restoration in Residents in Geriatric Care. *Landscape Research,* vol 30, 23-55.

Ottosson, J. & Grahn, P., (2005b). Measures of Restoration in Geriatric Care Residences. *Journal of Housing for the Elderly,* 19 nr 3/4 229-258.

Perris, C. (1996). *Ett band för livet.* Stockholm: Natur och Kultur.

Piaget, J. (1982). *Barnets själsliga utveckling.* Stockholm: Liber.

Proust, M. (1979). *På spaning efter den tid som flytt. Del I: Swanns värld.* Stockholm: Bonniers.

Proust, M. (1979). *På spaning efter den tid som flytt. Del II: I skuggan av unga flickor i blom.* Stockholm: Bonniers.

Proust, M. (1979). *På spaning efter den tid som flytt. Del VII: Den återhunna tiden.* Stockholm: Bonniers.

Schuster, M. & Beisl, H. (1981). *Konstpsykologi.* Stockholm: Forum.

Searles, H. F. (1960). *The Nonhuman Environment in Normal Development and in Schizophrenia.* New York: Internayional Universities Press.

Sjöstedt, C. E. (red.) (1954). *Försokratiker.* Levande Filosofisk Litteratur. Stockholm: Natur och Kultur.

Stern, D. (2003). *Spädbarnets interoersonella värld: ett psykoanalytiskt och utvecklingspsykologiskt perspektiv.* (2:a uppl.). Stockholm: Natur och Kultur.

Stigsdotter, U. (2005). *Landscape Architecture and Health: evidence-based health-promoting design and planning.* Alnarp: Sveriges Lantbruksuniversitet. Acta Universitatis agriculturae Sueciae nr 2005:55.

Södergran, E. (1955). *Ediths brev. Brev från Edith Södergran till Hagar Olsson med kommentar av Hagar Olsson.* Stockholm: Bonniers.

Södergran, E. (1986). *Samlade dikter.* Stockholm: Wahlström & Widstrand.

Söderström, M., Mårtensson, F., Grahn, P., & Blennow, M. (2004). Utomhusmiljön i förskolan-dess betydelse för barns lek och möjlig fiskfaktor. *Ugeskrift for loeger.* Vol 166, no 36: 3089-3092.

Tomkins, S. S. (1995). *Exploring Affect.* Cambridge: Cambridge University Press.

Ulrich, R. S. (1984). View Through a Window May Influence Recovery from Surgery. In *Science.* Vol. 224, pp. 420-421.

Ulrich, R. S. (1993). Biophilia, Biophobia, and Natural Landscapes. *The Biophilia Hypothesis.* (Kellert, S. R. & Wilson, E. O. eds) pp 73-137. Washington D.C.: Island Press.

Ulrich, R. S. (2001). Effects of Healthcare Environmental Design on Medical Outcomes. In: Dilani, A., (Editor). *Design & Health.* Stockholm: Svensk Byggtjänst, pp 49-59.

Werup, J. (1974). *Tiden i Malmö, på jorden.* Stockholm: Bonniers.

Wilson, E. O. (1984). *Biophilia: The Human Bond with Other Species.* Cambridge, Mass.: Harvard University Press.

■第4章

Ader, R., Felten, D., & Choen, N. (2001). *Psychoneuroendocrinology.* 3 uppl. San Diego: Academic Press.

Ainsworth, M., Bell, S. M., & Stayton, D. J. (1974). Infant-mother attachment and social development:

■ 文 献

'socialisation' as a product of reciprocal responsiveness to signals. I: Richards, M. (red.) *The integration of a child into a social world*. Cambridge University Press.

Ainsworth, M. D. (1979). Infant-mother attachment. *Am Psychol*, 34(10): 932-937.

Anisman, H., Zaharia, M. D., Meaney, M. J., & Merali, Z. (1998). Do early-life events permanently alter behavioral and hormonal responses to stressors? *Int Dev Neurosci*, 16(3-4): 149-64.

Antonovsky, A. (1991). *Hälsans mysterium*. Stockholm: Natur och Kultur.

Antonovsky, A. (1994). A sociological critique of the "Well-Being movement". *Advances*, 10(3):6.

Beheman, R. E. Ed. (2001). *Nelson's Textbook of Pediatrics*. 16 uppl. San Fransisco: Elsevier.

Bremberg, S. (1998). *Barnrapporten. Kunskapsbaserat folkhälsoarbete för barn och ungdom i Stoskholm län*. Stockholm läns landsting, Stockholm.

Bremner, J. D. (1999). Does stress damage the brain? *Biological Psychiatry*, 45, 797-805.

Bretherton, I. (1992). The origin of attachment theory: John Bowlby and Mary Ainsworth. *Developmental Psychology*, 28(2): 759-775.

Bugental, D. B., Martorell ,G. A., & Barraza, V. (2003). The hormonal costs of subtle forms of infant maltreatment. *Horm Behav*, 43(1): 237-244.

Carlson, M. & Earls, F. (1997). Psychological and neuroendcrinological sequelae of early social deprivation in institutionalized children in Romania. *Ann NY Acad Sci*, 15;807: 419-428.

Carlstedt, J. (1995). *Uthållighetsträning. Om aerob och anaerob träning*. SISU idrottsböcker. UPAB, Malmö.

Carlstedt, J. (1997). *Styrketräning för att bli snabb, stark eller uthålling*. SISU idrottsböcker, UPAB, Malmö.

Cichttei, D. & Walker, E. F. (2001). Editorial: Stress and development: biological consequences. *Development and psychopathology*, 13: 413-418.

Cohen, S. & Herbert, T. (1996). Health psychology; psychological factors and physical disease from the perspective of human psychoneuroimmunoloy. *Annual Review of Psychology*, 47:13.

Cooper, C. L. (2004). *Stress a brief history*. Oxford, UK: Blackwell publishing.

Dahlquist, G. & Mustonen, L. (2000). Analysis of 20 years of prospective registration of childhood onset diabetes-time, trends and birth cohort effects. *Acta Paediatrica*, 89, 1231-1237.

Ekman, R. & Arnertz, B. (2002). Stress. *Molekylerna, individen, organisationen, samhället*. Liber AB, Stockholm.

Ericsson, I. (2003). *Motorik, koncentrationsförmåga och skolprestationer-en interventionsstudie i skolår 1-3. Avhandling, Malmö Högskola, lärarutbildningen, No.6*.

Erickson, M. F., Sroufe, L. A., & Egeland, B. (1985). The relationship between quality of attachment and behavior problems in preschool in a high-risk sample. *Monogr Soc Res Child Dev*, 50(1-2): 147-166.

Evans, D. V. & Egnew, T. R. (1997). Outdoor-based leadership training and group development of family practice interns. *Fam Med*, 29(7): 471-476.

Folkow, B. (1988). Stress, hypothalamic function and neuroendocrine cosequences. *Acta Med Scand Suppl*, 723: 61-69.

Folkman, S. (1984). Personal control and stress and coping processes: a theoretical analysis. *J Pers Soc Psychol*, 46(4): 839-852.

Harlow, H. F. & Zimmermann, R. R. (1959). Affectional responses in the infant monkey; orphaned baby monkeys develop a strong and persistent attachment to inanimate surrogate mothers. *Science*, 21;130 (3373): 421-432.

Hirsch, H. V. & Spinelli, D. N. (1970). Visual experience modifies distribution of horizontally and vertically oriented receptive fields in cats. *Science*, 15;168(933): 869-871.

Houston, B. K. (1972). Control over stress, locus of control, and response to stress. *J Pers Soc Psychol*, 21(2): 249-255.

Hwang, P. & Wickberg, B. (2001). *Föräldrastöd och spädbarns psykiska hälsa*. Statens Folkhälsoinstitut, Stockholm.

Hyyppa, M. T. (1987). Psychoendocrine aspects of coping with distress. *Ann Clin Res*, 19(2): 78-82.

Jakobsson, G. & Köhler, L. (1991). *Barns hälsa i Sverige.* Kunskapsunderlag till 1991 års Fokhälsorapport. Allmänna förlaget, Stockholm.

Kaplan, R. & Kaplan, S. (1994). *The experience of nature. A psychological perspective.* Boston: Cambridge University Press.

Kaufman, J., Plotsky, P. M., Nemeroff, C. B., & Charney, D. S. (2000). Effects of early adverse experiences on brain structure and function: Clinical implications. *Biological Psychiatry,* 48: 778-790.

Köhler, L. & Berntsson, L. (2002). *En betraktelse över barns hälsa i de nordiska välfärdsstaterna.* Socialmedicinsk Tidskrift, 79:24-29.

Lagerbeg, D. (2002). (red) *Measurement and monitoring of mental health in children and adolescents.* Proceedings of a conference at Strå Bruk. Allmänna Barnhuset, Stockholm.

Lazarus, R. S. (1984). *Stress, appraisal, and coping.* New York: Springer Publishing company, Inc.

Lombroso, P. J. & Sapolsky, R. (1998). Development of the cerebral cortex: XII. Stress and brain development: I. *J Am Acad Child Adolesc Psychiatry,* 37(12): 1337-1339.

Lundberg, U. & Frankenhaeuser, M. (1978). Psychophysiological reactions to noise as modified by personal control over noise intensity. *Biol Psychol,* 6(1): 51-9.

Mahler, M., Pine, F., & Bergamon, A. (1975). *The psychological birth of the human infant: symbiosis and individuation.* New York: Basic Books.

Magnusson, G. & Thiringer, K. (2002). Screening för kongenital katarakt görs bäst på BB. *Läkartidningen,* 99:620-626.

Marx, J. (2005). Preventing Alzheimer's: a lifelong commitment? *Science,* 309:864-866.

McEwen, B. (2001). Neurobiology of interpreting and responding to stressful events: paradigmating role of the hippocampus In: McEwen BS, editor. *Handbook of physiology Section 7 The endocrine system.* New York: Oxford University Press Inc.

McEwen, B. (2002). *The end of stress as we know it.* Washington: Joseph Henry Press.

McEwen, B. & Wingfield, J. C. (2003). The concept of allostasis in biology and biomedicine. *Horm Behav,* 43(1): 2-15.

Munson, J. A., McMahon, R. J., & Spieker, S. J. (2001). Structure and variability in the developmental trajectory of children's externalizing problems: impact of infant attachment, maternal depressive symptomatology, and child sex. *Dev Psychopathol,* 13(2): 227-296.

Mörelius, E. L., Lund, U., & Nelson, N. (2002). Parental stress in relation to the severity of congenital heart disease in the offspring. *Pediatric Nursing,* 28(1): 28-32.

Mörelius, E., Theodorsson, E., & Nelson, N. (2005). Salivary cortisol, mood and pain profiles during skin-to-skin care for an unselected group of mothers and babies in neonatal intensive care. *Pediatrics,* 116: 1105-1113.

Nachmias, M., Gunnar, M., Mangelsdorf, S., Parritz, R. H., & Buss, K. (1996). Behavioral inhibition and stress reactivity: the moderating role of attachment security. *Child Dev,* 67(2): 508-522.

Nilsson, J. (1998). *Träningslära. Puls-och laktatbaserad träning.* Malmö: SISU idrottsböcker. UPAB.

Piaget, J. (1982). *Barnets själsliga utveckling.* Stockholm: Liber.

Polin, R. A., Fox, W. W., & Abman, S. (2003). *Fetal and Neonatal Physiology.* 3 uppl. Philadelphia, PA: W.B. Saunders Company.

Penken, B., Egeland, B., Marvinney, D., Mangelsdorf, S., & Sroufe, L. A. (1989). Early childhood antecedents of aggression and passive-withdrawal in early elementary school. *J Pers,* 57(2): 257-281.

Ritvanen, T., Laitinen, T., & Hänninen, O. (2004). Relief of work stress after weekend and holiday season in high school teachers. *J Occup Health,* 46: 213-215.

Sapolsky, R. M. (1996). Why stress is bad for your brain. *Science,* 9;273(5276): 749-750.

Sapolsky, R. M. (2000). The possibility of neurotoxicity in the hippocampus in major depression: a primer on neuron death. *Biol Psychiatry,* 15;48(8): 755-765.

Sapolsky, R. M. (2001). Depression, antidepressants, and the shrinking hippocampus. *Proc Natl Acad Sci USA,*

23;98(22): 12320-12322.
Sapolsky, R. M. (2003). *Varför zebror inte får magsår*. Stockholm: Natur och Kultur.
Shaw, D. S. & Vondra, J. I. (1995). Infant attachment security and maternal predictors of early behavior problems: a longitudinal study of lowincome families. *J Abnorm Child Psychol*, 23(3): 335-357.
Sheline, Y. I., Gado, M. H., & Kraemer, H. C. (2003). Untreated depression and hippocampal volume loss. *Am J Psychiatry*, 160(8): 1516-1518.
Smyth, J., Ockenfels, M. C., Porter, L., Kirschbaum, C., Hellhamme, D. H., & Stone, A. A. (1998). Stressors and mood measured on a momentary basis are associated with salivary cortisol secretion. *Psychoneuroendocrinology*, 23(4): 353-370.
SBU (2002). Övervikt och fetma. Statens beredning för medicinsk utvärdering, Stockholm. *Läkartidningen 2002*, 99: 3188-3192.
SCB (2004). *Sjukfrånvaro och ohälsa i Sverige*. Statistiska Centralbyrån 2004:3.
Wiesel, T. N. (1999). Early explorations of the development and plasticity of the visual cortex: A personal view. *J Neurobiol*, 4: 7-9.
Widén, L. Red. (1995). *En bok om hjärnan*. Stockholm: Tiden/Rabén Prisma.

■第5章

Edberg, R. (1987). *Årsbarn med Plejaderna. Funderigar i en glänta mellan skog och vatten*. Höganäs: Bra Böcker.
Edman, S. & Klein, J. (2001). *Vårt hem i universum. En berättelse om utveckling och miljö*. Lund: Studentlitteratur.
Edman, S. (1990). *Jordens sång. En biologs kärleksförklaring till livet*. Stockholm: Norstedts Faktapocket.
Edman, S. & Hagman, T. (1993). *Solvarv. Årstidsvandringar*. Vårgårda: Edman & Hagman Naturböcker.
Edman, S. & Hagman, T. (1997). *Gläntor*. Vårgårda: Edman & Hagman Naturböcker.
Edman, S. & Hedström, I. (1999). *Skogsarvet*. Jönköping: Skogsstyrelsens förlag.
Edman, S. & (2006). *Från forundran till förändring*. Stockholm: Pedagogiskt forum 1:2006.
Edman, S. (1998). *Världens chans. En bok om ekologi, teknik och solidaritet*. Stockholm: Atlas förlag.
Edman, S. (2003). *Jorden har feber. Kan vi hejda klimatförändringen?* Stockholm: Atlas förlag.
Hassler, G. (red), Edman, S m.fl. (1993). *Kosmisk hembygd. En ekologisk bok för alla*. Stockholm: En bok för alla/Litteraturfrämjandet.
Martinson, H. (1945). Daggmasken. *Passad*. Stockholm: Bonnier.
Nilson, P. (1992). *Stjärnvägar. En bok om kosmos*. Stockholm: PAN.

■第6章

Boswimmer, F. (2003). *Ecocide*. Pluto Press.
Burenhult, G. (2003). *Det ofullkomliga djuret*. Stockholm: Natur och Kultur.
Cavalli-Sforzas, L. (1995). *The Great Human Diaspora*. Addison-Wesley.
Gräslund, B. (2001). *Urmänniskan och hennes värld*. Atlantis.
Nordenram, Å. (2001). *Svenska jaktens historia*. Settern.
Sjölander, S. (2002). *Naturens budbärare*. Göteborg: Nya Doxa.
Sjölander, S. (2002). *Vårt djuriska arv*. Göteborg: Nya Doxa.
Ulfstrand, S. (1999). *Savannliv*. Stockholm: Carlsson.
Ward, P. (1997). *The call of distant mammoths*. Copernicus.

■補章

環境省 (2013). 平成25年版　環境・循環型社会・生物多様性白書：第2章　真に豊かな社会の実現に向けて
https://www.env.go.jp/policy/hakusyo/h25/html/hj13010201.html（2015年4月26日参照）

厚生労働省 (2015). 児童虐待の定義と現状
 http://www.mhlw.go.jp/seisakunitsuite/bunya/kodomo/kodomo_kosodate/dv/about.html（2015年5月3日参照）
文部科学省 (2008). 幼稚園，小学校，中学校，高等学校及び特別支援学校の学習指導要領などの改善について（答申）
 http://www.mext.go.jp/b_menu/shingi/chukyo/chukyo0/toushin/__icsFiles/afieldfile/2009/05/12/1216828_1.pdf（2015年4月28日参照）
文部科学省 (2012). 新たな未来を築くための大学教育の質的転換に向けて―生涯学び続け，主体的に考える力を育成する大学へ―（答申）
 http://www.mext.go.jp/b_menu/shingi/chukyo/chukyo0/toushin/1325047.htm（2015年12月30日参照）
文部科学省 (2013). いじめ防止対策推進法の公布について（通知）
 http://www.mext.go.jp/a_menu/shotou/seitoshidou/1337219.htm（2015年5月3日参照）
Mörck, J. (2005). *Gå ut och räkna med skogen: praktisk matematik med skoglig anknytning för mellan-och högstadiet*. Erik Johan Ljungbergs Utbildningsfond.
内閣府 (2014). 認定こども園幼保連携型認定こども園教育・保育要領（平成26年内閣府・文部科学省・厚生労働省告示第1号）
 http://www.youho.go.jp/data2014/H26NMKkokuji1.pdf（2015年5月6日参照）
内閣府 (2015). 自殺の統計
 http://www8.cao.go.jp/jisatsutaisaku/toukei/（2015年5月3日参照）
西浦和樹 (2009). 2008年度　第2回公開講演会 科学するこころを育てる保育：「東海大学付属本田記念幼稚園公開保育」にみる科学する心を育てる保育実践　発達科学研究所紀要，9，79-81.
西浦和樹 (2012). アウトドア教授法による思考力の発達に関する教育心理学的研究　宮城学院女子大学発達科学研究，12，11-38.
OECD (2014). よりよい暮らし指標について
 http://www.oecd.org/tokyo/statistics/aboutbli.htm（2015年5月7日参照2）
シェパンスキー, A. (2011). 2009年度　第2回公開講演会 野外で学ぶことの大切さ：スウェーデンのアウトドア環境教育を学ぶ　宮城学院女子大学発達科学研究，11，67-74.

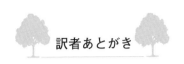

訳者あとがき

　日本における発展の基軸が，ものづくり産業を中心とした最先端研究環境の基盤整備に向けられるようになっています。例えば，私たちの暮らしを見渡すと，デジタルカメラ，パソコン，携帯電話などの家電製品は急速に小型化が進み，ハイブリッドカーや電気自動車などの自動車分野では，燃料消費とCO_2排出量を抑える環境技術が取り入れられています。

　工業製品だけではなく，日々の暮らしである食生活についても，寿司や天ぷらなどに代表される和食が世界無形文化遺産に登録されるなど，日本の風土の中で独自に発展した料理にも注目が集まっています。例えば，旬の食材が独自の手法で調理され，単に彩りよく並べるだけではなく，器の質感や絵柄，季節感などを愉しむ調理技術が取り入れられています。他にもファッションやアニメーションからソフトウェア産業に至るまで，多くの分野で日本の技術が取り入れられて，人々の豊かな暮らしが支えられています。

　ところで，日本の持続的な発展を支えてきた「ものづくり」の精神の根底にある普遍的な原理は何なのでしょうか。ものづくりの原点は人の知識や知恵によって支えられていると言っても過言ではありません。すなわち持続可能な社会は，教育の充実や生涯学習の振興を図ることが重要な課題となることは間違いないでしょう。

　大学教育では，グローバル化する知識基盤社会に向けて，各専攻分野における学士力を備えた人材養成は重要な課題となっています（文部科学省，2010）。では，教育・保育分野における専門的スキルのベースとなる学生の資質はどのようなものでしょうか。日本では「生きる力」，北欧では「力」の源泉となる「生きる喜び」とそれを支える「起業家精神教育」こそが，私たちの一生涯を通して重要な役割を果たすと考えます（西浦，2009）。この理念は，大学教育の質的転換として注目を集めている「アクティブ・ラーニング」にも通じるものです（文部科学省，2012）。

そのような折に，編訳者の勤務する大学の海外研修制度を利用して，北欧スウェーデンでの海外研修の機会を得ることができました。実際に現地のプレスクールを視察する中で，アウトドアで子どもたちの体力向上だけでなく，算数や言葉を教える教育場面に出会いました（西浦，2012；西浦・松本，2013）。これがアウトドア教育であり，ヨーロッパ圏だけでなく，アジア圏の中国やシンガポールでも注目され，インドア環境を補完する新しい教育方法として教員研修に取り入れられています。

　このアウトドア教育をスウェーデンで実践している中心人物がアンディッシュ・シェパンスキー教授（リンショーピング大学）であり，彼の活動は，スウェーデン国内の教員研修だけでなく，ヨーロッパやアジアの教員研修にまで及んでいます（シェパンスキー，2011）。このアウトドア教育は，アウトドアとインドアの教授法が互いを補完し合うという，科学的な議論を拠り所とした教育原理に基づいており，現場の教員からの支持も得られています。

　本書『北欧スウェーデン発 森の教室—生きる知恵と喜びを生み出すアウトドア教育』※の教育原理の背景にある北欧の教育とは何でしょうか。この問いに応えていただけるのが，東海大学で永きにわたって教鞭をとられた川崎一彦氏と難波克彰氏です。川崎氏は，北欧の起業家精神教育とアウトドア教育，難波氏はその実践の場である森の幼稚園に深く関与されています。両氏には，序文において，それら北欧の教育が日本の未来の教育を補完することを力強く述べていただきました。

　本書の出版にあたり，東日本大震災の直後にもかかわらず，家族と共に1年間の海外研修の機会を与えてくださった宮城学院女子大学の教職員の皆様，スウェーデン滞在を全力でサポートしてくださったリンショーピング大学の関係者の皆様には，北欧での素晴らしい研究環境を与えて頂くとともに，多大なるご指導とご助言を賜りました。また，スウェーデン在住の，金並由香さん（翻訳家）には全体の訳のチェックでご協力いただきました。あらためて御礼申し上げます。さらに，IKEAジャパン様には，被災地域の次世代を担う保育士の先生方とのスウェーデン幼児・児童教育研修のために，多大なるご援助を頂き

※　本書の原題は『知恵の源泉としてのアウトドア教育−地域における環境学習とは（*Utomhuspedagogik som kunskapskälla-Närmiljö blir lärmiljö*）』。

訳者あとがき

ました。加えて，スウェーデン国内の特色あるプレスクールの訪問とIKEAマルメ店でのサスティナビリティ研修の機会だけでなく，スウェーデンの子育ての現状を知り，子ども支援の将来像を描くチャンスを与えて頂きました。各方面からの多大なるご協力のおかげで，本書が出版できたことに感謝とお礼を申し上げます。本書が未来を担う子どもの教育と持続可能な社会の発展に寄与することを期待します。

2016年3月

訳者を代表して
西浦　和樹

■文献

文部科学省(2010). 最先端研究開発戦略的強化事業運用基本方針
　　http://www.mext.go.jp/b_menu/houdou/22/06/attach/1295022.htm（2015年4月24日閲覧）
文部科学省(2012). 新たな未来を築くための大学教育の質的転換に向けて―生涯学び続け，主体的に考える力を育成する大学へ(答申)
　　http://www.mext.go.jp/b_menu/shingi/chukyo/chukyo0/toushin/1325047.htm（2015年12月30日参照）
西浦和樹(2009). 2008年度　第2回公開講演会　科学するこころを育てる保育―「東海大学付属本田記念幼稚園公開保育」にみる科学する心を育てる保育実践　宮城学院女子大学発達科学研究, 9, 79-81.
西浦和樹(2012). アウトドア教授法による思考力の発達に関する教育心理学的研究　宮城学院女子大学発達科学研究, 12, 11-38.
西浦和樹・松本晴子(2013). 2012年度スウェーデン幼児・児童教育研修(報告)　宮城学院女子大学発達科学研究, 13, 79-87.
シェパンスキー, A. (2011). 2009年度　第2回公開講演会　野外で学ぶことの大切さ―スウェーデンのアウトドア環境教育を学ぶ　宮城学院女子大学発達科学研究, 11, 67-74.

原著者紹介

◆**アンディッシュ・シェパンスキー（Anders Szczepanski）** ……………………… 第1章

リンショーピング大学アウトドア環境教育センターの所長です。彼は主にアウトドア教育の分野において多くの本や文章を著しました。アウトドア教育の現場経験が豊富で，国内外を問わず，多くのコースで講演を行っています。また，ポーランドとノルウェー，デンマークのいくつかの大学でアウトドア教育の講師を務めています。

◆**ラーシュ・オーヴェ・ダールグレン（Lars Owe Dahlgren）** ……………………… 第2章

リンショーピング大学の教授法を専門とする教育学の教授です。アウトドア教育以外の研究対象は，高等教育における学習とその効果です。その他にも介護の分野での問題を中心に置いた学習方法や学習プロセスの研究を行っています。

◆**パトリック・グラン（Patrik Grahn）** ……………………………………………… 第3章

SLU，スウェーデン農業大学の環境心理学専門，ランドスケープ計画の教授で，1985年から自然，公園，そして庭がどのように人間の健康と幸福に影響を与えるかについて研究しています。16人の仲間を率いて健康と運動スキルの開発を行っています。その開発にあたって，作業療法士，生物学者，医者，ランドスケープ設計者，心理学者といった様々な背景をもつ研究者が学際的に研究しています。主な研究プロジェクトは「日常生活における良好な外部環境が公衆衛生に及ぼす意義」「プレスクールにおける外部環境の質が子どもに与える影響」「高齢者施設における質の高い外部環境の意義」，そして「病院と他の医療施設における治療的介護環境の発達」などです。最後に挙げたプロジェクトには自然と庭における介護環境とその治療法が含まれています。

◆**ニーナ・ネルソン（Nina Nelson）** ………………………………………………… 第4章

リンショーピング大学病院子どもクリニック院長で，長年にわたって，運動と野外レクレーション，自然を研究対象としてきました。彼女の研究は，身体的なストレスに関係した健康障害，成長過程にある個人の発達，社会心理学的な要素との相互作用を取り上げています。さらに，彼女はリンショーピング大学医学部准教授として，教育に関する問題や伝統的な学習の発展に従事しています。自然と野外レクレーションは彼女が子どもの頃から身近なものでした。彼女の家族は，スキー，カヌー，ジョギング，長距離スケート，様々な球技を通してスポーツに親しんでいます。

◆**ステファン・エドマン（Stefan Edman）** ………………………………………… 第5章

生物学者で，シェルメル大学の技術名誉博士です。20冊にも渡る自然と環境，持続可能な開発についての本を執筆しています。環境問題に関する政治専門家として環境都市大臣を何度も支えてきており，2005年には持続可能な消費についての調査などを主導し，2006年には石油依存に対する委員会の事務局長を務めました。

◆**スヴェッレ・ショーランデル（Sverre Sjölander）** ……………………………… 第6章

動物学，主に動物行動学の分野に携わる教授で，ストックホルム大学で働いた後，長年にわたってドイツやオーストリアの大学に勤務。その後，現在はリンショーピング大学で教鞭をとっています。彼は魚や鳥の行動についてアウトドアとインドアの両方で研究を行い，特に近年は人間の行動生物学に力を入れています。何が人間の特徴なのか，私たちの認知と言語が可能にするものは何か，私たちの力の及ばないものは何かといったことです。現代人が自分で作り上げた問題や課題を研究しているのです。彼は科学普及のための本を著したり，講演もし，翻訳者としても活動しています。

【訳者紹介】

西浦和樹(にしうら・かずき)

1971年　京都府に生まれる
2000年　広島大学大学院教育学研究科博士課程修了(博士(心理学))
現　在　宮城学院女子大学学芸学部教授・同大学院健康栄養学研究科教授
主著・論文
B・ミラー, J・ヴィハー, R・ファイアステイン(著)創造的問題解決:なぜ問題が解決できないのか?(共訳)　北大路書房　2006年
教育心理学と実践活動:創造性教育の現状と創造的問題解決力の育成—教育ツール活用による人間関係構築の試み—　教育心理学年報, 50, 199-207. 2011年
アウトドア教授法による思考力の発達に関する教育心理学的研究　宮城学院女子大学発達科学研究, 12, 11-38. 2012年

足立智昭(あだち・ともあき)

1958年　福井県に生まれる
1986年　東北大学大学院文学研究科博士後期課程単位取得
1996年　東北大学(博士(教育学))
現　在　宮城学院女子大学学芸学部教授・同大学院人文科学研究科教授
主著・論文
感情心理学パースペクティブズ:感情の豊かな世界(分担執筆)　北大路書房　2005年
新・知性と感性の心理:認知心理学最前線(分担執筆)　福村出版　2014年
不足の衝撃に応える　発達障害研究, 37, 44-52. 2015年
インタラクティブ・コンテンツを用いた幼児の PTSDと積み木遊びに関する研究—唾液アミラーゼ活性値によるストレス軽減効果の検証を中心に—　宮城学院女子大学発達科学研究, 14, 25-30. 2014年

本書は，JSPS科研費（研究課題番号：26380942）（研究課題番号：15K04139）の助成を受けた研究の成果報告の一部である。

北欧スウェーデン発 森の教室
―生きる知恵と喜びを生み出すアウトドア教育―

2016年4月10日　初版第1刷印刷	定価はカバーに表示
2016年4月20日　初版第1刷発行	してあります。

編著者　　A.シェパンスキー
　　　　　L.O.ダールグレン
　　　　　S.ショーランデル

訳　者　　西浦和樹
　　　　　足立智昭

発行所　　㈱北大路書房
　　　　　〒603-8303　京都市北区紫野十二坊町12-8
　　　　　電　話　(075) 431-0361㈹
　　　　　ＦＡＸ　(075) 431-9393
　　　　　振　替　01050-4-2083

©2016　DTP制作／ラインアート日向・華洲屋　印刷・製本／創栄図書印刷㈱
検印省略　落丁・乱丁本はお取り替えいたします。
ISBN978-4-7628-2930-7　　　　　Printed in Japan

・ JCOPY〈㈳出版者著作権管理機構 委託出版物〉
本書の無断複写は著作権法上での例外を除き禁じられています。複写される場合は，そのつど事前に，㈳出版者著作権管理機構（電話 03-3513-6969, FAX 03-3513-6979, e-mail: info@jcopy.or.jp）の許諾を得てください。